Das Joomla! Buch

Tim Schürmann

O'REILLY®

Beijing · Cambridge · Farnham · Köln · Sebastopol · Tokyo

Kommentare und Fragen können Sie gerne an uns richten:
O'Reilly Verlag
Balthasarstr. 81
50670 Köln
E-Mail: kommentar@oreilly.de

Copyright:
© 2015 by O'Reilly Verlag GmbH & Co. KG
1. Auflage 2015

Bibliografische Information der Deutschen Nationalbibliothek
Die Deutsche Nationalbibliothek verzeichnet diese Publikation in der Deutschen Nationalbibliografie; detaillierte bibliografische Daten sind im Internet über http://dnb.d-nb.de abrufbar.

Lektorat: Alexandra Follenius, Köln
Korrektorat: Friederike Daenecke, Zülpich
Satz: III-satz, Husby
Umschlaggestaltung: Michael Oreal, Köln
Produktion: Andrea Miß, Köln
Belichtung, Druck und buchbinderische Verarbeitung: Mediaprint, Paderborn

ISBN 978-3-95561-890-2

Dieses Buch ist auf 100% chlorfrei gebleichtem Papier gedruckt.

Inhaltsverzeichnis

4

KAPITEL 1 | Mit Joomla! einen Internetauftritt planen

Joomla! ist ein sogenanntes **Content-Management-System** (kurz **CMS**), mit dem Sie einen Internetauftritt erstellen und verwalten können. Die meiste der dabei anfallenden Arbeit nimmt Joomla! Ihnen ab: Sie müssen lediglich Ihre Texte eintippen und diese bei Bedarf noch mit ein paar Bildern garnieren. Um die Veröffentlichung und ein hübsches Aussehen kümmert sich Joomla!.

Darüber hinaus bringt das Content-Management-System zahlreiche nützliche Zusatzfunktionen mit. Unter anderem stellt es Ihren Besuchern eine mächtige Suchfunktion bereit und erzeugt auf Wunsch ein Kontaktformular. Die Bedienung erfolgt dabei stets komfortabel über Ihren Browser.

Durch den Einsatz von Design-Vorlagen lässt sich die Optik Ihrer Seiten mit wenigen Mausklicks wechseln. Über die eingebaute Benutzerverwaltung dürfen Sie zudem weitere Autoren ins Boot holen und können bestimmte Seiten nur ausgewählten Besuchergruppen zugänglich machen. Dank der GNU-GPL-Lizenz ist Joomla! vollständig kostenlos und darf auch für kommerzielle Internetauftritte eingesetzt werden.

In diesem Buch erfahren Sie, wie Sie Joomla! installieren, einrichten, bedienen und um zusätzliche Funktionen erweitern.

Warnung

Alle Bilder und Erläuterungen in diesem Buch basieren auf der Joomla!-Version 3.4. Die Joomla!-Macher entwickeln ihr Programm jedoch emsig weiter. Um sich nicht alten Programmfehlern oder Sicherheitslücken auszusetzen, sollten Sie unbedingt immer der aktuellen Version von der Joomla!-Homepage den Vorzug geben – auch wenn dann in einigen wenigen Fällen die Beschriftungen der Menüs und Schaltflächen von den hier abgedruckten abweichen können.

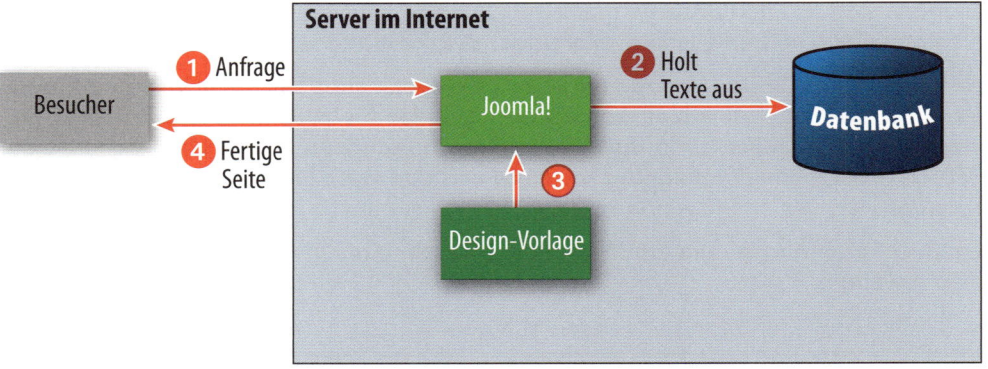

Server im Internet

Besucher

1 Anfrage

4 Fertige
Seite

Joomla!

2 Holt
Texte aus

3

Design-Vorlage

Datenbank

So funktioniert Joomla!

Joomla! ist ein Computerprogramm, das Sie auf einem angemieteten Server im Internet installieren. Dort verwaltet es dann die Seiten Ihres Internetauftritts. Neue Texte tippen Sie in einem Texteditor ein, der ähnlich wie eine Textverarbeitung beziehungsweise eine Mini-Ausgabe von Word funktioniert. Die Texte speichert Joomla! im Hintergrund in einer Datenbank.

Wenn nun ein Besucher vorbeikommt und einen bestimmten Text lesen möchte ❶, holt Joomla! diesen aus einer **Datenbank** ❷. Auf Basis der von Ihnen gewählten **Design-Vorlage** ❸ baut Joomla! dann die fertige Seite zusammen und liefert sie an den Browser des Besuchers aus ❹.

Diese Arbeitsweise erscheint umständlich, hat aber gleich mehrere Vorteile: Zunächst wird jede (Text-)Änderung sofort auf Ihren Internetseiten sichtbar. Des Weiteren kann Joomla! jederzeit Zusatzfunktionen in die Seite einbauen – wie etwa ein Eingabefeld für einen Suchbegriff. Schließlich lässt sich durch den Tausch der Design-Vorlage auch noch schnell die Optik ändern.

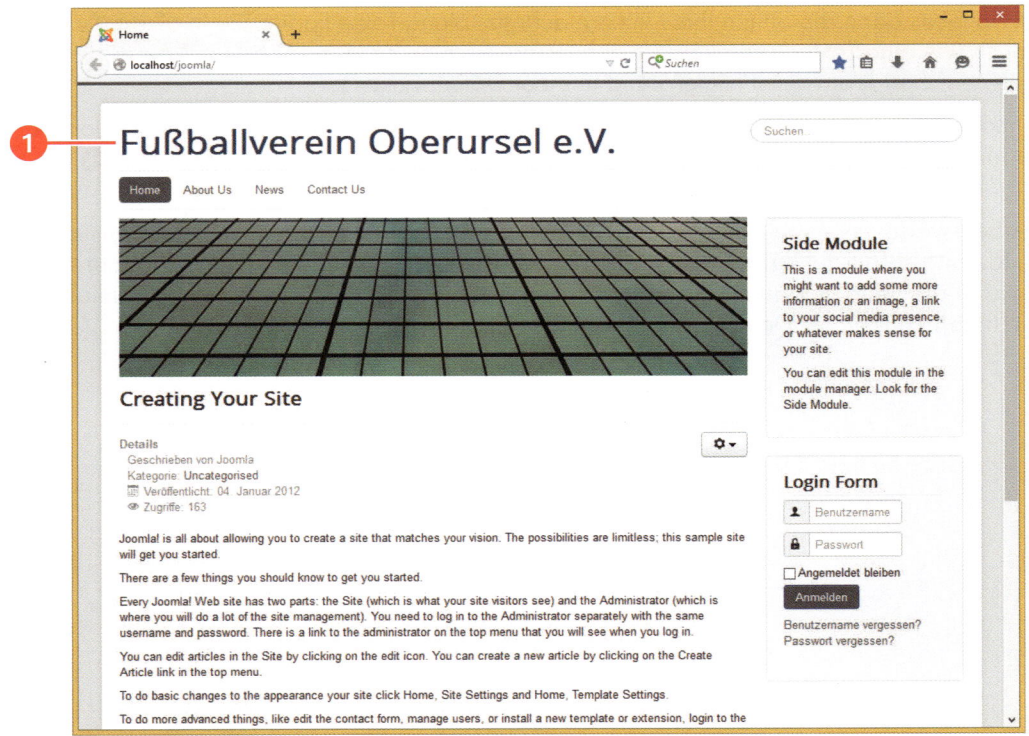

Erste Gedanken zum eigenen Auftritt

Noch bevor Sie Joomla! installieren, sollten Sie sich ein paar Gedanken über Ihren Internetauftritt machen. Später fällt es Ihnen dann leichter, Ihre Seiten mit passenden Inhalten zu füllen. Am besten besorgen Sie sich dazu Bleistift und Papier.

Überlegen Sie sich zunächst, **welche Inhalte** Sie anbieten möchten. Wollen Sie Ihren Verein vorstellen? Oder regelmäßig neue Strickanleitungen veröffentlichen?

Fragen Sie sich auch, wer Ihre Texte lesen soll beziehungsweise an welche **Zielgruppe** sich Ihr Internetauftritt richtet. Möchten Sie lediglich die Vereinsmitglieder informieren oder auch neue anwerben? Richten sich die Strickanleitungen auf Ihrer Seite an Anfänger, Fortgeschrittene oder gelegentlich strickende Männer? Diese Fragen sind vermutlich schnell gelöst, insbesondere wenn Sie schon eine Vorstellung von Ihrem Internetauftritt haben.

Danach wird es etwas kniffliger: Für Ihren Internetauftritt benötigen Sie einen **Titel**. Die meisten Design-Vorlagen setzen ihn wie in der Abbildung links prominent über alle Ihre Seiten ❶. Darüber hinaus dient er der Wiedererkennung bei Ihren Besuchern – beim Begriff *Amazon* dürfte Ihnen vermutlich sofort das entsprechende Verkaufsportal einfallen. Einen guten Titel zu finden ist nicht ganz einfach. Er sollte kurz, einprägsam und im Idealfall unverwechselbar sein. Darüber hinaus fasst er den Inhalt Ihres Internetauftritts kurz und knackig zusammen. Wenn Sie Ihren Verein vorstellen, bietet sich sein Name als Titel an, wie etwa »Fußballverein Oberursel e.V.«. Häufig liegen witzige Wortspiele nahe, die Strickseite könnten Sie beispielsweise »Verstrickt« taufen. Dieser Titel ist jedoch mehrdeutig und könnte Ihre Besucher verwirren. Fragen Sie sich daher auch immer, ob Ihre Zielgruppe beim Lesen des Titels sofort weiß, was sie auf Ihrem Internetauftritt erwartet. Nehmen Sie sich vor allem Zeit für den Titel.

Creating Your Site

Details

Geschrieben von Joomla

 Kategorie: Uncategorised

Veröffentlicht: 04. Januar 2012

Zugriffe: 163

⚙ ▾

Joomla! is all about allowing you to create a site that matches your vision. The possibilities are limitless; this sample site will get you started.

There are a few things you should know to get you started.

Every Joomla! Web site has two parts: the Site (which is what your site visitors see) and the Administrator (which is where you will do a lot of the site management). You need to log in to the Administrator separately with the same username and password. There is a link to the administrator on the top menu that you will see when you log in.

You can edit articles in the Site by clicking on the edit icon. You can create a new article by clicking on the Create Article link in the top menu.

To do basic changes to the appearance your site click Home, Site Settings and Home, Template Settings.

To do more advanced things, like edit the contact form, manage users, or install a new template or extension, login to the Administrator.

Some quick tips for working in the Administrator

- To change the image on all the pages: Go to the Module Manager and click on Image Module.
- To edit the Side Module: Go to Extensions, Module Manager and click on Side Module.
- To edit the Contact Form: Go to Components, Contacts. Click on Your Name.

Once you have your basic site you may want to install your own template (that controls the overall design of your site) and then, perhaps additional extensions.

There is a lot of help available for Joomla!. You can visit the Joomla! forums and the Joomla! documentation site to get started.

Beiträge und Kategorien

Die einzelnen von Ihnen eingetippten Texte bezeichnet Joomla! als **Beiträge** (englisch **Articles**). Ähnlich wie Zeitschriftenartikel lassen sie sich mit Bildern, Zwischenüberschriften und Formatierungen auflockern. Die Abbildung links zeigt ein Beispiel für einen so aufgebrezelten Text – Pardon – Beitrag. Mit einem Beitrag können Sie unter anderem ein Produkt vorstellen, ein Vereinsfest ankündigen oder einen Film durch den Kakao ziehen. Der Beispiel-Beitrag in der Abbildung links erklärt die Arbeitsweise von Joomla!. Jeder Beitrag erscheint später auf einer eigenen Unterseite Ihres Internetauftritts (und zusätzlich auf der Startseite, wenn Sie es wünschen).

Damit bei sehr vielen Texten nicht die Übersicht verloren geht, fasst Joomla! zusammengehörende Beiträge in sogenannten **Kategorien** (englisch **Categories**) zusammen. So lassen sich beispielsweise auf einer Vereinsseite die Berichte über Vereinsfeste in einer Kategorie sammeln, während die Turnierergebnisse in einer anderen Kategorie landen. Jede Kategorie bekommt zudem einen Namen. Der Beitrag in der Abbildung links steckt beispielsweise in einer Kategorie mit der wenig kreativen Bezeichnung Uncategorised ❶. Auf Wunsch erzeugt Joomla! für jede Kategorie eine Übersichtsseite mit allen enthaltenen Beiträgen.

Kategorien dürfen Sie in andere Kategorien stecken und sie so ineinander verschachteln. Beispielsweise könnte man Buchkritiken zunächst in die zwei Kategorien *Thriller* und *Komik* einsortieren. Diese beiden Kategorien ließen sich dann wiederum zu einer Kategorie *Belletristik* zusammenfassen.

Jeder Beitrag muss in genau einer Kategorie stecken. Joomla! zwingt Sie so dazu, Ihre Beiträge mithilfe der Kategorien zu gliedern beziehungsweise zu strukturieren.

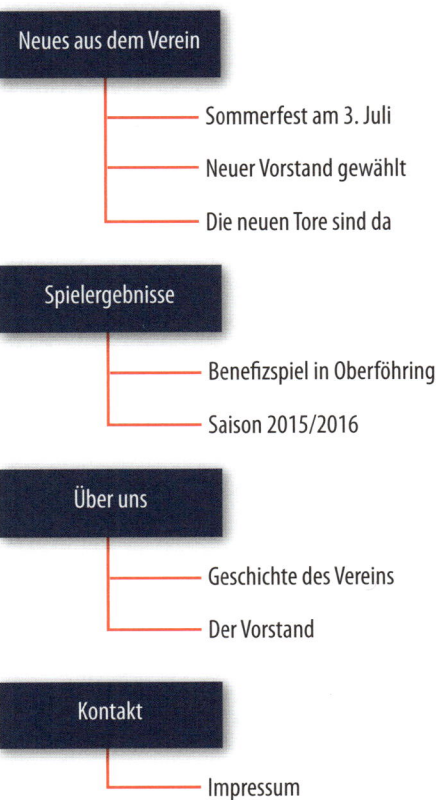

Fußballverein Oberursel e.V.

Neues aus dem Verein
- Sommerfest am 3. Juli
- Neuer Vorstand gewählt
- Die neuen Tore sind da

Spielergebnisse
- Benefizspiel in Oberföhring
- Saison 2015/2016

Über uns
- Geschichte des Vereins
- Der Vorstand

Kontakt
- Impressum

Den Internetauftritt strukturieren

Bevor Sie Ihren ersten Text veröffentlichen können, sollten Sie sich zunächst überlegen, welche Kategorien Sie benötigen. Zwar können Sie jederzeit neue **Kategorien** anlegen und vorhandene entfernen, dadurch ändern Sie aber auch zwangsläufig den Aufbau Ihrer Internetseite und verwirren so Ihre Besucher.

Überlegen Sie sich, welche Inhalte Sie den späteren Besuchern präsentieren möchten (erinnern Sie sich auch an die Ergebnisse von Seite 11). Auf der Seite eines Fußballklubs möchte man sicherlich den Verein vorstellen sowie die Mitglieder über Turnierergebnisse und Neuigkeiten informieren. Jeder der so gefundenen Themenbereiche bildet eine eigene Kategorie. Geben Sie jeder Kategorie einen eindeutigen Namen, der auf ihren Inhalt schließen lässt – im Beispiel etwa »Über uns«, »Spielergebnisse« und »Neues aus dem Verein«.

Versuchen Sie dann ein paar konkrete Beispielbeiträge zu finden. Auf der Vereinsseite könnte man etwa das Sommerfest im Juli ankündigen. Vergessen Sie auch nicht die Pflicht-Texte, wie ein Impressum, eine Anfahrtsbeschreibung oder AGBs – dies sind ebenfalls jeweils einzelne Beiträge. Die gefundenen Beispiele ordnen Sie jetzt den Kategorien zu. Die Ankündigung des Sommerfests ist beispielsweise eindeutig eine Neuigkeit. Wenn Sie einige Beiträge nicht zuordnen können, passen sie vielleicht in eine neue Kategorie. Impressum und Anfahrtsbeschreibung könnten Sie etwa in einer neuen eigenen Kategorie namens *Kontakt* zusammenfassen.

Wenn Sie die Kategorien gefunden haben, überlegen Sie, ob einige davon thematisch zusammengehören. Dabei entsteht automatisch eine **Hierarchie**, die Sie sich wie in der Abbildung links auf Papier aufmalen sollten. Im Bild sind alle Kategorien blau markiert. Lassen Sie die Skizze neben der Tastatur liegen. Im späteren Verlauf wird Sie ihnen bei der Gestaltung des Internetauftritts helfen.

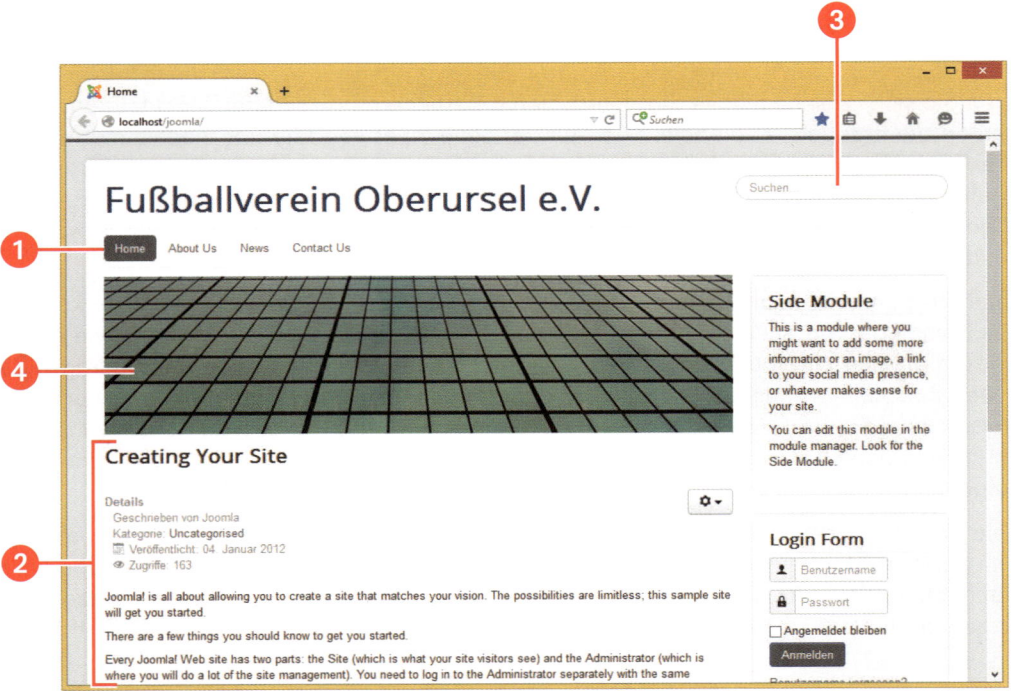

Fußballverein Oberursel e.V.

Home   About Us   News   Contact Us

Creating Your Site

Details
Geschrieben von Joomla
Kategorie: Uncategorised
Veröffentlicht: 04. Januar 2012
Zugriffe: 163

Joomla! is all about allowing you to create a site that matches your vision. The possibilities are limitless; this sample site will get you started.

There are a few things you should know to get you started.

Every Joomla! Web site has two parts: the Site (which is what your site visitors see) and the Administrator (which is where you will do a lot of the site management). You need to log in to the Administrator separately with the same

Side Module

This is a module where you might want to add some more information or an image, a link to your social media presence, or whatever makes sense for your site.

You can edit this module in the module manager. Look for the Side Module.

Login Form

Benutzername

Passwort

☐ Angemeldet bleiben

Anmelden

Typischer Aufbau einer Joomla!-Seite

Bevor Sie nun endlich damit beginnen, Joomla! zu installieren und mit Inhalten zu füllen, werfen Sie noch kurz einen Blick auf die Abbildung links. Sie zeigt ein Beispiel für eine von Joomla! verwaltete Seite. Das Aussehen und die Anordnung der Texte, der Menüs und der anderen Elemente hängt von der gewählten Design-Vorlage ab. Es gibt aber ein paar Dinge, die auf allen Seiten gleich sind:

- Irgendwo gibt es ein oder mehrere Menüs, die zu den Beiträgen führen ❶. Den Aufbau dieser Menüs dürfen Sie selbst bestimmen.
- Es gibt einen Bereich, in dem der eigentliche Beitragstext erscheint ❷.
- Um diesen Haupttext herum sind weitere Zusatzfunktionen angeordnet. Dazu zählt unter anderem auch ein Eingabefeld für die Suche ❸.
- Viele Seiten zeigen zudem noch ein großes Foto an ❹. Dies dürfen Sie normalerweise durch ein eigenes ersetzen.

Eine kleine Besonderheit bildet die **Startseite**. Das ist die erste Seite, die Ihre Besucher sehen, wenn Sie Ihren Internetauftritt ansteuern. Welche Texte dort erscheinen, dürfen Sie selbst bestimmen. Beispielsweise könnten Sie dort in einem Willkommenstext kurz Ihre Anwaltskanzlei vorstellen. Oder aber Sie präsentieren Ihren Besuchern wie in einem Blog beziehungsweise auf einer Nachrichtenseite die zuletzt veröffentlichten Texte. Schließlich können Sie auch ausgewählte oder besonders wichtige Texte dort anzeigen lassen.

KAPITEL 2 | Installation

Wenn Sie zum ersten Mal mit Joomla! arbeiten, empfiehlt sich zunächst eine **Testinstallation** auf Ihrem eigenen Computer. Auf diese Weise können Sie das Content-Management-System in Ruhe kennenlernen und gefahrlos verschiedene Einstellungen testen. Sobald Sie mit Joomla! vertraut sind, können Sie im Internet einen Server anmieten, dort dann das Content-Management-System installieren und schließlich Ihren eigentlichen Internetauftritt einrichten.

In jedem Fall benötigt Joomla! ein paar **Hilfsprogramme**. Welche das sind, klären die direkt nachfolgenden Seiten. Zudem erfahren Sie, wie und wo Sie einen passenden **Server** finden beziehungsweise mieten können. Anschließend erklärt eine ausführliche Schritt-für-Schritt-Anleitung, wie Sie Joomla! installieren und einrichten.

Voraussetzungen

Joomla! ist kein herkömmliches Programm, das Sie einfach installieren und dann starten können. Stattdessen benötigt das Content-Management-System drei weitere Programme, die ein paar Hilfsaufgaben erledigen:

Wenn der Browser eines Besuchers eine Internetseite anfordert, nimmt nicht Joomla! die Anfrage entgegen, sondern ein sogenannter Webserver ❶. Dieses Programm startet mithilfe von PHP schließlich Joomla! ❷. Der Begriff PHP bezeichnet sowohl die Programmiersprache, in der Joomla! entwickelt wurde, als auch die Software, die zur Ausführung von PHP-Programmen zwingend benötigt wird. Sobald Joomla! die Arbeit aufgenommen hat, holt es alle benötigten Texte aus einer Datenbank ❸, baut die Internetseite zusammen und übergibt sie wieder an den Webserver ❹. Der sendet sie abschließend an den Browser zurück ❺.

Um Joomla! einsetzen zu können, benötigt Sie also …

- … einen **Webserver**. In der Praxis kommt meist der Webserver der Apache Foundation zum Einsatz. Für Joomla! muss er mindestens in der Version 2.0 vorliegen. Sie können aber auch den Konkurrenten Nginx ab Version 1.1 oder Microsofts IIS ab Version 7 verwenden.
- … **PHP** ab Version 5.3.10.
- … eine **Datenbank**. In der Praxis kommt häufig MySQL von Oracle zum Einsatz. Für Joomla! muss sie mindestens die Versionsnummer 5.1 tragen. Alternativ verwenden Sie den Microsoft SQL Server ab Version 10.50.1600.1 oder PostgreSQL ab Version 8.3.18.

Den Apache Webserver, PHP und MySQL gibt es kostenlos im Internet. Wenn Sie einen Webserver anmieten, ist genau dieses Dreiergespann meist vorinstalliert. Möchten Sie Joomla! auf Ihrem eigenen Computer einrichten, müssen Sie die genannten Komponenten selbst einrichten. Glücklicherweise gibt es Komplettpakete wie das ab Seite 25 vorgestellte XAMPP.

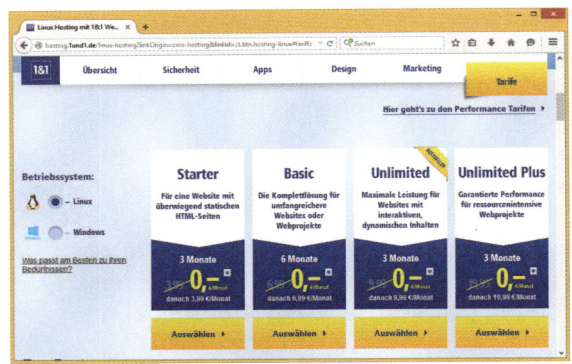

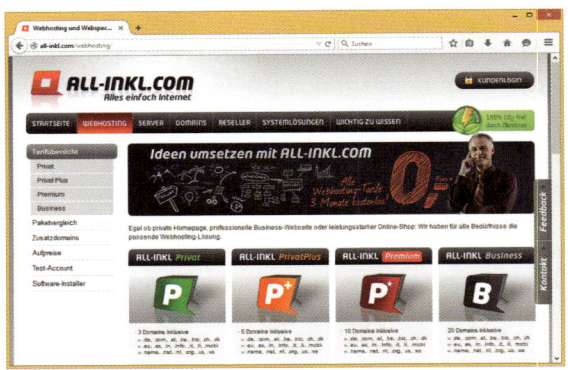

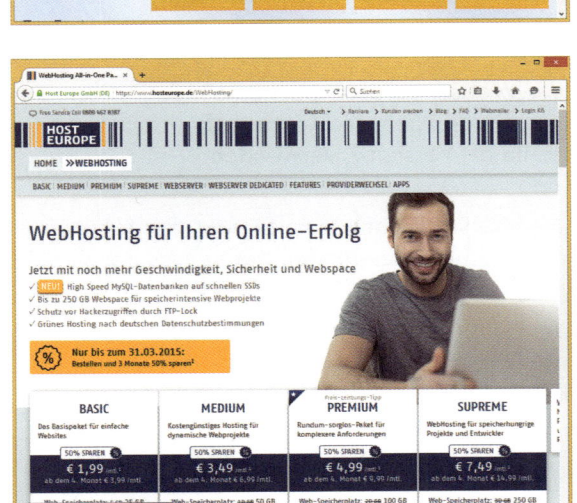

Wahl eines Webhosters

Wenn Sie mit Joomla! Ihren Internetauftritt verwalten möchten, müssen Sie einen Computer im Internet anmieten, den sogenannten **Server** (manchmal verwirrenderweise auch Webserver genannt). Die Vermieter dieser Server bezeichnet man als **Webhoster**. Da die Anbieter und ihre Angebote schneller wechseln, als die Minister der Bundesregierung, können wir an dieser Stelle leider keine Empfehlungen aussprechen. Wenn Sie auf die Suche nach einem Server gehen, sollten Sie aber auf folgende Punkte achten:

- Der zu mietende Server sollte alle von Joomla! benötigten Voraussetzungen erfüllen. Webserver, PHP und die Datenbank sollten bereits vorinstalliert sein. Der Webhoster sollte diese Komponenten zudem für Sie auf dem aktuellen Stand halten.
- Buchen Sie nur Leistungen, die Sie auch tatsächlich benötigen. Die freiwillige Feuerwehr aus dem kleinen Ort Oberursel benötigt sicherlich keine 200 GByte Speicherplatz und 75 Datenbanken. Wenn Ihr Internetauftritt wächst, können Sie auf ein leistungsfähigeres Angebot umsteigen.
- Achten Sie auf die Limitierungen der Angebote, die sich teilweise in Fußnoten verstecken. Steht genügend Speicherplatz auf dem Server bereit? Welche Datenmengen dürfen pro Monat ohne Zusatzkosten zu Ihren Besuchern fließen? Gilt der angezeigte Preis nur für einen bestimmten Zeitraum?
- Achten Sie darauf, dass der Webhoster einen umfangreichen Support anbietet, Sie also Fragen per E-Mail und Telefon stellen können. Sehen Sie sich zudem die bereitgestellte Dokumentation im Internet an. Diese müssen Sie verstehen können.
- Nehmen Sie sich etwas Zeit, und suchen Sie im Internet nach Erfahrungsberichten zu dem von Ihnen ins Auge gefassten Webhoster und Produkt.

Tipp

Halten Sie auch nach Angeboten Ausschau, bei denen der Webhoster Joomla! für Sie einrichtet und auf dem aktuellen Stand hält. Sie können sich dann direkt auf den Aufbau Ihrer Seite konzentrieren und müssen sich nicht mit der Technik herumschlagen.

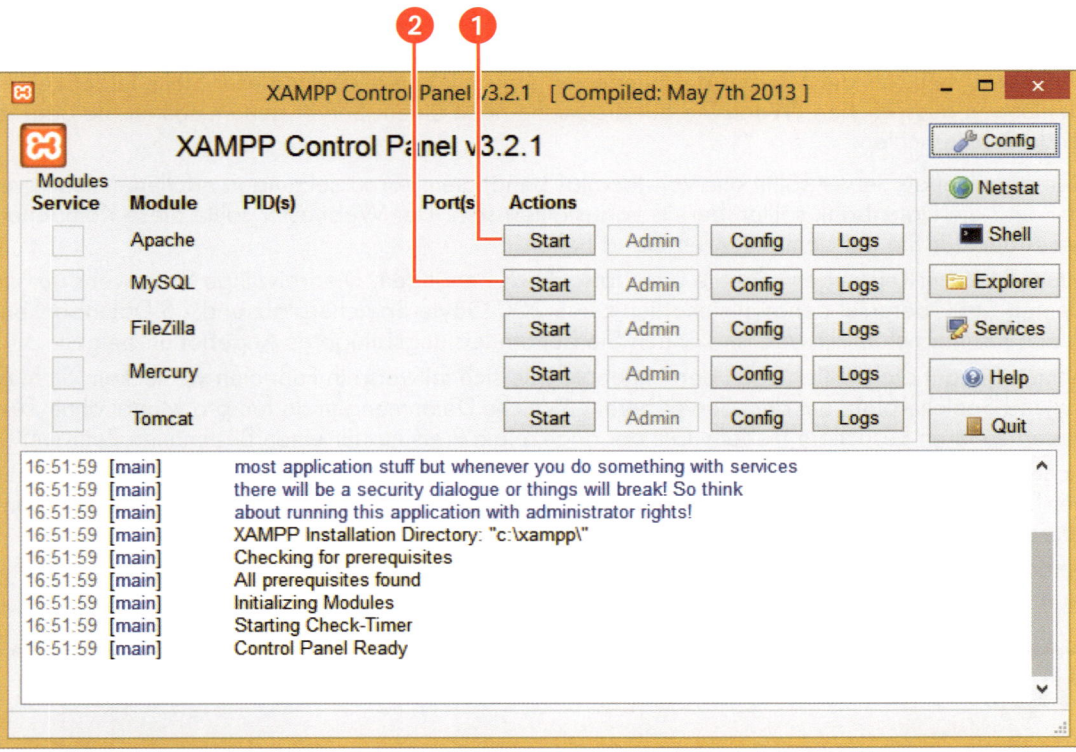

Testumgebung mit XAMPP unter Windows

Wenn Sie Joomla! auf Ihrem Windows-PC ausprobieren möchten, greifen Sie zum Programmpaket XAMPP. Es installiert mit wenigen Klicks alle von Joomla! benötigten Komponenten, darunter den Apache-Webserver, PHP und die Datenbank MySQL. Um XAMPP zu installieren, verfahren Sie wie folgt:

1. Laden Sie sich unter *http://sourceforge.net/projects/xampp/files/XAMPP%20Windows/5.6.3/* die Datei *xampp-win32-5.6.3-0-VC11-installer.exe* herunter, und starten Sie sie. Die Benutzerkontensteuerung beschwichtigen Sie mit einem Klick auf Ja beziehungsweise unter Windows Vista mit Fortsetzen. Wenn Sie ein Anti-Viren-Programm einsetzen (wie es Windows 8 bereits mitbringt), bestätigen Sie den erscheinenden Hinweis mit Yes. Die Warnung zur User Account Control (UAC) schließen Sie mit OK, der Hinweis wird gleich berücksichtigt.

2. Im Installationsassistenten klicken Sie auf Next. Übernehmen Sie die Programmauswahl mit Next. Damit werden gleich alle für Joomla! benötigten Komponenten installiert. Das vorgeschlagene Installationsverzeichnis *C:\xampp* bestätigen Sie mit einem Klick auf Next. Entfernen Sie den Haken neben Learn more about BitNami for XAMPP, womit Sie die Werbung für den XAMPP-Sponsor Bit-Nami unterdrücken. Klicken Sie auf Next und und dann noch einmal auf Next. Während der jetzt laufenden Installation können sich im Hintergrund mehrere Fenster öffnen und schließen.

3. Beenden Sie den Assistenten über Finish. Nach ein paar Sekunden erscheint das **XAMPP Control Panel**, über das Sie alle Anwendungen komfortabel starten und stoppen können. In ihm klicken Sie rechts neben dem Schriftzug Apache auf den Start-Knopf ❶. Es meldet sich jetzt die in Windows eingebaute Firewall. Unter Windows Vista wählen Sie Weiterhin blocken, bei Windows 7 und 8 hingegen Abbrechen.

4. Klicken Sie im XAMPP Control Panel auf den Start-Knopf rechts neben MySQL ❷. Wenn sich die Windows-Firewall meldet, wählen Sie erneut Weiterhin blocken beziehungswise Abbrechen.

Lassen Sie das XAMPP Control Panel während Ihrer Arbeit mit Joomla! geöffnet. Um später die beiden Programme zu beenden, klicken Sie auf die Stop-Knöpfe und schließen das Fenster über Exit. Weitere Informationen zu XAMPP finden Sie unter *http://www.xampp.org*.

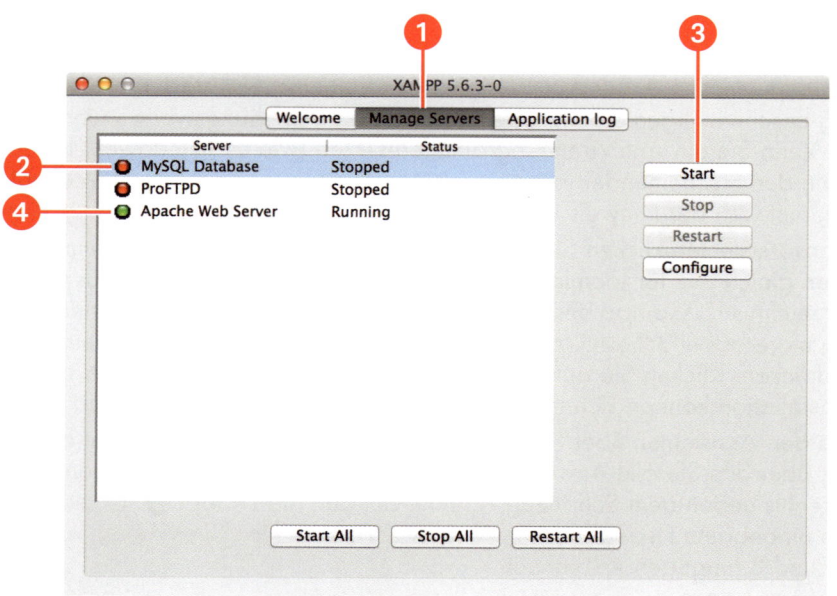

Testumgebung mit XAMPP unter Mac OS X

Um Joomla! unter Mac OS X auszuprobieren, müssten Sie einen Webserver, PHP und eine Datenbank installieren. Diese Arbeit sparen Sie sich mit dem Programmpaket XAMPP, das nach wenigen Mausklicks alle von Joomla! benötigten Komponenten passend einrichtet. XAMPP installieren Sie wie folgt:

1. Laden Sie sich unter *http://sourceforge.net/projects/xampp/files/XAMPP%20Mac%20OS%20X/ 5.6.3/* die Datei *xampp-osx-5.6.3-0-installer.dmg* herunter. Öffnen Sie die Datei mit einem Doppelklick.

2. Starten Sie das Installationsprogramm, indem Sie auf das große XAMPP-Symbol doppelklicken. Sofern eine Sicherheitsabfrage erscheint, erlauben Sie die Ausführung mit Öffnen. Tippen Sie Ihr Passwort ein, und bestätigen Sie es mit OK. Damit gestatten Sie dem Assistenten die Installation der Komponenten.

3. Im Installationsassistenten klicken Sie auf Next. Die Programmauswahl übernehmen Sie mit Next. Damit installiert der Assistent alle für Joomla! benötigten Anwendungen. Auch das Installationsverzeichnis bestätigen Sie mit Next. Entfernen Sie den Haken neben Learn more about BitNami for XAMPP, womit Sie die Werbung des XAMPP-Sponsors BitNami unterdrücken. Gehen Sie per Next einen Schritt weiter, und starten Sie per Next die Installation. Beenden Sie den Assistenten über Finish.

4. Damit startet der **XAMPP Application Manager**, über den Sie die in XAMPP enthaltenen Anwendungen starten und stoppen können. Gleichzeitig öffnet sich noch ein Browser-Fenster mit der in XAMPP enthaltenen Beispiel-Website. Eventuell versteckt sich der XAMPP Application Manager hinter diesem Fenster.

5. Wechseln Sie im XAMPP Application Manager zum Punkt Manage Servers ❶. Starten Sie die Datenbank, indem Sie in der Liste den Punkt MySQL Database ❷ selektieren und auf Start ❸ klicken. Vor MySQL Database sollte ein grüner Punkt erscheinen. Befindet sich ein roter Punkt vor dem Eintrag Apache Web Server ❹, selektieren Sie diesen und klicken dann auf Start ❸. Damit aktivieren Sie den Webserver.

Lassen Sie den XAMPP Application Manager geöffnet. Um später die Programme zu beenden, selektieren Sie die entsprechende Komponente in der Liste und klicken dann auf die entsprechenden Stop-Knöpfe. Weitere Informationen zu XAMPP finden Sie unter *http://www.xampp.org*.

28

```
😵 ⚪ ⚪   tim@ubuntu: ~
tim@ubuntu:~$ sudo ./xampp-linux-x64-5.6.3-0-installer.run
[sudo] password for tim:
tim@ubuntu:~$ sudo /opt/lampp/lampp start
Starting XAMPP for Linux 5.6.3-0...
XAMPP: Starting Apache...already running.
XAMPP: Starting MySQL...ok.
XAMPP: Starting ProFTPD...ok.
tim@ubuntu:~$ sudo /opt/lampp/lampp stop
Stopping XAMPP for Linux 5.6.3-0...
XAMPP: Stopping Apache...ok.
XAMPP: Stopping MySQL...ok.
XAMPP: Stopping ProFTPD...ok.
tim@ubuntu:~$
```

① ... **②** ... **③**

Testumgebung mit XAMPP unter Linux

Wenn Sie Joomla! unter Linux nutzen möchten, installieren Sie den Webserver Apache, PHP und die Datenbank MySQL über den Paketmanager Ihrer Distribution und richten die Komponenten anschließend ein. Wenn Sie damit keine Erfahrung haben, können Sie alternativ das XAMPP-Paket installieren. Es enthält einen betriebsbereiten Webserver Apache, PHP und die Datenbank MySQL. XAMPP installieren Sie wie folgt:

1. Laden Sie unter *http://sourceforge.net/projects/xampp/files/XAMPP%20Linux/5.6.3/* bei einem 32-Bit-Linux die Datei *xampp-linux-5.6.3-0-installer.run* und bei einem 64-Bit-System die Datei *xampp-linux-x64-5.6.3-0-installer.run* in Ihr Heimatverzeichnis herunter. Machen Sie die Datei ausführbar (etwa nach einem Rechtsklick auf die Datei in den Eigenschaften).

2. Öffnen Sie ein Terminal, und geben Sie folgenden Befehl ein: sudo ./xampp-linux-5.6.3-0-installer.run. Bei einem 64-Bit-System verwenden Sie stattdessen: sudo ./xampp-linux-x64-5.6.3-0-installer.run ❶. Schicken Sie den Befehl mit der Eingabetaste ab. Tippen Sie blind das Passwort des Systemverwalters beziehungsweise des Benutzers root ein (probieren Sie im Zweifelsfall Ihr eigenes aus), und bestätigen Sie es mit der Eingabetaste.

3. Im Installationsassistenten klicken Sie dreimal auf Next. Entfernen Sie dann mit einem Mausklick das Kreuzchen neben Learn more about BitNami for XAMPP, womit Sie die Werbung des XAMPP-Sponsors BitNami unterdrücken. Gehen Sie per Next einen Schritt weiter, und lassen Sie schließlich die Installation per Next beginnen. Nachdem der Assistent seine Arbeit beendet hat, entfernen Sie das Kreuzchen neben Start XAMPP und klicken auf Finish.

4. Starten Sie alle in XAMPP mitgelieferten Anwendungen über den Befehl ❷: sudo /opt/lampp/lampp start.

Später können Sie alle Komponenten dann wieder über sudo /opt/lampp/lampp stop beenden ❸. Weitere Informationen zu XAMPP finden Sie unter *http://www.xampp.org*.

30

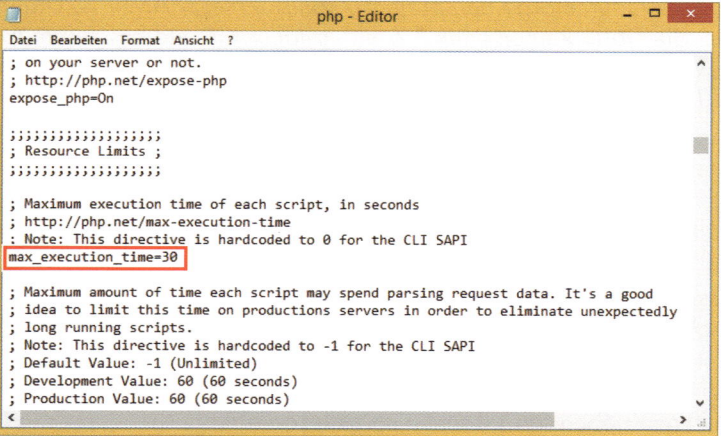

Einstellung in XAMPP ändern

Nach der Installation von XAMPP müssen Sie noch eine kleine Einstellung anpassen. Andernfalls lässt sich Joomla! gleich nicht installieren. Wechseln Sie zunächst

- unter Windows in das Verzeichnis *C:\xampp\php*
- unter Mac OS X in den Ordner */Programme/XAMPP/xamppfiles/etc*
- unter Linux in das Verzeichnis */opt/lampp/etc*

Öffnen Sie dort die Datei *php.ini* mit einem Texteditor. Verwenden Sie keine Textverarbeitung wie etwa Word! Unter Windows können Sie zum mitgelieferten Editor greifen, unter Mac OS X zu TextEdit. Wenn Windows bei Ihnen die Dateiendungen ausblendet, öffnen Sie die Datei *php* vom Typ Konfigurationseinstellungen.

Suchen Sie im kryptischen Inhalt der Datei *php.ini* wie in der Abbildung links die Zeile

max_execution_time=30

und ersetzen Sie sie durch die Zeile

max_execution_time=300

Sie müssen also nur eine Null anhängen. Damit darf Joomla! jetzt auch länger dauernde Arbeiten verrichten. Nach dem Speichern der Datei müssen Sie einmal den Webserver neu starten:

- Unter Windows klicken Sie im XAMPP Control Panel neben Apache auf Stop und dann wieder auf Start.
- Unter Mac OS X selektieren Sie im Application Manager den Eintrag Apache Web Server und klicken dann auf Restart.
- Unter Linux öffnen Sie ein Terminal und rufen den Befehl sudo /opt/lampp/lampp restart auf.

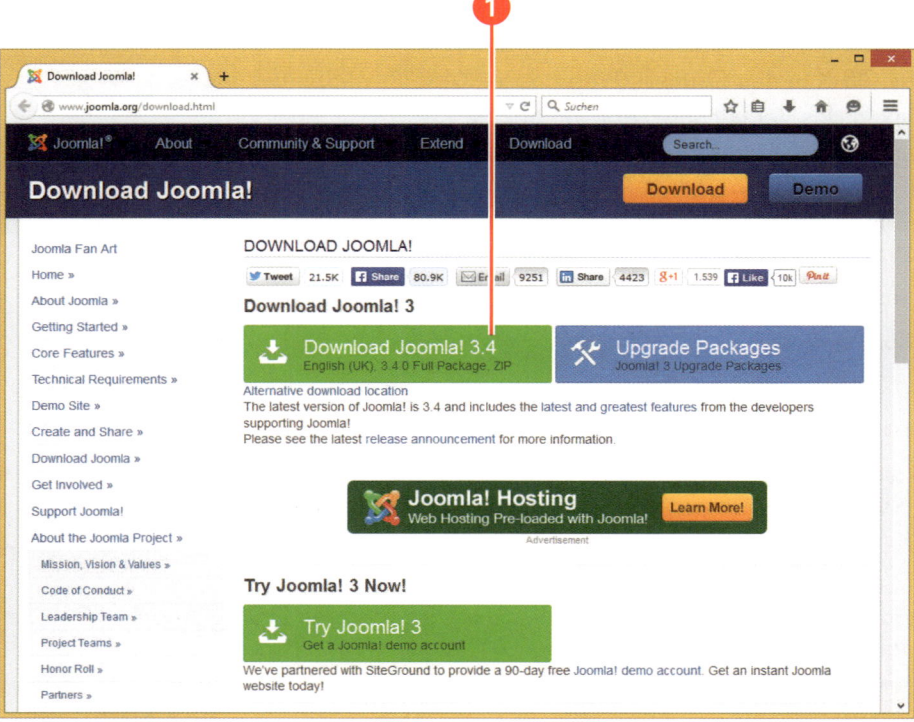

Joomla! herunterladen und entpacken

Nachdem Sie einen Server angemietet oder auf Ihrem eigenen Computer mit XAMPP eine Testumgebung eingerichtet haben, müssen Sie sich als Nächstes Joomla! besorgen und zunächst auf Ihrer Festplatte entpacken.

1. Dazu wechseln Sie zur Joomla!-Homepage unter *http://www.joomla.org*. Klicken Sie dort auf die große Schaltfläche mit der Aufschrift Download.

2. Die jetzt angezeigte neue Seite aus der Abbildung links bietet Ihnen verschiedene Joomla!-Versionen an. Greifen Sie hier immer zur aktuellsten Version! Zum Erstellungszeitpunkt dieses Buchs war das die Version 3.4 ❶. Die Upgrade Packages können Sie ignorieren.

3. Laden Sie sich die angebotene Archiv-Datei herunter, und entpacken Sie sie auf Ihrer Festplatte.

   Unter **Windows** müssen Sie die Datei dazu mit der rechten Maustaste anklicken, dann Alle Extrahieren wählen und im Assistenten auf Extrahieren klicken.

   Unter **Mac OS X** entpacken aktuelle Versionen von Safari das ZIP-Archiv automatisch nach dem Herunterladen. Sollte das bei Ihnen nicht der Fall sein, doppelklicken Sie einfach auf die heruntergeladene Datei.

   Linux-Anwender klicken die Datei mit der rechten Maustaste an und wählen dann die entsprechende Funktion zum Entpacken.

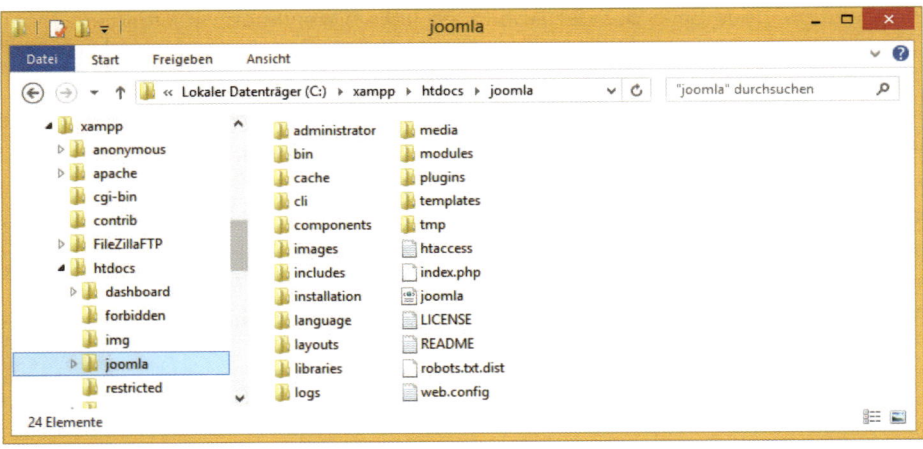

Joomla! kopieren

Wenn Sie die Archiv-Datei mit Joomla! entpackt haben, erhalten Sie ein neues Verzeichnis. Dessen *kompletten Inhalt* müssen Sie jetzt auf Ihren angemieteten Server kopieren. Wie das funktioniert, hängt vom Webhoster ab. Fragen Sie ihn gegebenenfalls um Rat.

Wenn Sie XAMPP verwenden, wechseln Sie zunächst unter

- Windows in das Verzeichnis *c:\xampp\htdocs*
- Mac OS X nach */Programme/XAMPP/xamppfiles/htdocs*
- Linux in den Ordner */opt/lampp/htdocs*

Erstellen Sie dort das neue Unterverzeichnis *joomla*. In genau dieses kopieren Sie jetzt den Inhalt des entpackten Archivs.

Achten Sie in jedem Fall darauf, dass die Verzeichnisstruktur erhalten bleibt. Auf Ihrem Server beziehungsweise im Verzeichnis joomla sollte es jetzt ungefähr so aussehen wie in der Abbildung auf der linken Seite.

Tipp

Sollten Sie irgendwann Joomla! neu installieren müssen, löschen Sie einfach alle zum Content-Management-System gehörenden Dateien. Bei einer Testinstallation mit XAMPP wäre dies das komplette Verzeichnis *joomla*. Anschließend installieren Sie Joomla! einfach erneut (indem Sie wieder das Joomla!-Archiv entpacken, den herausgepurzelten Inhalt an die richtige Stelle kopieren und den Anweisungen auf den nächsten Doppelseiten folgen).

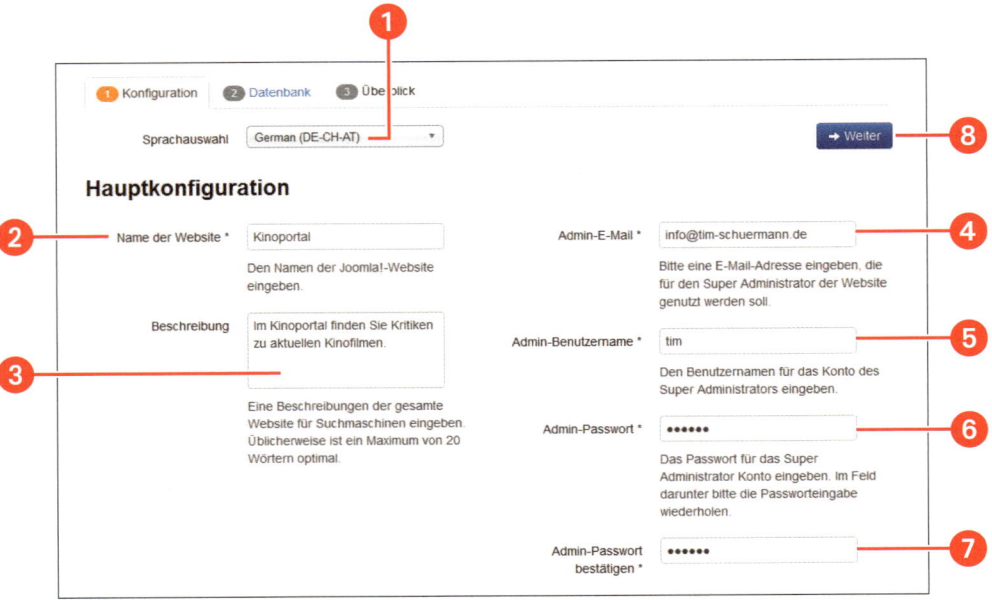

Joomla! installieren – Schritt 1: Konfiguration

Nach dem Kopieren müssen Sie Joomla! noch über einen Assistenten installieren. Dazu rufen Sie das Content-Management-System zunächst in Ihrem Browser auf. Wenn Sie Joomla! auf Ihren Server kopiert haben, steuern Sie dessen Internetadresse an. Haben Sie beispielsweise bei Ihrem Webhoster den Namen *http://www.example.com* gebucht, rufen Sie diese Adresse auf. Wenn Sie mit XAMPP auf Ihrem eigenen Computer arbeiten und den vorherigen Schritten gefolgt sind, rufen Sie die Adresse *http://localhost/joomla* auf (*localhost* ist ein Aliasname für Ihren eigenen Computer und *joomla* das Unterverzeichnis, in das Sie Joomla! kopiert haben).

Es meldet sich jetzt der kleine Einrichtungsassistent aus der Abbildung links. Ganz oben stellen Sie ein, welche Sprache Sie sprechen ❶. In der Regel ist die Voreinstellung bereits richtig. Unter Name der Website ❷ geben Sie den Titel Ihres Internetauftritts ein, wie etwa *Kinoportal*, *Anwaltskanzlei Meier* oder *Sportclub Oberursel* (wie Sie ihn im Abschnitt »Erste Gedanken zum eigenen Auftritt« festgelegt haben). Im Feld darunter ❸ beschreiben Sie kurz, welche Inhalte Ihre Seite anbietet. Diese Beschreibung ist primär für Suchmaschinen gedacht.

Auf der rechten Seite geben Sie im Feld Admin-E-Mail Ihre E-Mail-Adresse ein ❹. Denken Sie sich jetzt einen Benutzernamen aus, wie etwa *hanshansen75*, und hinterlegen Sie ihn im Feld Admin-Benutzername ❺. Überlegen Sie sich zudem ein Passwort, und tippen Sie es sowohl unter Admin-Passwort ❻ als auch unter Admin-Passwort bestätigen ❼ ein. Mit dem Benutzernamen und dem Passwort erhalten Sie gleich Zutritt zur Steuerzentrale von Joomla! Merken Sie sich das Duo somit gut, und geben Sie es unter keinen Umständen weiter! Das Passwort sollte möglichst lang sein und aus Zahlen, Klein- und Großbuchstaben sowie Sonderzeichen bestehen.

Klicken Sie auf Weiter ❽.

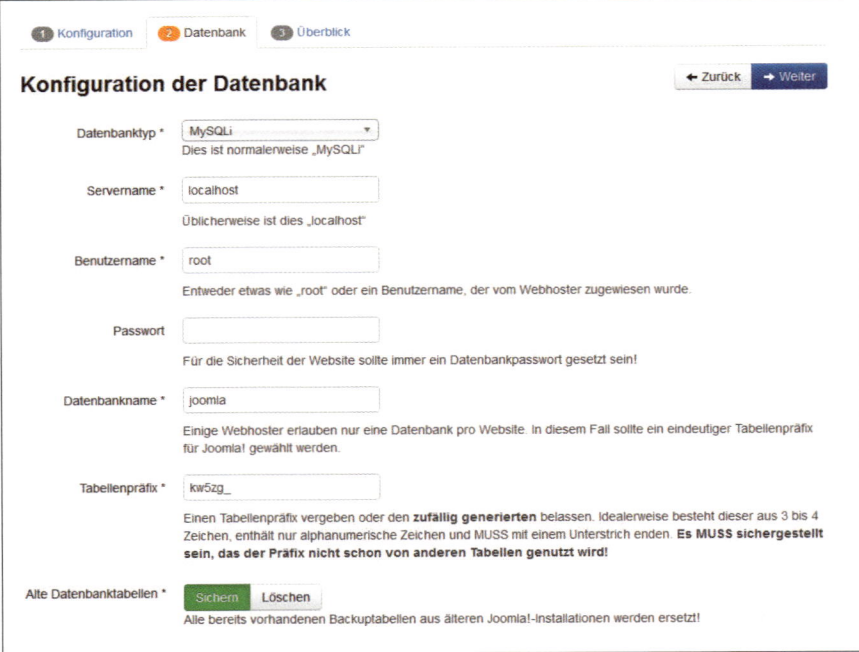

1 Konfiguration **2** Datenbank **3** Überblick

Konfiguration der Datenbank

← Zurück → Weiter

Datenbanktyp * | MySQLi ▼
Dies ist normalerweise „MySQLi"

Servername * | localhost
Üblicherweise ist dies „localhost"

Benutzername * | root
Entweder etwas wie „root" oder ein Benutzername, der vom Webhoster zugewiesen wurde.

Passwort |
Für die Sicherheit der Website sollte immer ein Datenbankpasswort gesetzt sein!

Datenbankname * | joomla
Einige Webhoster erlauben nur eine Datenbank pro Website. In diesem Fall sollte ein eindeutiger Tabellenpräfix für Joomla! gewählt werden.

Tabellenpräfix * | kw5zg_
Einen Tabellenpräfix vergeben oder den **zufällig generierten** belassen. Idealerweise besteht dieser aus 3 bis 4 Zeichen, enthält nur alphanumerische Zeichen und MUSS mit einem Unterstrich enden. **Es MUSS sichergestellt sein, das der Präfix nicht schon von anderen Tabellen genutzt wird!**

Alte Datenbanktabellen * | Sichern | Löschen
Alle bereits vorhandenen Backuptabellen aus älteren Joomla!-Installationen werden ersetzt!

Joomla! installieren – Schritt 2: Datenbank

Im jetzt angezeigten Formular müssen Sie die Zugangsdaten zu Ihrer Datenbank eintragen. Die notwendigen Informationen sollte Ihnen Ihr Webhoster verraten. Wenn Sie mit XAMPP arbeiten, verwenden Sie die Einstellungen aus der Abbildung links. Im Einzelnen möchte Joomla! folgende Informationen wissen:

- Der Datenbanktyp ist die verwendete Datenbank-Software. Wenn Sie die Datenbank MySQL einsetzen, ist hier MySQLi richtig.
- Der Servername ist der Name des Computers, auf dem die Datenbank läuft. Wenn die Datenbank auf dem gleichen Computer wie Joomla! arbeitet, müssen Sie als Servername die Vorgabe localhost belassen. Dies ist etwa bei einer Testinstallation mit XAMPP der Fall.
- Um auf die Datenbank zugreifen zu können, erhalten Sie vom Webhoster einen Benutzernamen und ein Passwort. Diese beiden tragen Sie in die gleichnamigen Felder ein. Im Fall von XAMPP lautet der Benutzername root, ein Passwort ist nicht vergeben, weshalb das entsprechende Feld leer bleibt.
- Jedes Datenbank-Programm wie MySQL kann mehrere unabhängige Datenbanken verwalten. Jede dieser Datenbanken erhält einen Namen. In der Regel gibt Ihnen Ihr Webhoster den Namen der Datenbank vor. Diesen tragen Sie unter Datenbankname ein. Teilweise ist dies eine recht kryptische Zeichenkette. Im Fall von XAMPP dürfen Sie sich einen Namen ausdenken, Joomla! legt diese Datenbank dann an.
- Die von Joomla! unterstützten Datenbanken speichern ihre Informationen in Tabellen (wie Sie sie von Ihrer Tabellenkalkulation kennen). Diesen Tabellen gibt Joomla! Namen. Die unter Tabellenpräfix angegebene und zufällig erzeugte Zeichenkette hängt Joomla! immer noch vor diese Namen. Dies hat unter anderem Sicherheitsgründe. Sie können die Vorgaben in diesem Feld einfach beibehalten.
- Wenn Sie Joomla! neu installieren müssen, können Sie unter Alte Datenbanktabellen Joomla! anweisen, die vorhandenen Daten in der Datenbank Sichern oder Löschen zu lassen. Bei einer Neuinstallation können Sie diesen Punkt ignorieren.

Wenn alle Daten hinterlegt sind, klicken Sie auf Weiter. Joomla! versucht dann, mit der Datenbank Kontakt aufzunehmen. Wenn dies scheitert, müssen Sie Ihre Eingaben noch einmal kontrollieren.

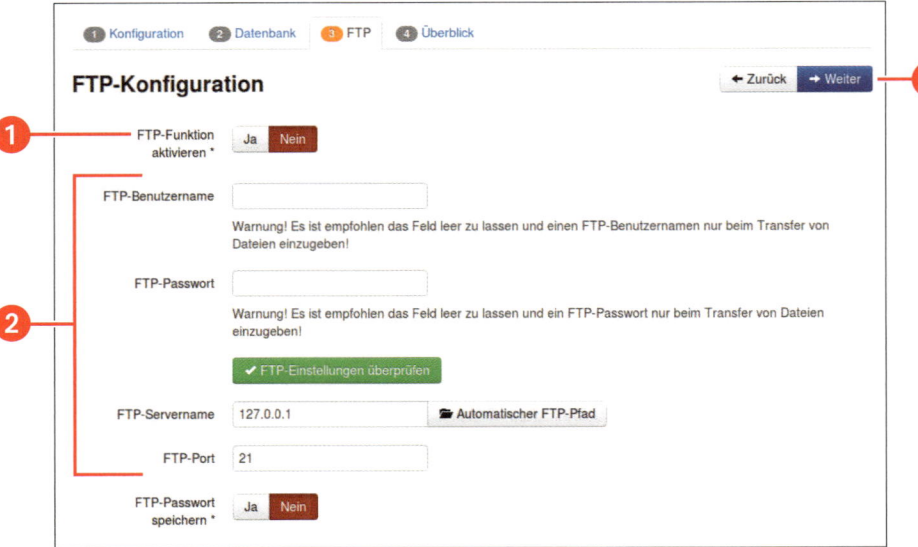

1 FTP-Funktion aktivieren *

2 FTP-Konfiguration

3 Zurück / Weiter

① Konfiguration ② Datenbank ③ FTP ④ Überblick

FTP-Konfiguration

→ Zurück → Weiter

FTP-Funktion aktivieren *   Ja Nein

FTP-Benutzername

Warnung! Es ist empfohlen das Feld leer zu lassen und einen FTP-Benutzernamen nur beim Transfer von Dateien einzugeben!

FTP-Passwort

Warnung! Es ist empfohlen das Feld leer zu lassen und ein FTP-Passwort nur beim Transfer von Dateien einzugeben!

✔ FTP-Einstellungen überprüfen

FTP-Servername   127.0.0.1   📁 Automatischer FTP-Pfad

FTP-Port   21

FTP-Passwort speichern *   Ja Nein

Joomla! installieren – Schritt 3: FTP-Konfiguration

Die später von Ihnen eingegebenen Texte dürfen Sie mit Bildern aufhübschen. Diese zusätzlichen Dateien hievt Joomla! von der heimischen Festplatte auf Ihren Server. Wenn dies dem Content-Management-System etwa durch Ihren Webhoster verboten ist, präsentiert Ihnen Joomla! die Seite aus der Abbildung links. Sollte die Seite bei Ihnen nicht erscheinen, können Sie in diesem Buch direkt zur nächsten Seite umblättern.

Auf der Seite aus der Abbildung links bietet Joomla! Ihnen an, die Bilder über einen sogenannten FTP-Zugang hochzuladen. Einen solchen Zugang stellt Ihnen Ihr Webhoster zur Verfügung. Vielleicht haben Sie über ihn schon selbst Dateien auf Ihren Server hochgeladen. Wenn auch Joomla! diesen Weg nutzen soll, klicken Sie neben FTP-Funktion aktivieren auf Ja ❶. Darunter müssen Sie jetzt die Zugangsdaten für den FTP-Zugang eintragen ❷, die entsprechenden Daten nennt Ihnen Ihr Webhoster. Wenn Sie alle Informationen hinterlegt haben, klicken Sie auf Weiter ❸.

Warnung

Doch Vorsicht: Verwenden Sie nicht die Zugangsdaten, die Ihnen Ihr Webhoster bei der Einrichtung Ihres Servers mitgeteilt hat! Der zugehörige FTP-Zugang erlaubt in der Regel den Zugriff auf alle Dateien auf dem Server. Legen Sie aus Sicherheitsgründen besser einen neuen und explizit für Joomla! gedachten FTP-Zugang an. Beschränken Sie den Aktions-radius zudem auf das Joomla!-Verzeichnis. Sofern Ihr Webhoster dies nicht gestattet, sollten Sie besser auf die FTP-Funktion verzichten und unter FTP-Funktion aktivieren den Punkt Nein einstellen. Das ist auch die richtige Einstellung, wenn Sie jetzt unsicher sind. Klicken Sie anschließend auf Weiter. Sie können Joomla! auch nachträglich noch anweisen, Dateien über den FTP-Zugang hochzuladen.

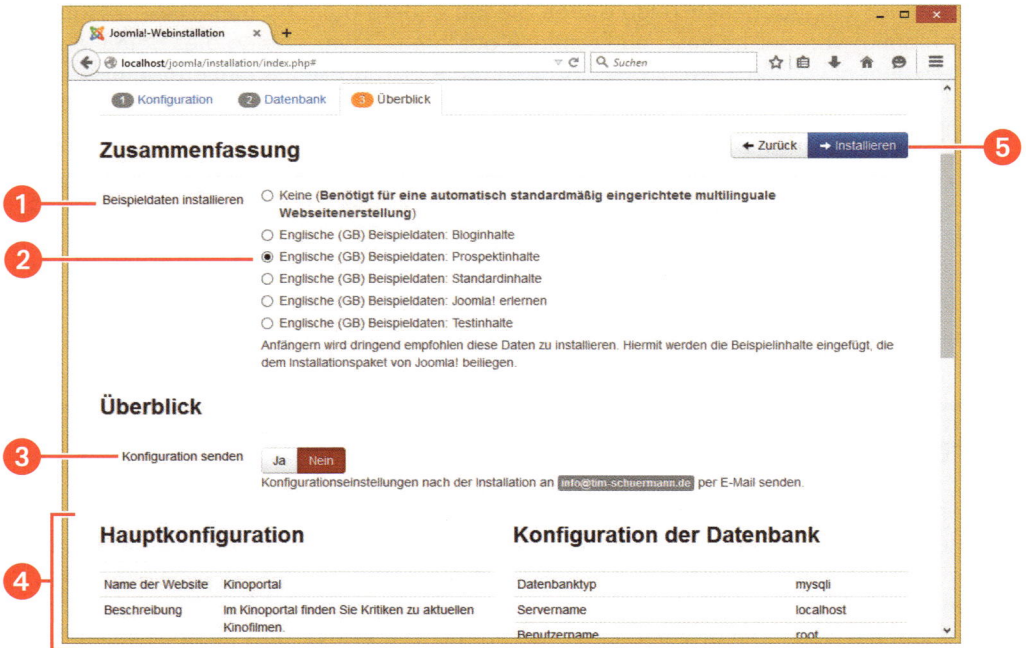

Joomla! installieren – Schritt 4: Beispieldaten und Prüfung

Im nächsten Schritt können Sie noch eine Beispiel-Homepage mit englischen Texten einrichten lassen ❶. Diese können Sie dann wiederum als Ausgangsbasis für Ihren eigenen Internetauftritt verwenden:

- Ein Blog installieren Sie mit Englische (GB) Beispieldaten: Bloginhalte.
- Einen Internetauftritt mit einer Begrüßungs- und einer Kontaktseite erhalten Sie mit Englische (GB) Beispieldaten: Prospektinhalte.
- Zu einem minimalen Auftritt mit nur einer Internetseite führt Englische (GB) Beispieldaten: Standardinhalte.
- Englische (GB) Beispieldaten: Joomla! erlernen liefert eine extrem große Beispielseite, die alle Funktionen von Joomla! vorstellt und demonstriert.
- Für Entwickler von Erweiterungen ist die Option Englische (GB) Beispieldaten: Testinhalte gedacht.

Wenn Sie Joomla! zum ersten Mal verwenden, wählen Sie die Prospektinhalte ❷.

Wenn Sie Konfiguration senden ❸ auf Ja stellen, schickt Joomla! Ihnen eine Zusammenfassung aller Einstellungen an die angegebene E-Mail-Adresse. Normalerweise können Sie hier Nein stehen lassen.

Im unteren Bereich fasst Joomla! noch einmal alle Einstellungen zusammen ❹. Zudem erfahren Sie, ob der Webserver alle Voraussetzungen erfüllt. Die Bedingungen im Bereich Installationsprüfung müssen zwingend erfüllt sein – mit einer Ausnahme: Neben configuration.php: nicht schreibgeschützt darf auch ein Nein stehen. Sofern noch irgendwo anders unter Installationsprüfung ein rotes Nein erscheint, müssen Sie Ihren Webhoster kontaktieren und um Abhilfe bitten. Unter Umständen können Sie die Probleme auch selbst im Kundencenter des Webhosters beheben. Dort lässt sich beispielsweise häufig eine andere PHP-Version aktivieren.

Wenn alles stimmt, klicken Sie rechts oben auf Installieren ❺.

Joomla! installieren – Schritt 5: Abschluss der Installation

Zum Abschluss erscheint die Seite aus der Abbildung links. Joomla! fordert Sie dort auf, das Unterverzeichnis *installation* zu löschen. Wenn Sie das ignorieren, könnte jeder Besucher die Installation erneut durchlaufen und so Ihren Internetauftritt zerstören. Um das Verzeichnis zu löschen, klicken Sie auf die entsprechende orangefarbene Schaltfläche. Sollte das zu einer Fehlermeldung führen, löschen Sie per Hand das Unterverzeichnis *installation* in Ihrem Joomla!-Verzeichnis. Wenn Sie mit XAMPP arbeiten, finden Sie das Verzeichnis *installation* unter

- Windows im Verzeichnis *c:\xampp\htdocs\joomla*
- Mac OS X unter */Programme/XAMPP/xamppfiles/htdocs/joomla*
- Linux im Ordner */opt/lampp/htdocs/joomla*

Joomla! speichert einige Einstellungen in einer Datei namens *configuration.php*. Kann es diese Datei nicht schreiben, finden Sie am unteren Seitenrand ein rot umrandetes Textfeld mit der Überschrift Hinweis. In diesem Fall müssen Sie den kryptischen Text im großen Eingabefeld mit der Maus markieren und ihn über die Zwischenablage in einen Texteditor kopieren (*nicht* in eine Textverarbeitung wie Word). Das Ergebnis speichern Sie unter dem Namen *configuration.php*. Achten Sie dabei darauf, dass die Zeichencodierung UTF-8 ausgewählt ist. Die Zeichencodierung legt fest, wie der Text auf der Festplatte abgelegt wird. In der Regel können Sie die Zeichencodierung irgendwo im Hauptmenü des Editors auswählen oder beim Speichern der Datei einstellen (im Windows Editor etwa in der Ausklappliste Codierung). Laden Sie die Datei *configuration.php* dann auf Ihren Server. Die Datei gehört direkt in das Joomla!-Verzeichnis, also dorthin, wo auch die Dateien *README* und *LICENSE* liegen.

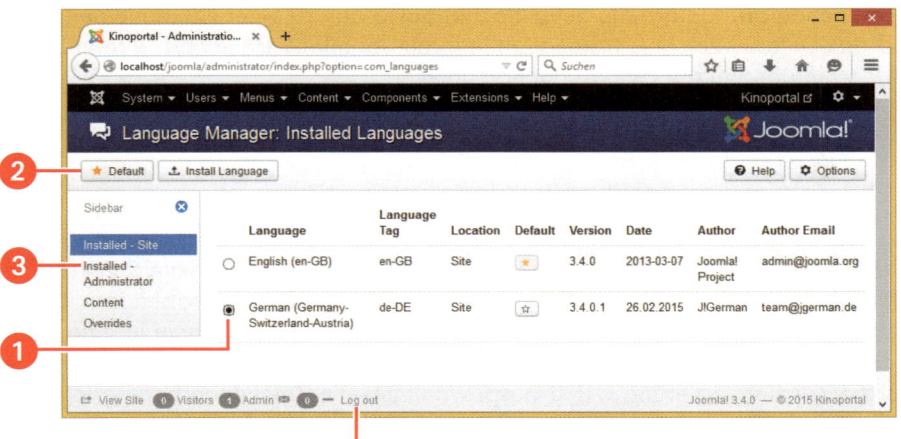

Deutsches Sprachpaket installieren

Die bei der Einrichtung von Joomla! ausgewählte Sprache gilt nur für den Assistenten. Joomla! selbst spricht von Haus aus nur Englisch. Weitere Sprachen lernt Joomla! mithilfe sogenannter Sprachpakete. Ein deutsches Sprachpaket installieren und aktivieren Sie wie folgt:

- Hängen Sie an die Internetadresse zu Ihrem Internetauftritt noch ein /administrator an. Ist Ihre Homepage etwa unter *http://www.example.com* zu erreichen, ergibt sich *http://www.example.com/administrator*. Steuern Sie diese Adresse an. Wenn Sie mit XAMPP arbeiten und die vorherigen Schritte mitgemacht haben, rufen Sie die Internetadresse *http://localhost/joomla/administrator* auf.

- Tippen Sie in das Feld Username den bei der Installation von Joomla! vergebenen Benutzernamen sowie unter Password das zugehörige Passwort ein (klicken Sie einfach in das entsprechende Feld, und tippen Sie drauflos). Klicken Sie auf Log in, womit Sie die Steuerzentrale von Joomla! betreten.

- Wechseln Sie zum Menüpunkt Extensions → Language Manager. Klicken Sie auf den Knopf Install language und dann auf Find languages. Joomla! geht jetzt auf die Suche nach Sprachpaketen.

- Tippen Sie in das Eingabefeld Search den Begriff German, und klicken Sie auf das Lupensymbol. Setzen Sie mit der Maus einen Haken in das Kästchen vor German, und klicken Sie auf die Schaltfläche Install.

- Abschließend müssen Sie noch auf die deutsche Sprache umschalten. Dazu rufen Sie Extensions → Language Manager auf. Klicken Sie in den kleinen Kreis vor German ❶, und aktivieren Sie die Schaltfläche Default ❷. Klicken Sie am linken Seitenrand auf Installed – Administrator ❸. Markieren Sie wieder in der Liste den Kreis vor German, und klicken Sie auf Default.

- Melden Sie sich ab, indem Sie am unteren Fensterrand auf Log out klicken ❹. Bei der nächsten Anmeldung an der Steuerzentrale spricht diese komplett Deutsch.

Beachten Sie, dass Joomla! nur seine Benutzeroberfläche, nicht aber die von Ihnen eingetippten Texte übersetzen kann. Aus diesem Grund bleiben die Texte der Beispiel-Homepage weiterhin in Englisch.

Installationsprobleme mit dem deutschen Sprachpaket beheben

Schlägt schon die Installation des Sprachpakets fehl, wechseln Sie zur Homepage des deutschen Übersetzerteams unter *http://www.jgerman.de*. Wählen Sie unter dem Menüpunkt Downloads ❶ Ihre Joomla!-Version. Fahren Sie auf der neuen Seite nach unten, bis Sie zur Zeile Deutsches „Full"-Paket (Zum Nachrüsten der deutschen Sprache in Joomla!) ❷ kommen, und klicken Sie auf das grüne Symbol auf der rechten Seite ❸. Nach ein paar Sekunden startet der Download des Sprachpakets. Melden Sie sich wie auf der vorheigen Doppelseite beschreiben in der Steuerzentrale von Joomla! an. Rufen Sie dort den Menüpunkt Extensions → Extension Manager auf, klicken Sie auf Durchsuchen, wählen Sie das Sprachpaket aus, und aktivieren Sie Upload & Install. Jetzt können Sie wie auf der vorherigen Doppelseite beschreiben unter Extensions → Language Manager auf die deutsche Sprache umschalten.

Lässt sich das Paket auch auf diesem Weg nicht installieren, entpacken Sie zunächst das von der Seite *http://www.jgerman.de* heruntergeladene Sprachpaket auf Ihrer Festplatte. In der Regel müssen Sie es dazu nur mit der rechten Maustaste anklicken und dann den passenden Menüpunkt wählen. Rufen Sie in der Steuerzentrale von Joomla! Extensions → Extension Manager auf. Wechseln Sie zum Register Install from Directory. Im Eingabefeld finden Sie ein Verzeichnis. Kopieren Sie das ausgepackte Sprachpaket dorthin, und klicken Sie dann auf Install. Nach der Installation des Sprachpakets können Sie unter Extensions → Language Manager auf die deutsche Sprache umschalten (wie auf der vorherigen Doppelseite beschrieben).

KAPITEL 3 | Erste Schritte

Ihren Internetauftritt verwalten Sie in einer versteckten Steuerzentrale. Auf den folgenden Seiten erfahren Sie, wo sich dieses sogenannte **Backend** versteckt, wie Sie zu ihm Zutritt erlangen und wie Sie es bedienen. Joomla! benutzt dabei seine ganz eigene Terminologie. Doch keine Angst: Meist verstecken sich hinter den Begriffen altbekannte oder einfache Konzepte.

Tipp

In der Steuerzentrale wirken einige Formulare und Listen ziemlich unübersichtlich, mitunter sogar chaotisch. Lassen Sie sich davon nicht irritieren. Nehmen Sie sich stattdessen etwas Zeit, und betrachten Sie die angebotenen Einstellungen in Ruhe. Meist entpuppen sich die Formulare als recht aufgeräumt. Darüber hinaus benötigen Sie einige Einstellungen nur in Sonderfällen. Sie können daher viele von ihnen einfach auf ihren Vorgaben belassen.

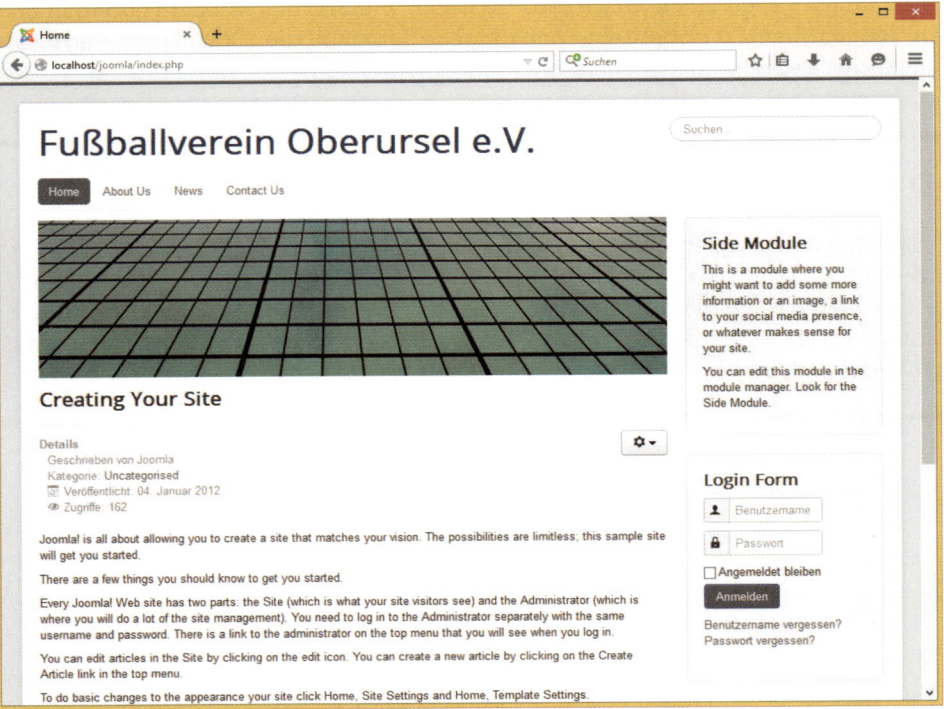

Frontend und Backend

Alle von Joomla! verwalteten Internetseiten, die ein *Besucher* zu sehen bekommt, fasst man unter dem Begriff **Frontend** zusammen. Teilweise spricht Joomla! auch von der **Website** oder kurz **Site**. Wie so ein Frontend aussehen kann, demonstriert die Abbildung auf der linken Seite. Wenn Sie Joomla! wie im vorherigen Kapitel auf Ihrem eigenen Computer eingerichtet haben, erreichen Sie das Frontend unter der Internetadresse *http://localhost/joomla*. Sofern Sie Joomla! auf einem Server im Internet installiert haben, steuern Sie dessen Adresse an, wie etwa *http://www.example.com*.

Zusätzlich bietet Joomla! noch eine Steuerzentrale an, über die Sie unter anderem neue Texte eingeben, Bilder hochladen und die Einstellungen des Content-Management-Systems verändern dürfen. Diese Steuerzentrale bezeichnet man als **Backend**. Ins Deutsche übersetzt man den Begriff häufig mit **Administrationsbereich**. Im Internet finden sich aber auch alternative Übersetzungen, wie Administrationsoberfläche, Administratoroberfläche, Administration, Administrator oder Admin(-Bereich). Das Backend erreichen Sie, indem Sie an die Adresse zu Ihrem Internetauftritt noch ein */administrator* anhängen. Wenn Sie Joomla! wie im vorherigen Kapitel auf Ihrem eigenen Computer eingerichtet haben, rufen Sie folglich die Internetadresse *http://localhost/joomla/administrator* auf.

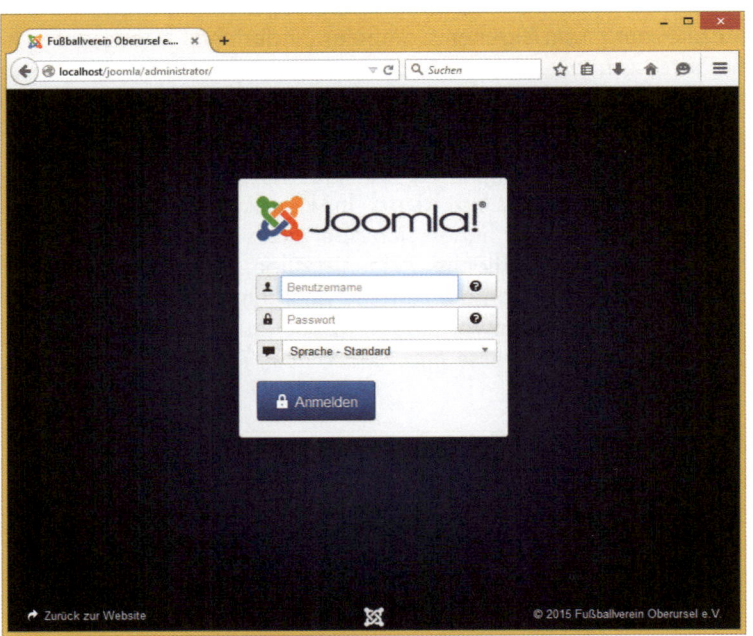

Am Backend anmelden

Wenn Sie das Backend ansteuern, landen Sie zunächst in einem Anmeldebildschirm, wie ihn die Abbildung auf der linken Seite zeigt. Damit nicht einfach jeder x-beliebige Besucher Texte schreibt und Ihren Internetauftritt umbaut, müssen Sie sich dort erst mit einem Benutzernamen und einem Passwort als Seitenbetreiber ausweisen. Den Benutzernamen und das Passwort haben Sie bei der Installation von Joomla! vorgegeben.

Tippen Sie Ihren Benutzernamen und Ihr Passwort in die entsprechenden Felder ein (und überschreiben Sie dabei die schwach grau zu erkennenden Texte Benutzername und Passwort). Drücken Sie anschließend die Eingabetaste, oder klicken Sie auf Anmelden (bei einem englischsprachigen Joomla! klicken Sie auf Log in).

Wenn Sie Ihren Benutzernamen oder das Passwort vergessen haben sollten, klicken Sie im Anmeldebildschirm auf das Fragezeichen rechts neben dem entsprechenden Eingabefeld. Joomla! leitet Sie dann auf eine neue Seite, auf der Sie einen anderen Benutzernamen beziehungsweise ein neues Passwort anfordern können. In beiden Fällen müssen Sie die E-Mail-Adresse eingeben, die Sie bei der Installation hinterlegt haben (siehe Seite 37). Joomla! schickt Ihnen dann eine E-Mail mit dem Benutzernamen beziehungsweise einem neuen Passwort.

Warnung

Wer Ihren Benutzernamen und das Passwort kennt, kann Ihren kompletten Internetauftritt übernehmen. Geben Sie daher Ihren Benutzernamen und das Passwort niemals an andere weiter!

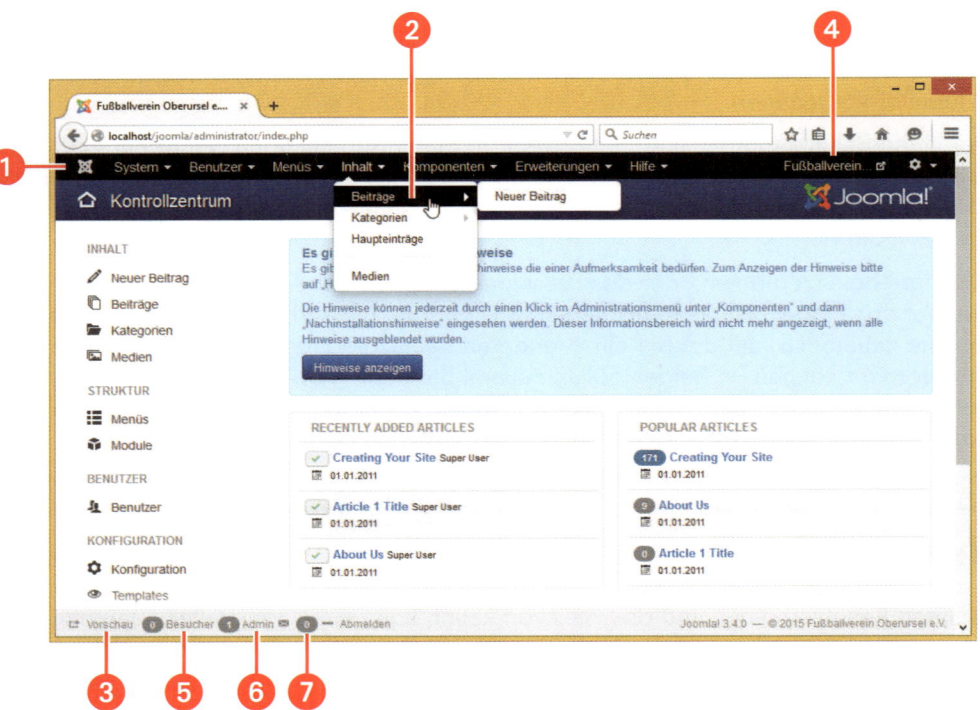

Hauptmenü, Statusleiste und Vorschau

Nach der Anmeldung landen Sie endlich im Backend und somit in der Kommandozentrale von Joomla!, wie sie die Abbildung auf der linken Seite zeigt. Die Bedienung erfolgt ganz ähnlich wie in einem normalen Programm.

Über das Hauptmenü erreichen Sie alle Funktionen und Einstellungen ❶. In der Abbildung links hat jemand schon mit einem Klick auf Inhalt das entsprechende Menü geöffnet ❷. Dessen Untermenüs klappen automatisch auf, sobald Sie mit dem Mauszeiger darüber fahren. In Joomla! lassen sich zudem alle Menüpunkte anklicken. In der Abbildung links könnte man also nicht nur den Unterpunkt Neuer Beitrag, sondern auch den Punkt Beiträge aufrufen. Beide rufen dabei unterschiedliche Funktionen auf (die Sie in wenigen Seiten kennenlernen werden).

Am unteren Fensterrand finden Sie die Statusleiste. Dort öffnet ein Klick auf Vorschau ❸ den aktuellen Stand Ihrer Website in einem neuen Fenster. Alternativ können Sie auch rechts oben in der Ecke auf den (unter Umständen abgekürzten) Namen Ihrer Website klicken – in der Abbildung auf der linken Seite wäre das Fußballverein... ❹.

In der Statusleiste können Sie rechts neben dem Link Vorschau ablesen, wie viele Besucher sich derzeit Ihre Internetseiten ansehen ❺ und wie viele Personen derzeit im Backend arbeiten (die Zahl vor Admins) ❻. Momentan sollte nur eine Person im Backend unterwegs sein – nämlich Sie selbst.

Neben dem Briefumschlag finden Sie die Anzahl aller neu eingegangenen Nachrichten ❼. Joomla! besitzt ein eigenes Nachrichtensystem, über das es Ihnen ab und an wichtige Meldungen schickt. Diese Nachrichten zeigt Joomla! an, wenn Sie in der Statusleiste auf die Nachrichtenzahl klicken.

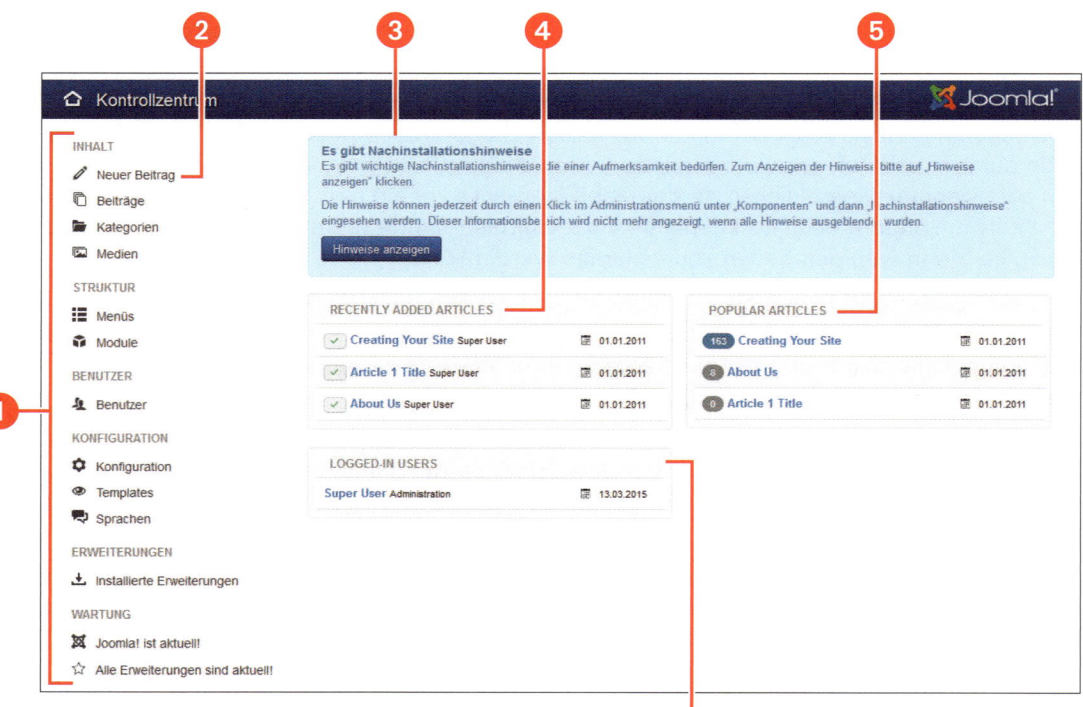

☆ Kontrollzentrum   Joomla!

INHALT

✏ Neuer Beitrag
🗎 Beiträge
📁 Kategorien
🖼 Medien

STRUKTUR

☰ Menüs
📦 Module

BENUTZER

👤 Benutzer

KONFIGURATION

⚙ Konfiguration
👁 Templates
💬 Sprachen

ERWEITERUNGEN

⬇ Installierte Erweiterungen

WARTUNG

✖ Joomla! ist aktuell!
☆ Alle Erweiterungen sind aktuell!

Es gibt Nachinstallationshinweise
Es gibt wichtige Nachinstallationshinweise die einer Aufmerksamkeit bedürfen. Zum Anzeigen der Hinweise bitte auf „Hinweise anzeigen" klicken.

Die Hinweise können jederzeit durch einen Klick im Administrationsmenü unter „Komponenten" und dann „Nachinstallationshinweise" eingesehen werden. Dieser Informationsbereich wird nicht mehr angezeigt, wenn alle Hinweise ausgeblendet wurden.

[Hinweise anzeigen]

RECENTLY ADDED ARTICLES

✓ **Creating Your Site** Super User   🗓 01.01.2011
✓ **Article 1 Title** Super User   🗓 01.01.2011
✓ **About Us** Super User   🗓 01.01.2011

POPULAR ARTICLES

163 **Creating Your Site**   🗓 01.01.2011
8 **About Us**   🗓 01.01.2011
0 **Article 1 Title**   🗓 01.01.2011

LOGGED-IN USERS

Super User Administration   🗓 13.03.2015

Das Kontrollzentrum

Direkt nach der Anmeldung zeigt das Backend das **Kontrollzentrum** an, wie Sie es auch in der Abbildung auf der linken Seite sehen. Das Kontrollzentrum bildet gewissermaßen die Startseite des Backends.

Die Menüpunkte auf der linken Seite ❶ führen zu häufig benötigten Aufgabenbereichen. Ein Klick auf Neuer Beitrag ❷ erstellt beispielsweise umgehend eine neue Internetseite im Frontend. Sie müssen sich folglich nicht erst mühsam durch die Menüs hangeln.

Auf der rechten Seite zeigt das Kontrollzentrum folgende Informationen und Statistiken an:

- Ganz oben erscheinen in einem Kasten wichtige Informationen ❸.
- Der Kasten Recently Added Articles listet die zuletzt hinzugefügten Beiträge (beziehungsweise Internetseiten) auf ❹. Die grünen Haken auf der linken Seite zeigen an, dass die entsprechenden Beiträge derzeit für Besucher sichtbar sind.
- Der Kasten Popular Articles vermeldet die fünf beliebtesten Beiträge (beziehungsweise Internetseiten) ❺. In den Ovalen zeigt Joomla! an, wie viele Besucher sich den entsprechenden Text schon angesehen haben. Auf der rechten Seite finden Sie zudem das Veröffentlichungsdatum des jeweiligen Beitrags.
- Der Kasten Logged-in Users zeigt die fünf zuletzt angemeldeten Benutzer ❻. Hier ist mindestens der Super User aufgeführt; das sind Sie selbst. Der kleingeschriebene Text Administration weist darauf hin, dass Sie derzeit im Backend angemeldet sind.

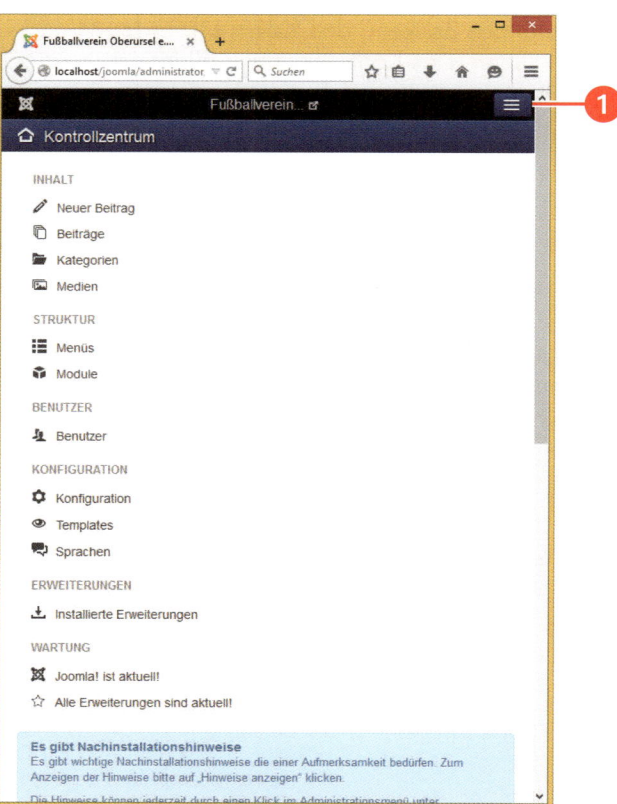

Responsive Design

Wenn Sie Ihr Browserfenster verkleinern, passt Joomla! die dargestellte Seite automatisch an die neuen Gegebenheiten an. Dabei verschiebt es auch unter Umständen einige Elemente beziehungsweise Seitenbereiche. Das kann so weit gehen wie in der Abbildung auf der linken Seite. Dort wurde das Fenster so weit verkleinert, dass Joomla! die Teile der Seite übereinanderstapelt. Darüber hinaus ist das Hauptmenü verschwunden. Sie erhalten es wieder, indem Sie ganz rechts oben in der Ecke auf den Knopf mit den drei Streifen klicken ❶. Die Darstellung aus der Abbildung links sehen Sie übrigens auch, wenn Sie das Backend von einem Mobiltelefon aus nutzen.

Diese Fähigkeit, die Darstellung an unterschiedliche Geräte und Fenstergrößen anzupassen, bezeichnet man als **Responsive Design** (reaktionsfreudiges Design). Auch die Beispiel-Homepage nutzt diese Technik. Probieren Sie es einfach mal aus (indem Sie die Vorschau öffnen und dann Ihr Browserfenster in der Größe verändern).

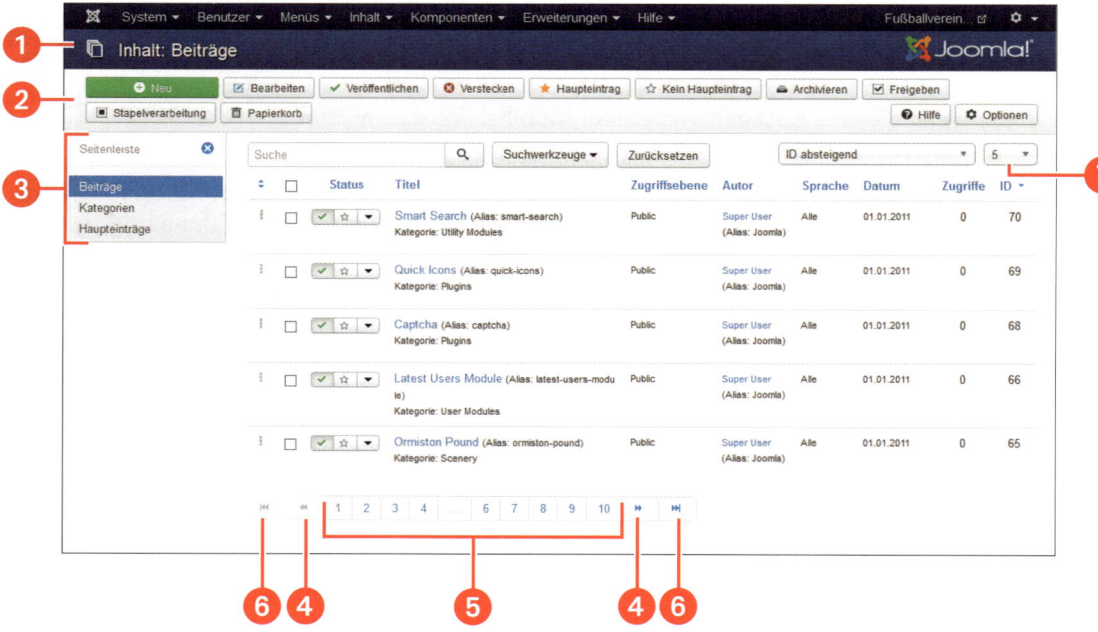

Listen bedienen

Wenn Sie den Menüpunkt Inhalt → Beiträge aufrufen, landen Sie in einer Liste mit sämtlichen irgendwann einmal geschriebenen Beiträgen – ganz ähnlich zu der Liste aus der Abbildung links. Solche Listen kennt Joomla! für alle verwalteten Inhalte, wie etwa den angelegten Kontaktformularen. Alle diese Listen sind immer identisch aufgebaut.

Unter dem Hauptmenü zeigt Joomla! an, wo Sie sich gerade befinden beziehungsweise was Sie gerade betrachten ❶. Direkt unter dem blauen Streifen liegt die sogenannte **Werkzeugleiste** ❷, die verschiedene Aktionen anbietet. In der Liste aus der Abbildung links könnten Sie beispielsweise über den grünen Knopf einen neuen Beitrag erstellen. Am linken Seitenrand finden Sie die **Seitenleiste** ❸. Dieses Untermenü erlaubt einen schnellen Wechsel zu anderen, passenden Bereichen des Backends.

Lange Listen verteilt Joomla! auf mehrere Seiten. Über die Knöpfe am unteren Rand der Tabelle ❹ blättern Sie zwischen den Seiten. Mit einem Klick auf eine der Zahlen ❺ springen Sie direkt die entsprechende Seite an. Die Doppelpfeile mit dem abschließenden Strich ❻ bringen Sie direkt zur ersten beziehungsweise letzten Seite. Die Knöpfe zur Navigation blendet Joomla! allerdings nur dann ein, wenn es die Liste tatsächlich auf mehrere Seiten verteilen muss.

Mit der Ausklappliste rechts oben ❼ stellen Sie ein, wie viele Zeilen eine Seite auf einmal darstellt. Wählen Sie aus ihr die 5, erscheinen wie in der Abbildung links nur noch fünf Beiträge – zu den anderen müssten Sie dann mit den Pfeilen umblättern.

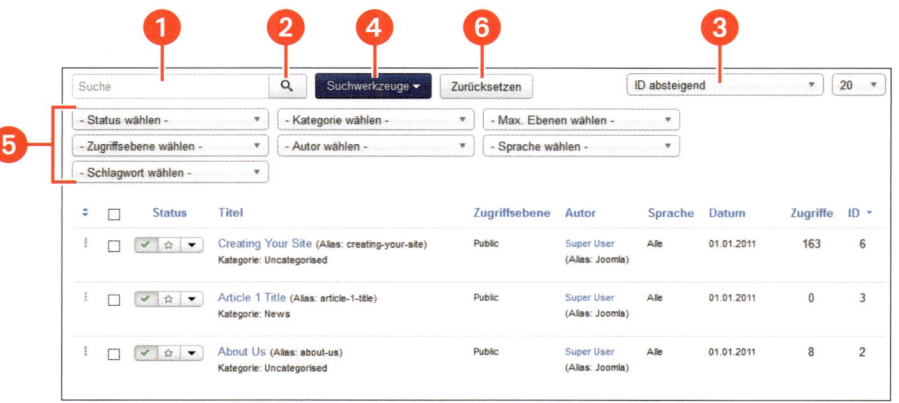

Listen filtern

Um in den Listen schneller das Gewünschte zu finden, können Sie folgende Hilfen nutzen:

- Tippen Sie in das Suchfeld ❶ einen Begriff, wie etwa den Namen eines Beitrags, und klicken Sie auf die Lupe ❷. In der Liste erscheinen dann nur noch alle dazu passenden Einträge.
- Wählen Sie in der Ausklappliste rechts ❸ ein Sortierkriterium aus. Joomla! sortiert die Tabelle dann passend. Bei Datum aufsteigend zeigt die Liste beispielsweise die zuletzt veröffentlichten Textbeiträge zuerst an.
- Klicken Sie auf Suchwerkzeuge ❹, womit weitere Ausklapplisten erscheinen ❺. Mit ihnen können Sie unwichtige Zeilen ausblenden lassen. Interessieren Sie sich beispielsweise nur für die Beiträge, die ein ganz bestimmter Autor geschrieben hat, wählen Sie seinen Namen einfach aus der Ausklappliste – Autor wählen –.

Sie können mehrere Filter gleichzeitig verwenden und sich so etwa nur die Beiträge anzeigen lassen, die die Überschrift Fußball tragen und vom Autor Hans stammen (Sie müssen nur in das Suchfeld Fußball eintippen, auf die Lupe klicken und dann unter – Autor wählen – den Hans einstellen).

Um wieder den ursprünglichen Zustand herzustellen, klicken Sie auf Zurücksetzen ❻.

Tipp

Wenn Sie Joomla! zum ersten Mal nutzen, fühlen Sie sich jetzt vermutlich von diesen ganzen Möglichkeiten erschlagen. Lassen Sie sich dadurch jedoch nicht irritieren, und lesen Sie einfach weiter. Wenn Sie eine Weile aktiv mit Joomla! arbeiten, werden Sie mit den Listen automatisch etwas vertrauter.

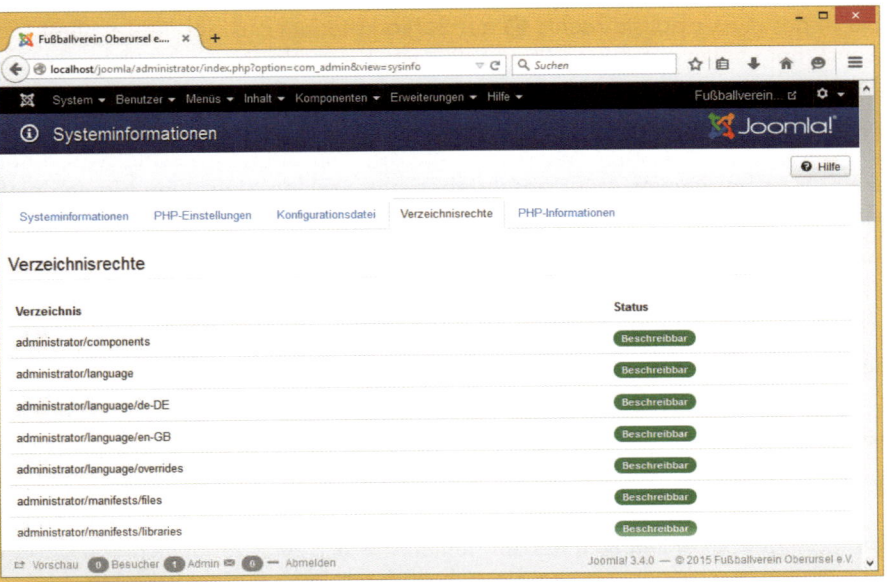

Verzeichnisse mit Schreibrechten

Hin und wieder muss Joomla! Dateien auf den Server hochladen. Dazu zählen etwa Fotos, mit denen Sie Ihre Texte auflockern, aber auch Erweiterungspakete oder Aktualisierungen. Diese Dateien legt Joomla! in extra dafür reservierten Unterverzeichnissen auf Ihrem Server ab. Häufig müssen Sie genau das jedoch erst explizit gestatten. Die dazu notwendigen Schritte hängen von Ihrem Webhoster ab. Bitten Sie ihn gegebenenfalls um Hilfe.

In welchen Verzeichnissen Joomla! Dateien speichern können muss, erfahren Sie unter System → Systeminformationen auf dem Register Verzeichnisrechte. Sie sehen dann die Liste aus der Abbildung links. Steht neben dem Verzeichnisnamen ein grünes Beschreibbar, dann müssen Sie nichts weiter unternehmen. Andernfalls müssen Sie Joomla! das Schreiben in das Verzeichnis erlauben.

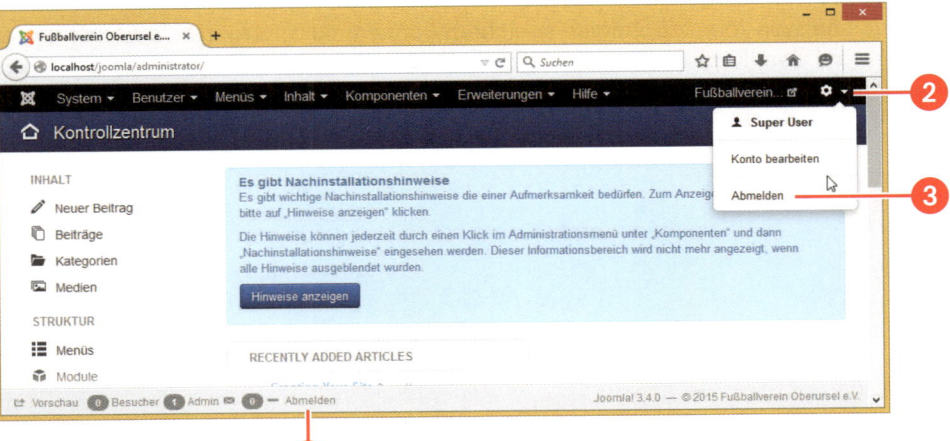

Vom Backend abmelden

Wenn Sie im Backend Ihre Arbeit beendet haben, sollten Sie nicht einfach Ihren Browser schließen, sondern sich explizit bei Joomla! abmelden. Das hat vor allem Sicherheitsgründe: Auf diese Weise kann niemand unbemerkt von Ihnen die Sitzung kapern.

Um sich abzumelden, klicken Sie entweder auf den Link Abmelden in der Statusleiste ❶ oder aber ganz rechts oben in der Fensterecke auf das Zahnradsymbol ❷ und dann auf Abmelden ❸.

Sollten Sie längere Zeit untätig gewesen sein, so setzt Joomla! Sie automatisch vor die Tür. Dies geschieht zum einen aus Sicherheitsgründen, und zum anderen brauchen Sie nicht in Panik zu geraten, sollten Sie einmal das Abmelden vergessen oder den Browser einfach gedankenlos geschlossen haben. Andererseits können Sie hierdurch auch bereits getätigte Eingaben verlieren, wenn beispielsweise ein dringender Telefonanruf Sie vom Computer und somit von der Arbeit fernhält. Daher sollten Sie immer regelmäßig über die entsprechenden (und in den nachfolgenden Abschnitten noch vorgestellten) Schaltflächen Ihre Eingaben zwischenspeichern.

KAPITEL 4 | Inhalte veröffentlichen

Wie Sie aus Kapitel 1 wissen, verwaltet Joomla! von Haus aus **Beiträge**, die wiederum von **Kategorien** thematisch zusammengefasst werden. Auf diese Weise lassen sich beispielsweise alle Filmkritiken in einer eigenen Kategorie sammeln. Zudem müssen Sie jeden Beitrag zwingend immer einer Kategorie zuordnen. Sie kommen folglich nicht umhin, mindestens eine Kategorie anzulegen.

In diesem Kapitel erfahren Sie, wie Sie neue Kategorien erstellen, neue Beiträge schreiben und diese verwalten. Dabei helfen Ihnen die Überlegungen aus Kapitel 1. Sichtbar werden die Beiträge und Kategorien allerdings erst, wenn Sie sie in die Menüs einbinden. Mit diesem Thema befasst sich später gesondert das Kapitel 7.

Für alle, die nicht so lange warten möchten und endlich einen ersten Beitrag veröffentlichen wollen, folgt auf der nächsten Doppelseite vorab ein kleiner Schnelldurchlauf.

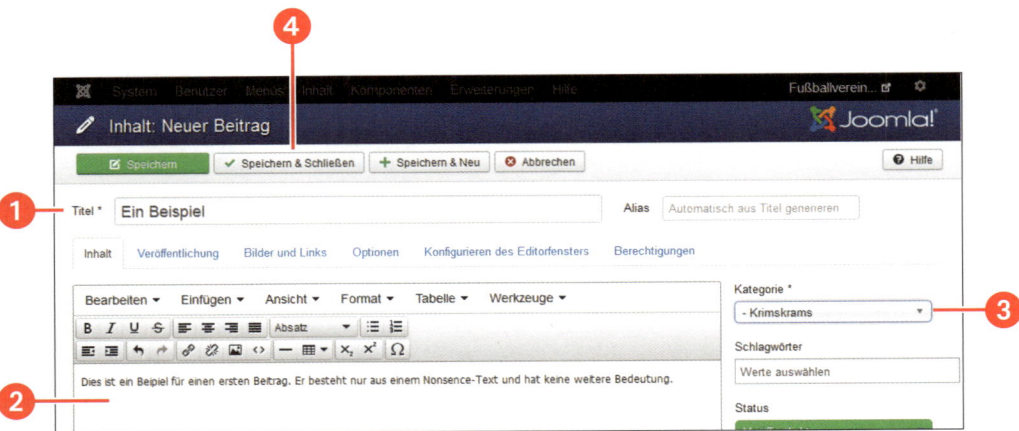

Schnell erste Beiträge erstellen

Wenn Sie jetzt endlich unbedingt Ihren ersten Beitrag veröffentlichen möchten, verfahren Sie wie folgt:

1. **Erstellen Sie eine neue Kategorie:** Melden Sie sich am Backend an, und rufen Sie den Menüpunkt Inhalt → Kategorien → Neue Kategorie auf. Geben Sie der Kategorie im Feld Titel einen Namen, wie etwa *Krimskrams*. Klicken Sie auf Speichern & Schließen.

2. **Erstellen Sie einen oder mehrere Beiträge:** Rufen Sie Inhalt → Beiträge → Neuer Beitrag auf. Verpassen Sie dem Beitrag eine Überschrift im Feld Titel ❶, und tippen Sie dann in das große Eingabefeld ❷ Ihren Text ein. Stellen Sie die Kategorie ❸ auf die im ersten Schritt angelegte Kategorie. Damit haben Sie den Beitrag genau dieser Kategorie zugeordnet. Klicken Sie auf Speichern & Schließen ❹. Legen Sie nach dem gleichen Prinzip weitere Beiträge an.

3. **Erstellen Sie einen Menüpunkt:** Klicken Sie im Hauptmenü den Punkt Menüs an. Im aufklappenden Menü wählen Sie den Punkt mit dem Haussymbol. Wenn Sie wie in Kapitel 2 empfohlen die Beispiel-Homepage *Prospektinhalte* eingespielt haben, ist das der Menüpunkt Main Menu. Aktivieren Sie den grünen Knopf Neu. Geben Sie dem Menüpunkt unter Menütitel eine Beschriftung, wie etwa *Zum Krimskrams*. Klicken Sie neben Menüeintragstyp auf Auswählen, im neuen Fenster auf Beiträge und dann auf die Kategorieliste. Stellen Sie in der Ausklappliste Kategorie auswählen die im ersten Schritt eingestellte Kategorie ein (im Beispiel wäre das Krimskrams), und klicken Sie auf Speichern & Schließen.

Öffnen Sie die Vorschau. Dort sollte jetzt ein neuer Menüpunkt erscheinen, der zu einer Liste mit allen in der Kategorie enthaltenen Beiträgen führt. Wenn Sie einen der Beiträge anklicken, zeigt Joomla! Ihnen seinen Text an.

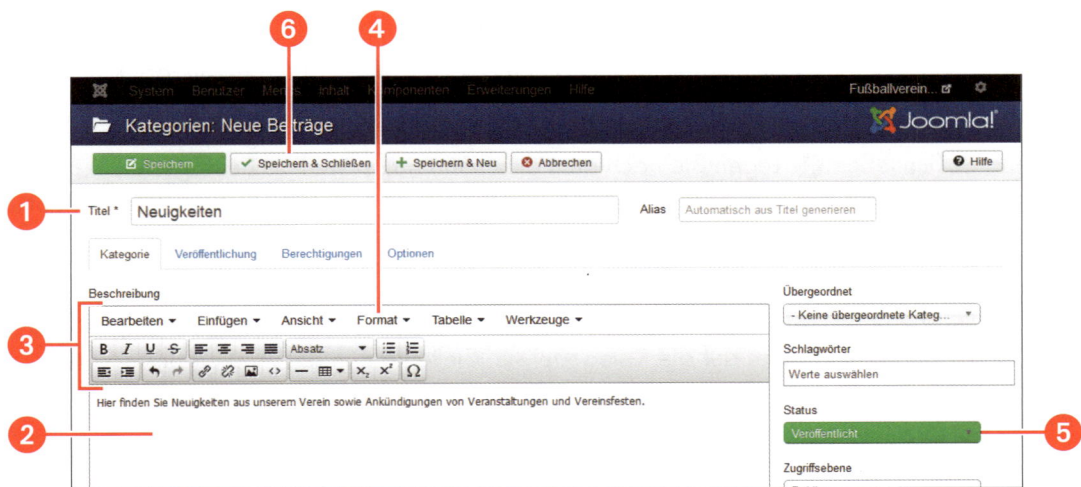

Kategorien anlegen

Um in Joomla! eine neue Kategorie zu erstellen, rufen Sie den Menüpunkt Inhalt → Kategorien → Neue Kategorie auf. Sie landen damit im Formular aus der nebenstehenden Abbildung.

Dort müssen Sie der Kategorie als Erstes einen Namen geben. Wählen Sie dabei einen möglichst aussagekräftigen: Wenn die Kategorie alle Filmkritiken sammeln soll, bietet sich als Name *Filmkritiken* an. Möchten Sie in mehreren Beiträgen Ihren Verein vorstellen, wären diese in einer Kategorie mit dem Namen *Über uns* gut aufgehoben. Orientieren Sie sich dabei auch an den Vorüberlegungen aus Kapitel 1. Wenn Sie einen Namen gefunden haben, tragen Sie ihn im Eingabefeld Titel ein ❶.

Im großen Eingabefeld Beschreibung ❷ erläutern Sie kurz, welche Beiträge die Kategorie aufnimmt (wie in der Abbildung links). Die Beschreibung sehen später auch Ihre Besucher. Die Symbolleiste ❸ funktioniert ähnlich wie das Pendant in Ihrer Textverarbeitung. Beispielsweise können Sie den Text mit den Befehlen unter Format ❹ unter anderem fett und kursiv drucken.

Achten Sie darauf, dass am rechten Rand der Status auf Veröffentlicht steht ❺. Nur dann zeigt Joomla! Ihren Besuchern die Inhalte dieser Kategorie an. Alle anderen Einstellungen belassen Sie auf ihren Vorgaben. Um die neue Kategorie anzulegen, klicken Sie auf Speichern & Schließen ❻.

Erstellen Sie nach dem gezeigten Prinzip alle in Kapitel 1 ermittelten Kategorien.

Kategorien nachbearbeiten

Nachdem Sie eine neue Kategorie angelegt haben, landen Sie automatisch in der Kategorie-Verwaltung aus der Abbildung links. Diese Tabelle mit allen vorhandenen Kategorien erreichen Sie jederzeit über Inhalt → Kategorien (klicken Sie direkt auf Kategorien, und ignorieren Sie den aufklappenden Unterpunkt Neue Kategorie).

Vorhandene Kategorien können Sie jederzeit umbenennen beziehungsweise verändern. Dazu wechseln Sie zum Menüpunkt Inhalt → Kategorien, suchen in der Tabelle die entsprechende Kategorie und klicken auf ihren Namen in der Spalte Titel. Joomla! öffnet jetzt das von der vorherigen Doppelseite bekannte Formular. Nehmen Sie in ihm alle notwendigen Anpassungen vor. Anschließend müssen Sie die geänderte Kategorie noch Speichern & Schließen lassen.

Warnung

Suchmaschinen und Ihre Besucher gewöhnen sich an die Namen der Kategorien. Mit einer Umbenennung stiften Sie folglich Verwirrung. Ändern Sie daher die Namen nachträglich nur aus einem guten Grund.

⋮	☐	✔	Filmkritiken (Alias: filmkritiken)	Public	Alle	11
⋮	☐	✔	— Komödien (Alias: komoedien)	Public	Alle	12
⋮	☐	✔	— Actionfilme (Alias: actionfilme)	Public	Alle	13

Kategorien verschachteln

Sie können eine Kategorie in eine andere stecken und so Unterkategorien bilden. Beispielsweise könnten Sie Filmkritiken passend zum Genre in die Kategorien *Komödien* und *Actionfilme* einsortieren. Diese beiden Kategorien könnten Sie dann wiederum zu einer Kategorie *Filmkritiken* zusammenfassen. *Komödien* und *Actionfilme* wären somit Unterkategorien von *Filmkritiken*. Diese Verschachtelung soll bei vielen Beiträgen die Übersicht verbessern, ist bei kleinen privaten Seiten aber häufig nicht notwendig.

Um die Kategorie *Komödien* in die Kategorie *Filmkritiken* zu stecken, rufen Sie Inhalt → Kategorien auf und klicken in der Liste die Komödien an. Im Formular stellen Sie rechts unter Übergeordnet die Kategorie Filmkritiken ein. Steht die Ausklappliste Übergeordnet auf – Keine übergeordnete Kategorie –, so ist die Kategorie keiner anderen untergeordnet.

Vergessen Sie nicht, die Kategorie Speichern & Schließen zu lassen. In der Liste hinter Inhalt → Kategorien rückt Joomla! Unterkategorien nach rechts ein (wie in der Abbildung links).

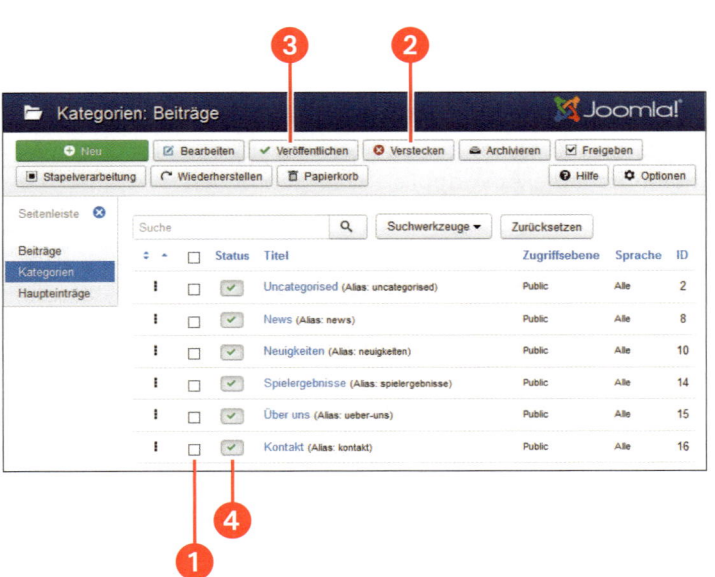

Kategorien verstecken

Sie können eine Kategorie mit all ihren Beiträgen vor den Augen Ihrer Besucher (vorübergehend) versteecken. Das ist beispielsweise nützlich, wenn der Vereinsvorstand wechselt: Haben Sie die Lebensläufe der Vorstandsmitglieder in der Kategorie *Vorstand* gesammelt, können Sie einfach diese Kategorie verstecken, dann alle Lebensläufe darin überarbeiten und sie schließlich wieder auf Ihrem Internetauftritt einblenden.

Um eine oder mehrere Kategorien zu verstecken, wechseln Sie zum Menüpunkt Inhalt → Kategorien. Jetzt haben Sie drei Möglichkeiten:

- Setzen Sie in das weiße Kästchen vor den zu versteckenden Kategorien jeweils mit einem Mausklick einen Haken ❶, und aktivieren Sie die Schaltfläche Verstecken ❷. Um die Kategorie wieder auf Ihrem Internetauftritt erscheinen zu lassen, setzen Sie wieder einen Haken in die weißen Kästchen der versteckten Kategorien und klicken dann auf Veröffentlichen ❸.

- Soll nur eine Kategorie versteckt werden, suchen Sie diese in der Liste. Klicken Sie dann auf den grünen Haken in der Spalte Status ❹. Der Haken verwandelt sich jetzt in einen roten Kreis. Sobald Sie diesen anklicken, veröffentlicht Joomla! die Kategorie wieder.

- Klicken Sie in der Liste den Titel der Kategorie an, stellen Sie Status auf Versteckt, und Speichern & Schließen Sie Ihre Änderungen. Um die Kategorie wieder zu veröffentlichen, klicken Sie auf den Titel der Kategorie, setzen den Status auf Veröffentlicht und lassen die Änderung Speichern & Schließen.

Wenn Sie eine Kategorie verstecken, dann versteckt Joomla! auch automatisch alle Unterkategorien.

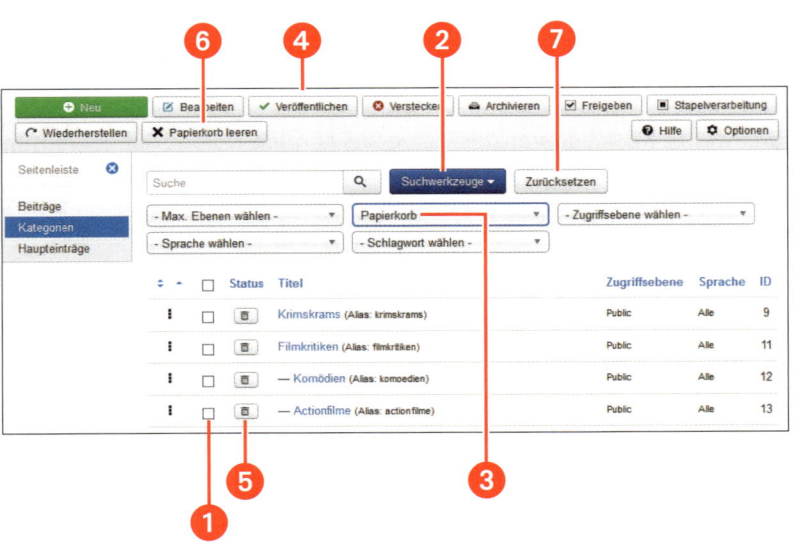

Kategorien löschen

Wenn Sie eine oder mehrere Kategorien löschen möchten, wechseln Sie zum Menüpunkt Inhalte →
Kategorien. Setzen Sie in das weiße Kästchen vor den zu löschenden Kategorien jeweils mit einem
Mausklick einen Haken ❶. Aktivieren Sie die Schaltfläche Papierkorb. Damit hat Joomla! Ihre Kate-
gorien von der Website genommen und erst einmal nur in seinen **Papierkorb** verschoben. Die
Kategorien sind also noch nicht komplett gelöscht.

Einen Blick in den Papierkorb werfen Sie, indem Sie die Suchwerkzeuge ❷ ausklappen und die Ausklappliste – Status wählen – ❸ auf Papierkorb stellen. Joomla! zeigt Ihnen daraufhin alle Kategorien
an, die im Papierkorb liegen. In der Abbildung links sind das die Kategorien *Filmkritiken*, *Actionfilme*, *Komödien* und *Krimskrams*. Jetzt haben Sie zwei Möglichkeiten:

- Sie können eine oder mehrere Kategorien **wiederherstellen**. Dazu setzen Sie wieder in das
  weiße Kästchen vor den Kategorien ❶ jeweils einen Haken und klicken dann auf die Schaltfläche Veröffentlichen ❹. Wenn Sie nur eine Kategorie wiederherstellen möchten, können Sie auch
  in ihrer Zeile auf das Symbol mit der Mülltonne klicken ❺.
- Sie können eine oder mehrere Kategorien **endgültig löschen**. Das funktioniert allerdings nur,
  wenn die betroffenen Kategorien keine Beiträge mehr enthalten. Wenn das bei Ihnen der Fall ist,
  setzen Sie in das weiße Kästchen vor den Kategorien jeweils einen Haken und klicken dann auf
  Papierkorb leeren ❻. Joomla! löscht dann ohne eine weitere Rückfrage die Kategorien. Sie lassen sich dann auch nicht mehr wiederherstellen. Überlegen Sie sich folglich den Klick auf Papierkorb leeren!

Zur Liste mit allen Beiträgen kehren Sie zurück, indem Sie auf Zurücksetzen klicken ❼.

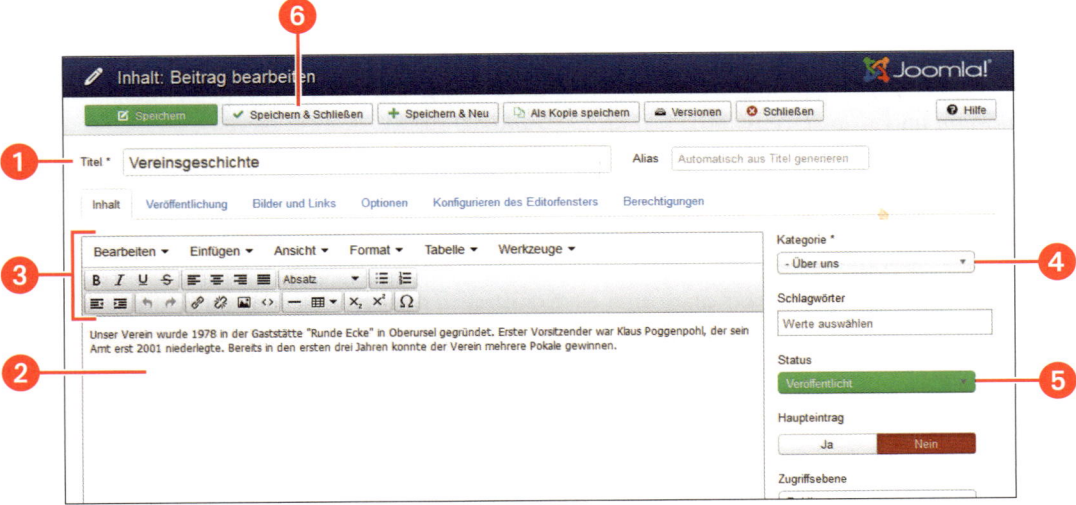

Beiträge erstellen

Um einen neuen Beitrag anzulegen, wählen Sie im Menü Inhalt → Beiträge → Neuer Beitrag. Damit erscheint das Formular aus der nebenstehenden Abbildung. Dieses füllen Sie wie folgt aus:

1. Im Eingabefeld Titel verpassen Sie Ihrem Beitrag zunächst eine Überschrift ❶. Joomla! zeigt sie später über Ihrem Beitrag an. Der Titel sollte daher kurz, knackig und aussagekräftig sein. Wenn Sie die Geschichte Ihres Vereins vorstellen möchten, bietet sich etwa *Vereinsgeschichte* an.

2. Der eigentliche Beitragstext gehört in das riesige Eingabefeld auf dem Register Inhalt ❷. Der Editor funktioniert ähnlich wie Ihre Textverarbeitung. Mit den Symbolleisten und dem kleinen Menü ❸ können Sie Ihren Text formatieren. Über Format → Fett schalten Sie etwa den Fettdruck ein und aus, und über die Ausklappliste Absatz können Sie zwischen verschiedenen vorgegebenen Stilvorlagen wählen. Parken Sie die Maus auf einem Symbol, erscheint eine kleine Erklärung der entsprechenden Funktion.

3. Weisen Sie Ihren neuen Beitrag auf der rechten Seite einer Kategorie zu ❹.

4. Stellen Sie abschließend sicher, dass der Status auf Veröffentlicht steht ❺. Nur dann ist der Beitrag überhaupt für Besucher zu sehen.

5. Lassen Sie abschließend den Beitrag Speichern & Schließen ❻.

Tipp

Bei längeren Texten können Sie den Beitrag über Speichern zwischenspeichern. Joomla! sichert dann im Hintergrund den Beitrag, lässt aber das Formular weiterhin geöffnet.

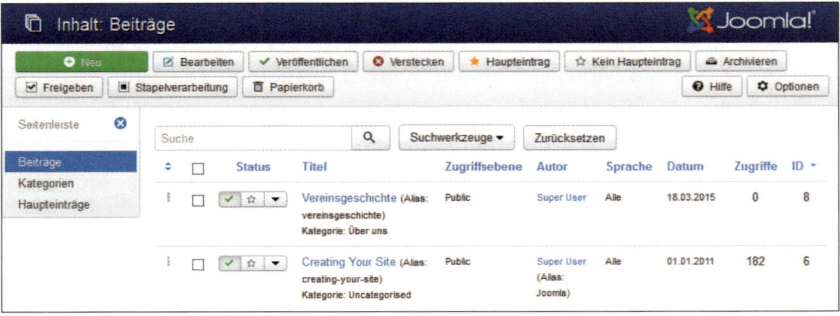

Beiträge nachbearbeiten

Nachdem Sie einen neuen Beitrag angelegt haben, landen Sie automatisch in der Beitragsverwaltung aus der Abbildung links. In der Tabelle zeigt Joomla! alle Beiträge an. Zu ihr gelangen Sie auch, wenn Sie aus dem Hauptmenü Inhalt → Beiträge aufrufen.

Möchten Sie einen Beitrag nachträglich ändern, klicken Sie einfach auf seinen Titel in der Liste. Joomla! öffnet dann das von der vorherigen Doppelseite bekannte Formular. In ihm führen Sie einfach die gewünschten Änderungen durch. Auf diese Weise können Sie den Beitrag auch nachträglich in eine andere Kategorie verschieben. Abschließend müssen Sie den Beitrag natürlich noch Speichern & Schließen.

Tipp

Bei sehr vielen Beiträgen wird die Liste hinter Inhalt → Beiträge schnell recht lang und unübersichtlich. Nutzen Sie dann die bereits in Kapitel 3 vorgestellten Filtermöglichkeiten. Um beispielsweise alle Beiträge aus einer ganz bestimmten Kategorie anzeigen zu lassen, klicken Sie auf Suchwerkzeuge und stellen dann in der Ausklappliste – Kategorie wählen – die gewünschte Kategorie ein.

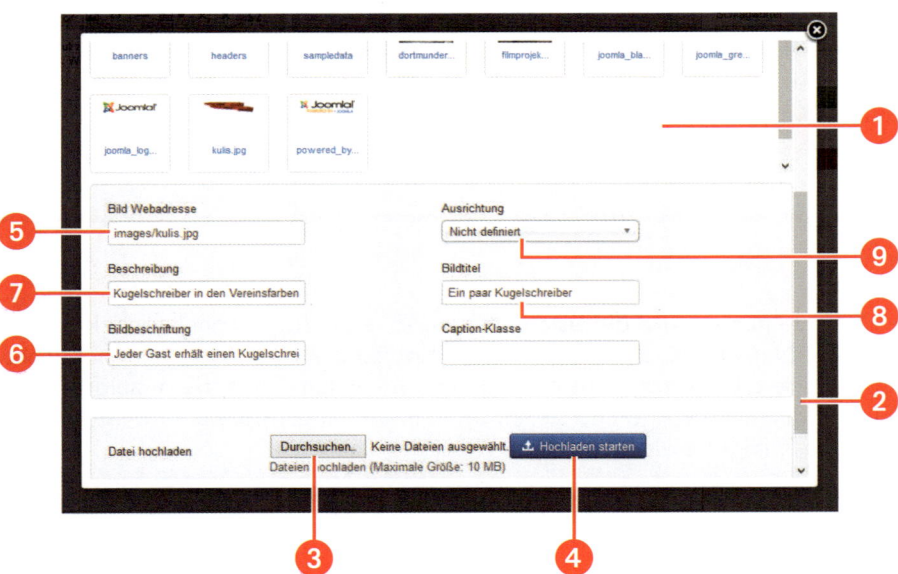

1

5 Bild Webadresse
images/kulis.jpg

9 Ausrichtung
Nicht definiert

7 Beschreibung
Kugelschreiber in den Vereinsfarben

8 Bildtitel
Ein paar Kugelschreiber

6 Bildbeschriftung
Jeder Gast erhält einen Kugelschrei

Caption-Klasse

2

Datei hochladen   Durchsuchen... Keine Dateien ausgewählt.   Hochladen starten
Dateien hochladen (Maximale Größe: 10 MB)

3

4

Bilder einbauen

Um in einen Beitrag ein Bild einzufügen, öffnen Sie den Beitrag zur Bearbeitung (etwa indem Sie in der Liste hinter Inhalt → Beiträge auf den Titel des Beitrags klicken). Platzieren Sie die Eingabemarke an der entsprechenden Stelle im Text. Klicken Sie dann am unteren Seitenrand auf die Schaltfläche Bild.

Es öffnet sich das Fenster aus der nebenstehenden Abbildung. Im oberen Teil ❶ zeigt das Fenster alle Bilder an, die bereits auf Ihrem Server liegen. Wenn das gewünschte Bild darunter ist, klicken Sie es dort einfach an. Andernfalls fahren Sie mit der Bildlaufleiste *des Fensters* ❷ ganz nach unten. Klicken Sie auf die Schaltfläche Durchsuchen ❸, und wählen Sie auf Ihrer Festplatte das gewünschte Bild aus. Klicken Sie anschließend auf Hochladen starten ❹. Joomla! lädt jetzt das Bild hoch und zeigt es anschließend im oberen Teil als Miniatur an. Klicken Sie dort auf sein kleines Vorschaubild.

In jedem Fall sollte im Feld Bild Webadresse ❺ der Dateiname des Bildes erscheinen. Verpassen Sie dem Bild noch eine Bildunterschrift im Feld Bildbeschriftung ❻. Im Eingabefeld Beschreibung ❼ fassen Sie noch einmal zusammen, was auf dem Bild zu sehen ist, wie etwa »Hier stürmt Manni auf den Ball zu«. Dieser Text ist insbesondere für blinde Besucher und den Fall gedacht, dass das Bild nicht angezeigt werden kann. Den Text im Feld Bildtitel ❽ zeigen die meisten Browser an, wenn ein Besucher die Maus auf dem Bild parkt. Wenn Ihnen hier kein passender Text einfällt, übernehmen Sie einfach die Beschreibung. Mit der Ausrichtung ❾ bestimmen Sie, ob das Bild später im Text linksbündig, rechtsbündig oder zentriert ausgerichtet werden soll.

Abschließend fahren Sie mit der Bildlaufleiste *des Fensters* ganz nach oben. Per Einfügen platzieren Sie das gewählte Bild schließlich im Text. Vergessen Sie nicht, die Änderungen speichern zu lassen (etwa indem Sie auf Speichern & Schließen klicken).

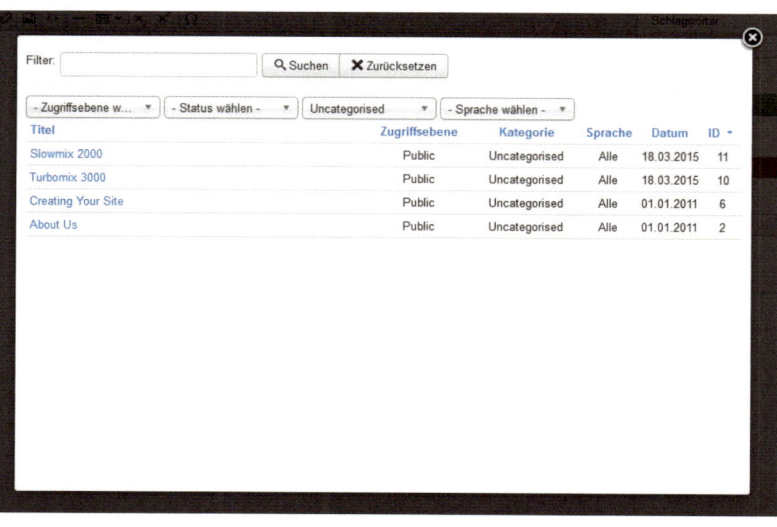

Filter: | 🔍 Suchen | ✖ Zurücksetzen

- Zugriffsebene w... ▼ | - Status wählen - ▼ | Uncategorised ▼ | - Sprache wählen - ▼

Titel	Zugriffsebene	Kategorie	Sprache	Datum	ID ▼
Slowmix 2000	Public	Uncategorised	Alle	18.03.2015	11
Turbomix 3000	Public	Uncategorised	Alle	18.03.2015	10
Creating Your Site	Public	Uncategorised	Alle	01.01.2011	6
About Us	Public	Uncategorised	Alle	01.01.2011	2

Auf bestehenden Beitrag verweisen

In Ihrem Beitrag können Sie natürlich auch auf einen anderen, schon vorhandenen Kollegen verweisen. Wenn Sie etwa auf Ihrer Website Küchenmixer testen, könnten Sie im Beitrag zum Turbomix 3000 auf den Test zum Vorgängermodell Slowmix 2000 verweisen.

1. Um einen solchen Verweis zu erstellen, öffnen Sie zunächst den Beitrag zur Bearbeitung – im Beispiel also den Text zum Turbomix 3000 (etwa indem Sie in der Liste hinter Inhalt → Beiträge auf den Titel des Beitrags klicken).

2. Platzieren Sie die Eingabemarke an der Stelle im Text, an der Sie den Verweis einfügen möchten.

3. Klicken Sie am unteren Rand auf die Schaltfläche Beiträge.

4. In dem neuen Fenster aus der Abbildung links bietet Joomla! Ihnen jetzt alle vorhandenen Beiträge an. Suchen Sie in der Liste den Beitrag, auf den Sie verweisen möchten – im Beispiel wäre das der Slowmix 2000.

5. Haben Sie den gewünschten Beitrag ausgemacht, klicken Sie einfach seinen Titel an. Joomla! fügt dann einen entsprechenden Querverweis direkt in Ihren Text ein. Den Verweis können Sie wie jeden anderen Text nachbearbeiten beziehungsweise verändern.

Um den Querverweis wieder loszuwerden, löschen Sie ihn einfach aus dem Text. Vergessen Sie nicht, Ihre Änderungen zu speichern (etwa indem Sie auf Speichern & Schließen klicken).

Links einfügen

Wenn Sie in einen Beitrag einen Link auf eine andere Internetseite einfügen möchten, verfahren Sie wie folgt:

1. Öffnen Sie zunächst den Beitrag zur Bearbeitung, indem Sie in der Liste hinter Inhalt → Beiträge auf den Titel des Beitrags klicken. Platzieren Sie die Einfügemarke an der Stelle im Text, an der Sie den Link einfügen möchten. Klicken Sie auf das Symbol mit dem Kettenglied (oder wählen Sie alternativ Einfügen → Link einfügen).

2. Es erscheint jetzt das Fenster aus der Abbildung links. Im Eingabefeld URL ❶ hinterlegen Sie die Internetadresse, zu der Ihr Link springen soll.

3. Unter Anzuzeigender Text ❷ tippen Sie den Text ein, den der Besucher später anklicken kann. Mit den Daten aus der Abbildung links würde Joomla! gleich einen Link *Google* anzeigen, über den der Besucher zur Seite *http://www.google.de* gelangt.

4. Hinterlegen Sie im Feld Titel ❸ eine möglichst kurze Beschreibung. Der Browser zeigt sie an, wenn der Besucher mit seiner Maus auf den Link fährt. Im Beispiel aus der Abbildung links würde der Text *Zur Suchmaschine Google* erscheinen.

5. Wenn der Besucher den Link anklickt, öffnet sich die neue Seite im gleichen Fenster. Mit anderen Worten: Der Besucher verlässt Ihren Internetauftritt. Steht Ziel ❹ auf Neues Fenster, öffnet sich die neue Seite in einem neuen Browser-Fenster beziehungsweise Tab. Dieses Verhalten könnte den Besucher jedoch irritieren. Wenn Sie unsicher sind, behalten Sie die Voreinstellung bei.

6. Klicken Sie auf OK. Joomla! fügt den Link ein, den Sie wie ganz normalen Text nachbearbeiten und auch löschen können. Vergessen Sie nicht, Ihre Änderungen zu speichern (etwa indem Sie den Beitrag Speichern & Schließen).

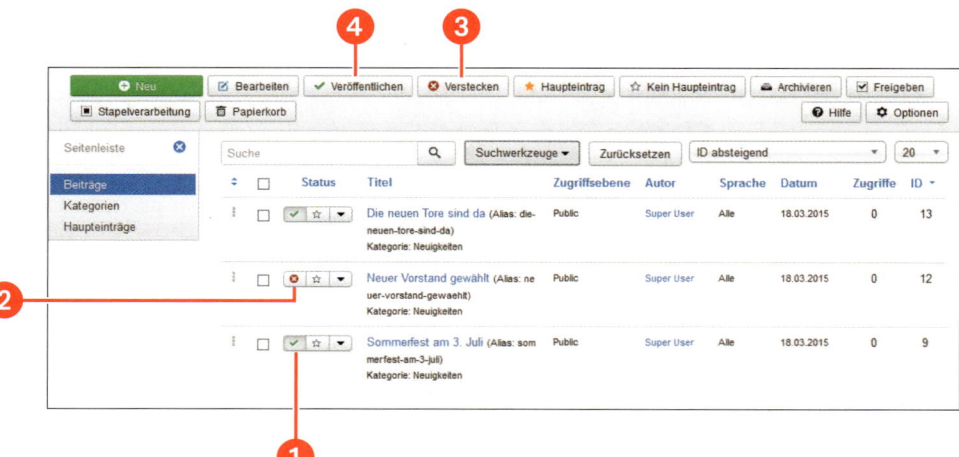

Beiträge verstecken

Sie können einen Beitrag ausblenden und so vor Ihren Besuchern verstecken. Das ist etwa dann nützlich, wenn Sie erst einmal einen Entwurf erstellen oder den Text überarbeiten möchten. Dazu öffnen Sie den Beitrag zur Bearbeitung, indem Sie in der Liste hinter Inhalt → Beiträge auf den Titel des Beitrags klicken. Stellen Sie dann die Ausklappliste Status auf Versteckt. Nach dem Speichern ist der Beitrag nicht mehr für Ihre Besucher zu sehen. Möchten Sie den Beitrag wieder anzeigen lassen, stellen Sie Status einfach wieder auf Veröffentlicht. Lassen Sie den Beitrag Speichern & Schließen.

Einen existierenden Beitrag können Sie aber noch schneller ein- und ausblenden: Rufen Sie Inhalt → Beiträge auf, womit Sie in der Liste mit allen vorhandenen Beiträgen landen. Jeder für Ihre Besucher sichtbare Beitrag trägt in der Spalte Status ❶ einen grünen Haken. Wenn Sie den Haken anklicken, erscheint ein roter Kreis ❷, und der Beitrag ist versteckt. Ein Klick auf den roten Kreis blendet den Beitrag wieder auf Ihrer Website ein.

Wenn Sie mehrere Beiträge auf einmal verstecken möchten, klicken Sie in die weißen Kästchen links vor den entsprechenden Beiträgen. Alle so mit einem Haken versehenen Beiträge blendet Joomla! aus, sobald Sie den Knopf Verstecken ❸ aktivieren. Um die Beiträge wieder einzublenden, setzen Sie wieder Häkchen in die entsprechenden weißen Kästchen und klicken dann auf Veröffentlichen ❹.

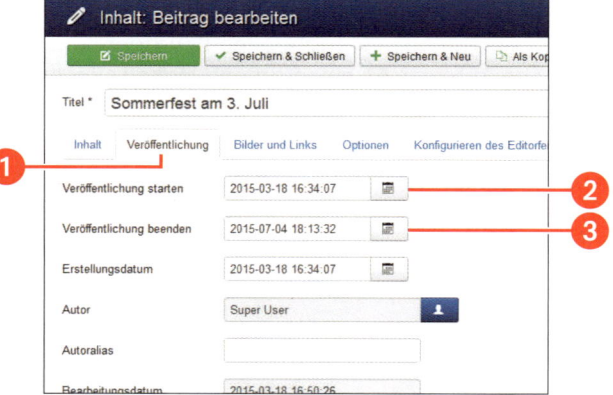

Veröffentlichungsdatum festlegen

Jeden Beitrag kann Joomla! zeitgesteuert erscheinen und wieder verschwinden lassen. Das ist etwa bei Ankündigungen oder Nachrichten nützlich, die nur für einen kurzen Zeitraum aktuell sind. Die Ankündigung des Sportfestes wird etwa nach der Veranstaltung schlagartig uninteressant. Wenn Sie einen Beitrag zu einem ganz bestimmten Termin automatisch anzeigen und/oder verstecken lassen möchten, verfahren Sie wie folgt:

1. Öffnen Sie zunächst den Beitrag zur Bearbeitung, indem Sie in der Liste hinter Inhalt → Beiträge auf den Titel des Beitrags klicken. Wechseln Sie zum Register Veröffentlichung ❶.
2. Soll der Beitrag erst zu einem ganz bestimmten Termin auf Ihrer Website erscheinen, klicken Sie auf das Kalendersymbol rechts neben Veröffentlichung starten ❷ und wählen das gewünschte Datum aus. Die Uhrzeit können Sie anschließend im Eingabefeld ändern.
3. Soll der Beitrag zu einem ganz bestimmten Termin wieder von Ihrer Website verschwinden, klicken Sie auf das Kalendersymbol rechts neben Veröffentlichung beenden ❸ und wählen das gewünschte Datum aus. Die Uhrzeit können Sie anschließend im Eingabefeld ändern.
4. Speichern Sie Ihre Änderungen (etwa indem Sie den Beitrag Speichern & Schließen).

Wenn Sie später die Zeitautomatik wieder abschalten wollen, öffnen Sie den Beitrag wieder zur Bearbeitung, wechseln auf das Register Veröffentlichung und löschen dort die Eingabefelder Veröffentlichung starten beziehungsweise Veröffentlichung beenden.

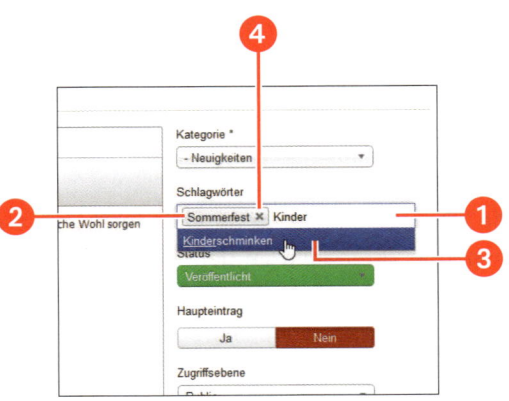

Schlagwörter vergeben

Jedem Beitrag können Sie ein oder mehrere Schlagwörter anheften. Zum einen sollen diese Begriffe Suchmaschinen helfen, den Beitrag thematisch einzuordnen. Zum anderen zeigt Joomla! die Schlagwörter später auch über dem Beitragstext an. Mit einem Klick auf ein Schlagwort stellt Joomla! dann alle Beiträge zur Auswahl, an denen dieses Schlagwort klebt.

Um Schlagwörter an einen Beitrag zu heften, öffnen Sie zunächst den Beitrag zur Bearbeitung, indem Sie in der Liste hinter Inhalt → Beiträge auf den Titel des Beitrags klicken. Klicken Sie mit der Maus in das Eingabefeld Schlagwörter ❶. Tippen Sie das erste Schlagwort ein, und drücken Sie die Eingabetaste. Das Schlagwort erscheint damit wie in der nebenstehenden Abbildung in einem kleinen grauen Kasten ❷.

Geben Sie jetzt nacheinander weitere Schlagwörter ein, die Sie jeweils mit der Eingabetaste bestätigen. Joomla! macht dabei während der Eingabe Vorschläge ❸, die Sie mit einem Mausklick auf den Begriff übernehmen. Wenn Sie sich vertippt haben, löschen Sie ein Schlagwort mit einem Klick auf das X in seinem kleinen grauen Kasten ❹.

Abschließend müssen Sie den Beitrag noch speichern (etwa indem Sie ihn Speichern & Schließen lassen).

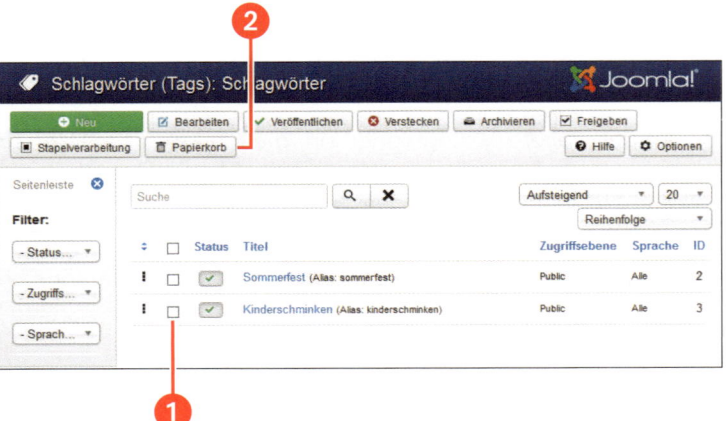

Schlagwörter löschen und ändern

Sämtliche jemals vergebenen Schlagwörter finden Sie hinter Komponenten → Schlagwörter (Tags). Die Liste aus der nebenstehenden Abbildung bedienen Sie wie ihre Kolleginnen (siehe Kapitel 3).

Wenn Sie ein Schlagwort bereits mehreren Beiträgen zugewiesen haben und dann einen Tippfehler bemerken, können Sie hier das Schlagwort nachträglich korrigieren. Dazu klicken Sie das Schlagwort an. Im sich öffnenden Formular korrigieren Sie das Schlagwort im Eingabefeld Titel. Lassen Sie Ihre Änderungen anschließend Speichern & Schließen.

Um ein Schlagwort zu löschen, klicken Sie in das kleine weiße Kästchen in seiner Zeile ❶. Aktivieren Sie anschließend die Schaltfläche Papierkorb ❷. Joomla! entfernt damit das Schlagwort aus allen Beiträgen, denen es angeheftet wurde.

Tipp

Wenn Sie mit mehreren Autoren arbeiten, sollten Sie die Schlagwörter regelmäßig hinter Komponenten → Schlagwörter (Tags) kontrollieren. Achten Sie insbesondere darauf, dass niemand unflätige Wörter vergeben hat sowie auf Tippfehler.

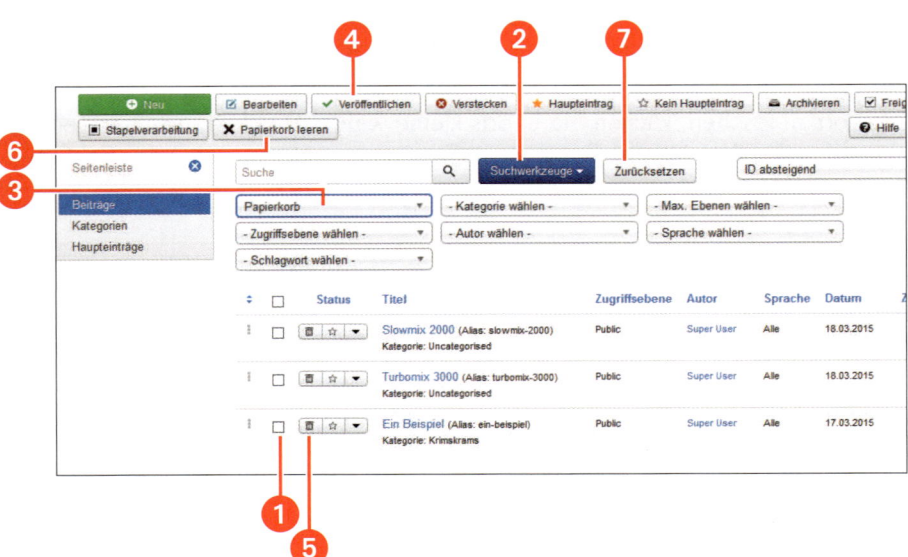

Beiträge löschen

Wenn Sie einen oder mehrere Beiträge löschen wollen, wechseln Sie zum Menüpunkt Inhalt → Beiträge. Joomla! zeigt Ihnen jetzt in der Liste sämtliche Beiträge an. Setzen Sie in das weiße Kästchen vor den zu löschenden Beiträgen jeweils mit einem Mausklick einen Haken ❶, und aktivieren Sie die Schaltfläche Papierkorb. Damit hat Joomla! Ihre Beiträge von der Website genommen und in seinen **Papierkorb** verschoben. Die Beiträge sind also noch nicht komplett gelöscht.

Einen Blick in den Papierkorb werfen Sie, indem Sie die Suchwerkzeuge ❷ ausklappen und die Ausklappliste – Status wählen – auf Papierkorb stellen ❸. Joomla! zeigt Ihnen daraufhin alle Beiträge an, die im Papierkorb liegen. Jetzt haben Sie zwei Möglichkeiten:

- Sie können einen oder mehrere **Beiträge wiederherstellen**. Dazu setzen Sie wieder in die weißen Kästchen vor den entsprechenden Beiträgen jeweils einen Haken und klicken dann auf die Schaltfläche Veröffentlichen ❹. Wenn Sie nur einen Beitrag wiederherstellen möchten, können Sie auch in seiner Zeile auf das Symbol mit der Mülltonne klicken ❺.
- Sie können einen oder mehrere Beiträge **endgültig löschen**. Dazu setzen Sie in die weißen Kästchen vor den betroffenen Beiträgen jeweils einen Haken und klicken dann auf Papierkorb leeren ❻. Joomla! wirft dann ohne eine weitere Rückfrage die Beiträge aus der Datenbank. Die Texte lassen sich dann auch nicht mehr wiederherstellen. Überlegen Sie sich folglich den Klick auf Papierkorb leeren!

Zur Liste mit allen Beiträgen kehren Sie zurück, indem Sie auf Zurücksetzen klicken ❼.

KAPITEL 5 | Optik verändern mit Templates

Wie Ihre Internetseiten aussehen und welche Farben dabei zum Einsatz kommen, bestimmt eine Designvorlage, das sogenannte **Template**. Eine solche Vorlage hat den Vorteil, dass alle Seiten einheitlich aussehen, sich die Autoren auf ihre Texte konzentrieren können und Sie die Optik Ihrer kompletten Website mit nur einem Mausklick ändern können.

Wenn Sie Ihrem Internetauftritt eine andere Optik verpassen möchten, müssen Sie lediglich ein passendes Template finden, es in Joomla! installieren und es dann im Backend aktivieren. Übrigens gibt auch die Optik des Backends eine entsprechende Designvorlage vor.

In diesem Kapitel erfahren Sie, woher Sie neue Templates bekommen, wie Sie diese installieren und aktivieren. Anschließend zeigt Ihnen eine Schritt-für-Schritt-Anleitung, wie Sie über sogenannte **Stile** die Templates nach Ihren eigenen Bedürfnissen anpassen und so Ihrer Website ein ganz individuelles Aussehen geben.

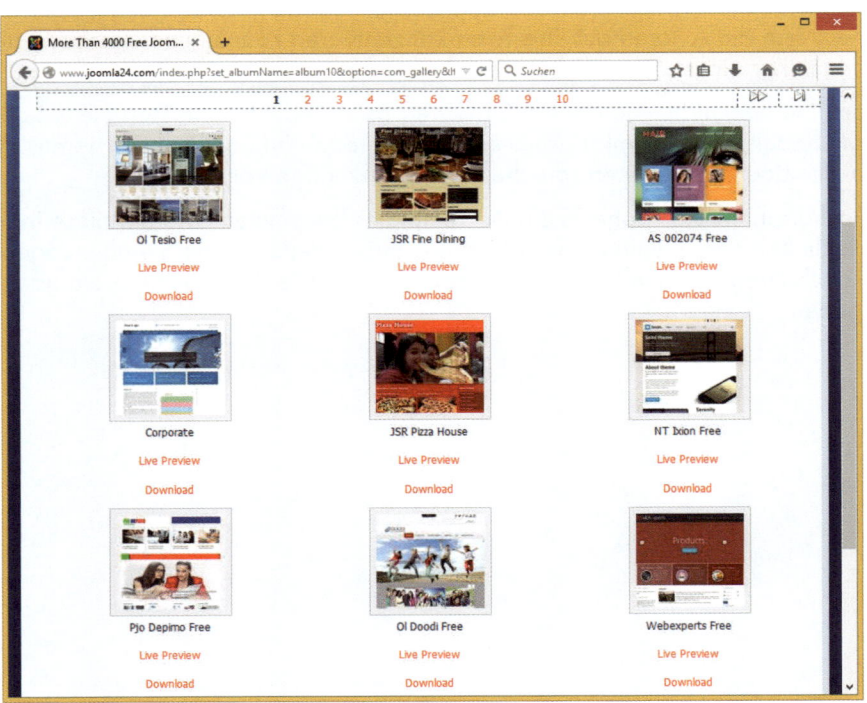

Templates beschaffen

Templates finden Sie in allen Farben und Formen im Internet. Bei der Suche helfen Template-Kataloge wie:

- *http://www.joomlaos.de*
- *http://www.joomla24.com*
- *http://www.joomla-templates.com*

Beim Stöbern sollten Sie jedoch ein paar Dinge im Auge behalten:

- Einige Templates sind kostenpflichtig. Lesen Sie folglich penibel die Lizenzbedingungen.
- Das Template muss zu Ihrer Joomla!-Version passen. Unter Umständen blockiert Joomla! sogar die Installation.
- Achten Sie darauf, ob das Template die Optik des Backends oder des Frontends beeinflusst.

Wenn Sie ein passendes Template gefunden haben, müssen Sie es lediglich herunterladen. In der Regel erhalten Sie dabei ein Archiv mit der Endung *.zip*.

Tipp

Wenn Sie die Internetseite eines Unternehmens gestalten beziehungsweise mit Ihrer Website Geld verdienen möchten, sollten Sie eine Agentur mit der Anfertigung eines maßgeschneiderten Templates beauftragen. Insbesondere bei kostenlosen Templates laufen Sie sonst Gefahr, dass jemand anderes dieses Template ebenfalls auf seiner Seite einsetzt.

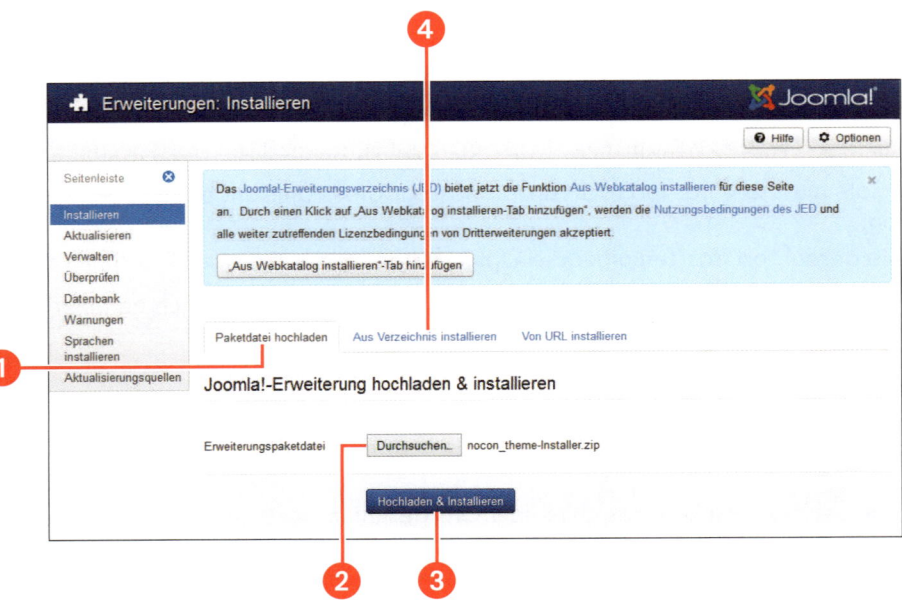

Templates installieren

Ein heruntergeladenes Template müssen Sie Joomla! bekannt machen. Dazu verfahren Sie wie folgt:

1. Rufen Sie im Backend den Menüpunkt Erweiterungen → Erweiterungen auf. Stellen Sie sicher, dass Sie sich auf dem Register Paketdatei hochladen befinden ❶.
2. Klicken Sie auf Durchsuchen ❷, und wählen Sie die Paket-Datei mit dem Template auf Ihrer Festplatte aus.
3. Klicken Sie auf Hochladen & Installieren ❸. Joomla! holt jetzt das Template zu sich auf den Server.

Sollte es dabei zu einer Fehlermeldung kommen, probieren Sie folgendes Verfahren aus:

1. Entpacken Sie das Template-Paket auf Ihrer Festplatte.
2. Rufen Sie im Backend den Menüpunkt Erweiterungen → Erweiterungen auf, und wechseln Sie zum Register Aus Verzeichnis installieren ❹.
3. Im Eingabefeld Pfad zum Paketverzeichnis finden Sie ein Verzeichnis. Transferieren Sie alle aus dem Template-Paket herausgepurzelten Inhalte in genau dieses Verzeichnis auf dem Server. Das dazu notwendige Vorgehen hängt von Ihrem Webhoster ab. Bitten Sie ihn gegebenenfalls um Rat.
4. Klicken Sie im Backend auf Installieren.

Führt auch das nicht zum Erfolg, müssen Sie den Ersteller des Templates um Rat fragen. Die Installationsprozedur weicht dann sehr wahrscheinlich vom üblichen Weg ab.

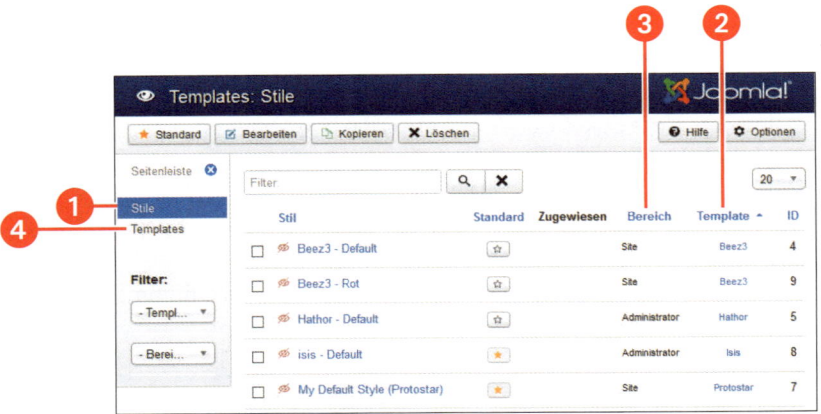

Was sind Stile?

Die meisten Templates werden in verschiedenen Varianten angeboten. So dürfen Sie etwa häufig zwischen einem roten, grünen oder blauen Anstrich wählen. Solche Varianten eines Templates bezeichnet Joomla! als **Stile**.

Alle derzeit vorhandenen Stile finden Sie hinter Erweiterungen → Templates, wobei dort am linken Rand in der Seitenleiste der Punkt Stile aktiviert sein muss ❶. In der Liste finden Sie für jedes installierte Template immer mindestens einen Stil mit seiner Standard-Optik. Meist trägt dieser Stil ein Default oder Standard im Namen. In der Abbildung links gibt es beispielsweise für das Template *Beez3* zwei Stile: einmal die Standard-Optik namens Beez3 – Default und einmal einen Stil namens Beez3 – Rot. Zu welchem Template ein Stil gehört, verrät die Spalte Template ❷.

Templates bestimmen nicht nur das Aussehen des Internetauftritts, sondern auch das des Backends. Ob ein Stil Ihre Website oder das Backend aufhübscht, verrät die Spalte Bereich ❸. Steht dort Site, dann kümmert sich der Stil um das Aussehen Ihrer Website. Im Fall von Administrator verändert der Stil hingegen die Optik des Backends.

Die Liste aus der Abbildung links präsentiert nur die Stile und somit die Varianten aller installierten Templates. Sie können sich aber auch die installierten Templates selbst auflisten lassen. Dazu klicken Sie am linken Rand auf den Punkt Templates ❹. Wieder zurück zu den Stilen gelangen Sie mit einem Klick auf Stile ❶.

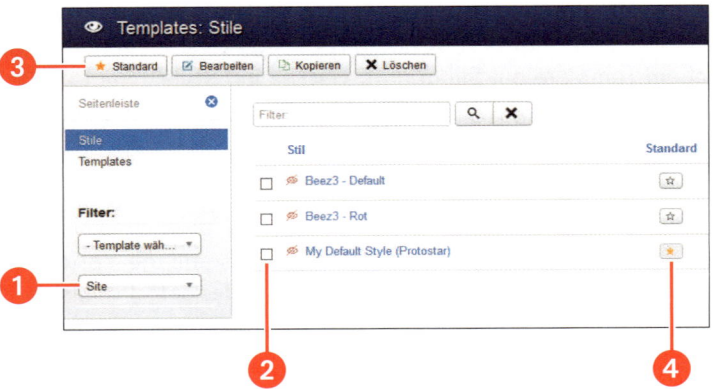

Stile austauschen

Um Ihrer Seite eine andere Optik zu verpassen, müssen Sie einfach einen anderen Stil aktivieren. Das funktioniert mit drei Mausklicks:

1. Stellen Sie die Ausklappliste – Bereich wählen – ❶ auf Site. Damit zeigt Joomla! nur noch Stile an, die Ihre Website beeinflussen. Sie laufen so nicht Gefahr, versehendlich die Optik des Backends zu verändern.

2. Setzen Sie mit einem Mausklick einen Haken in das Kästchen vor dem gewünschten Stil ❷.

3. Klicken Sie abschließend auf Standard ❸.

Es geht sogar noch schneller: In der Spalte Standard zeigt ein gelber Stern an, welcher Stil gerade aktiv ist ❹. In der Abbildung links ist dies My Default Style (Protostar). Klicken Sie jetzt einfach mit der Maus auf den weißen Stern neben dem gewünschten Stil, und schon ist dieser Stil aktiviert.

Wenn die Ausklappliste ❶ auf – Bereich wählen – steht, sehen Sie übrigens zwei gelbe Sterne. Das ist tatsächlich korrekt: Einer der beiden Stile bestimmt die Optik der Website, der andere das Aussehen des Backends. (Achten Sie auch auf die Angaben in der Spalte Bereich.) Da das verwirrend ist, sollten Sie immer die Ausklappliste ❶ auf Site umstellen.

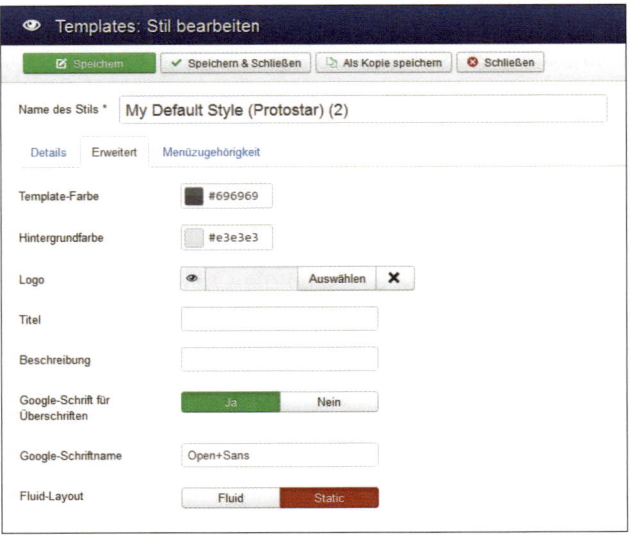

Stile erstellen und verändern

Wenn Sie bei den mitgelieferten Stilen keinen passenden finden, dürfen Sie auch einen vorhandenen Stil kopieren und ihn in engen Grenzen verändern. Auf diese Weise schaffen Sie sich kurzerhand selbst eine Variante eines Templates. Dazu verfahren Sie wie folgt:

1. Rufen Sie Erweiterungen → Templates auf, und stellen Sie sicher, dass in der Seitenleiste am linken Rand der Punkt Stile aktiviert ist.
2. Suchen Sie sich dann in der Liste einen Stil aus, der Ihren Vorstellungen am nächsten kommt. Setzen Sie in sein Kästchen einen Haken, und klicken Sie auf Kopieren. Der Stil existiert jetzt doppelt, wobei die Kopie im Namen eine (2) trägt.
3. Klicken Sie den Namen des Duplikats an, woraufhin Joomla! ein Formular öffnet. In ihm verpassen Sie Ihrem Stil im Feld Name des Stils zunächst eine neue Bezeichnung. Anschließend können Sie auf den Registern die Optik verändern. Welche Möglichkeiten dabei bereitstehen, hängt vom *Template* ab, zu dem der Stil gehört. Haben Sie beispielsweise den Stil *My Default Style (Protostar)* kopiert, dann können Sie auf dem Register Erweitert unter anderem die Hintergrundfarbe Ihrer Internetseiten wechseln oder den Seitentitel gegen ein Logo austauschen.
4. Wenn Sie Ihre Änderungen durchgeführt haben, lassen Sie den Stil Speichern & Schließen.
5. Abschließend müssen Sie Ihren eigenen Stil noch aktivieren. Das funktioniert genau so, wie auf der vorherigen Doppelseite erklärt.

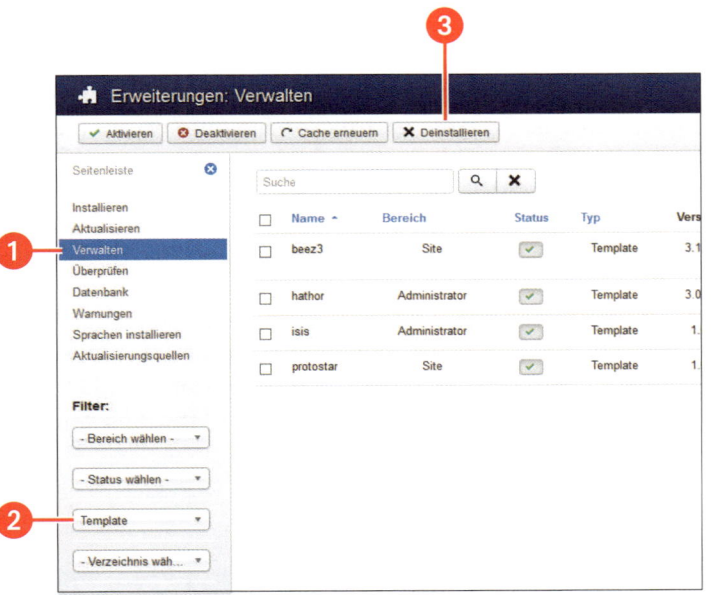

Templates löschen

Um ein Template wieder loszuwerden, wechseln Sie im Backend zunächst zum Menüpunkt Erweiterungen → Templates. Stellen Sie sicher, dass kein Stil des zu löschenden Templates aktiviert ist. Wechseln Sie gegebenenfalls auf den Stil eines anderen Templates (wie auf Seite 113 beschrieben).

Rufen Sie anschließend den Menüpunkt Erweiterungen → Erweiterungen auf. Klicken Sie in der Seitenleiste am linken Seitenrand auf den Punkt Verwalten ❶. Es dauert jetzt einen kleinen Moment, bis Joomla! reagiert. Stellen Sie die Ausklappliste – Typ wählen – auf Template ❷. Setzen Sie in das kleine Kästchen vor dem zu löschenden Template einen Haken, und klicken Sie auf Deinstallieren ❸.

Warnung

Dabei gibt es keine Rückfrage, das Template ist sofort samt seiner Stile gelöscht! Achten Sie zudem immer darauf, dass es mindestens immer ein Template für die Website und das Backend gibt.

KAPITEL 6 | Module

Wenn sich der Internetauftritt nach und nach mit Beiträgen füllt, könnte man doch vielleicht eine Liste mit den beliebtesten Beiträgen einblenden. Damit müssten die Besucher dann nicht erst umständlich nach diesen häufig angefragten Texten suchen.

Solche kleinen Zusatzfunktionen stellen in Joomla! sogenannte **Module** bereit. Beispielsweise gibt es ein Modul, das eine Liste mit den beliebtesten Beiträgen anzeigt. Ein anderes Modul liefert wiederum eine Aufstellung aller gerade erst veröffentlichten Beiträge. Bildlich können Sie sich Module als Miniprogramme vorstellen. Als Seitenbetreiber dürfen Sie selbst bestimmen, welche Module zum Einsatz kommen und wo sie ihre Ausgaben präsentieren. Die möglichen Plätze schreibt dabei allerdings das gerade aktive Template vor.

In diesem Kapitel lernen Sie die Module näher kennen. Insbesondere erfahren Sie, wie Sie neue Module einrichten, die Module auf Ihren Seiten umplatzieren und auch wieder von Ihrem Internetauftritt entfernen. Für alle diese Aktionen müssen Sie allerdings wissen, wo Sie die Module positionieren beziehungsweise ablegen können. Wie Sie das herausfinden, verrät direkt die nächste Doppelseite.

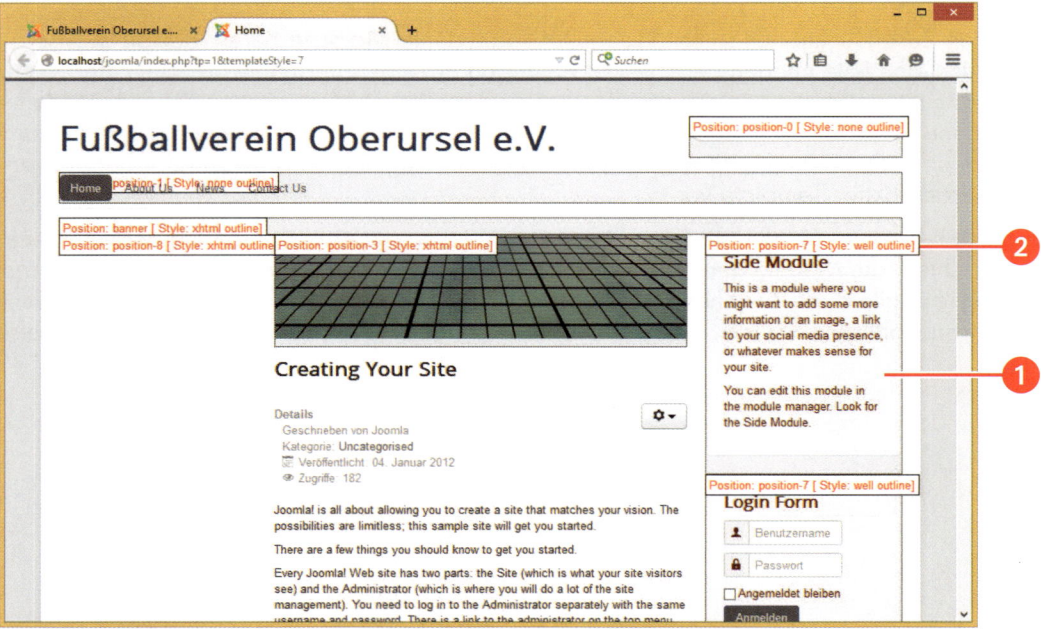

Modulpositionen ermitteln

Das gerade aktive Template gibt ein paar feste Orte vor, an denen Sie Module platzieren dürfen. Jede dieser Stellen erhält zudem einen eindeutigen **Namen**. So könnte ein Template etwa den Bereich in der rechten oberen Seitenecke *position-0* nennen. Wann immer Sie ein neues Modul aktivieren oder ein vorhandenes auf der Seite verschieben möchten, müssen Sie Joomla! den Namen der Zielposition mitteilen. Würden Sie beispielsweise ein Modul der Position *position-0* zuweisen, würden seine Ausgaben später immer rechts oben in der Seitenecke erscheinen.

Wo die Orte liegen und welche Namen ihnen das Template gegeben hat, zeigt Joomla! Ihnen in einer speziellen Ansicht. Um diese Ansicht aufzurufen, wechseln Sie zum Menüpunkt Erweiterungen → Templates. Klicken Sie auf Optionen, setzen Sie dann den Punkt Vorschau von Modulpositionen auf Aktiviert, und lassen Sie diese Änderung Speichern & Schließen.

Suchen Sie in der Liste den gerade aktiven Stil (der mit dem gelben Sternchen), und klicken Sie auf das blaue Auge vor seinem Titel. Joomla! öffnet jetzt eine Vorschau ähnlich der aus der Abbildung links. Alle Orte, an denen Sie Module platzieren können, markiert Joomla! mit einem grauen Kasten und dem Hinweis Position (wie etwa bei ❶). Die Namen dieser Positionen stehen immer direkt hinter dem Wort Position:. Meist sind die Namen nichtssagend oder kryptisch. In der Abbildung links bezeichnet beispielsweise position-7 die Seitenleiste am rechten Fensterrand ❷. Die restliche Angabe wie [Style: well outline] können Sie ignorieren, sie ist nur für Template-Entwickler von Bedeutung.

Suchen Sie sich jetzt eine der Positionen aus, an der Sie Ihr Modul ablegen möchten. Merken Sie sich dann den Namen der Position. Damit nicht auch Angreifer diese spezielle Vorschau zu Gesicht bekommen und so Informationen über den Aufbau Ihrer Seiten erhalten, sollten Sie die Vorschau wieder deaktivieren. Dazu klicken Sie im Backend hinter Erweiterungen → Templates auf Optionen, setzen den Punkt Vorschau von Modulpositionen auf Deaktiviert und lassen diese Änderung Speichern & Schließen.

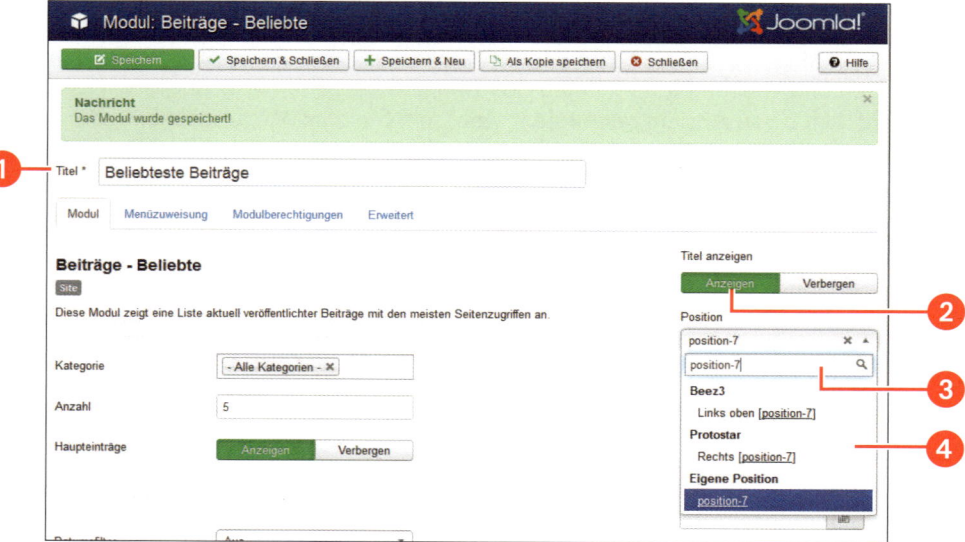

Beliebteste Beiträge

Um auf Ihren Internetseiten eine kleine Liste mit den derzeit beliebtesten Beiträgen zu präsentieren, müssen Sie ein entsprechendes Modul einrichten. Wenn Sie die Zielposition des Moduls wie auf Seite 121 ermittelt haben, gelingt das mit wenigen Mausklicks:

1. Rufen Sie im Backend den Menüpunkt Erweiterungen → Module auf. Joomla! präsentiert Ihnen jetzt eine Liste mit allen bereits vorhandenen Modulen. Diese müssen nicht notwendigerweise auch aktiv und somit auf Ihren Seiten zu sehen sein.

2. Klicken Sie auf Neu. Joomla! möchte jetzt wissen, was das neu zu erstellende Modul können soll. Ein Modul, das die beliebtesten Beiträge anzeigt, erstellen Sie mit einem Klick auf Beiträge – Beliebte.

3. Jetzt erscheint das Formular aus der Abbildung links. Geben Sie hier dem Modul zunächst im Feld Titel ❶ einen eindeutigen Namen, wie etwa *Beliebteste Beiträge*. Wenn Titel anzeigen auf Anzeigen steht ❷, erscheint dieser Name auch auf Ihren Internetseiten über der Liste mit den beliebtesten Beiträgen. Hier hat allerdings das Template das letzte Wort: Es darf die Einstellung auch ignorieren.

4. Abschließend müssen Sie noch festlegen, wo das Modul auf Ihren Seiten erscheinen soll. Dazu klicken Sie auf die Ausklappliste Position und tippen dann den Namen der gewünschten Position ein, wie etwa position-7 ❸. Dabei zeigt Ihnen Joomla! in der Liste an, welche Templates eine Position mit diesem Namen anbieten ❹. Schließen Sie die Eingabe mit der Eingabetaste ab.

5. Sobald Sie das Modul Speichern & Schließen, legt Joomla! es an und aktiviert es.

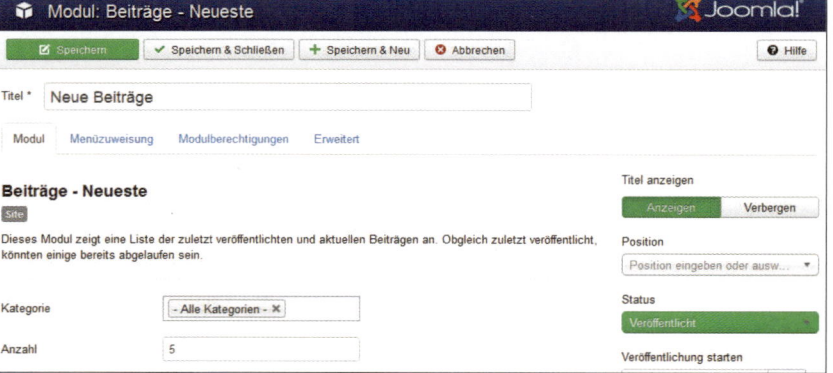

Neueste Beiträge

Nach dem gleichen Prinzip können Sie auch ein Modul erstellen, das alle brandneuen Beiträge auflistet:

1. Rufen Sie die Modulverwaltung hinter Erweiterungen → Module auf, und klicken Sie auf Neu.
2. Entscheiden Sie sich für ein Modul vom Typ Beiträge – Neueste.
3. Vergeben Sie einen Titel (wie etwa *Neue Beiträge*), und setzen Sie bei Bedarf Titel anzeigen auf Anzeigen. Denken Sie auch hier daran, dass das Template diese Einstellung ignorieren darf.
4. Klicken Sie auf die Ausklappliste Position, und tippen Sie dann den Namen der Position ein, an der das Modul erscheinen soll. Schließen Sie die Eingabe mit der Eingabetaste ab.
5. Lassen Sie das Modul Speichern & Schließen.

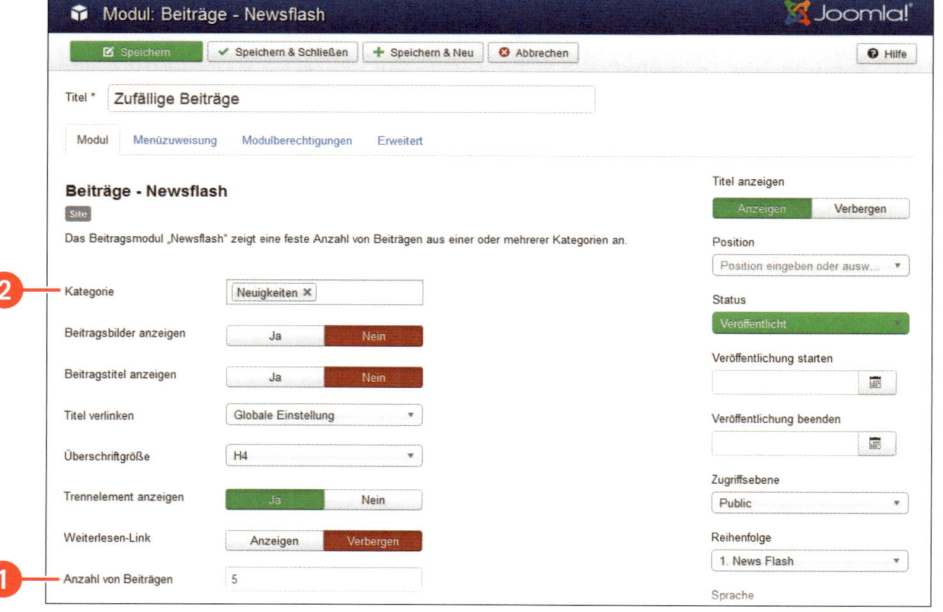

Zufälliger Beitrag

Sie können auch ein Modul einrichten, das per Zufall mehrere Beiträge auswählt und diese dann anzeigt. Dazu verfahren Sie wie folgt:

1. Rufen Sie die Modulverwaltung hinter Erweiterungen → Module auf, und klicken Sie auf Neu.
2. Entscheiden Sie sich für ein Modul vom Typ Beiträge – Newsflash.
3. Vergeben Sie einen Titel (wie etwa *Zufällige Beiträge*), und setzen Sie bei Bedarf Titel anzeigen auf Anzeigen. Denken Sie auch hier daran, dass das Template diese Einstellung ignorieren darf.
4. Unter Anzahl von Beiträgen stellen Sie ein, wie viele Beiträge das Modul gleich anzeigen soll ❶. Standardmäßig sind das immer fünf Stück.
5. Diese Beiträge zieht das Modul per Zufall aus allen Kategorien. Sie können aber auch eine ganz bestimmte Kategorie vorgeben. Dazu klicken Sie im Feld Kategorie ❷ auf das X im Kasten Alle Kategorien. Klicken Sie jetzt in das Feld Kategorie. Wählen Sie jetzt die Kategorie, aus der alle Beiträge stammen sollen. In der Abbildung links würde das Modul fünf Beiträge per Zufall aus der Kategorie Neuigkeiten ziehen und anzeigen. Wenn Sie die falsche Kategorie gewählt haben, klicken Sie auf das X im kleinen grauen Kasten und anschließend in das dann leere Feld.
6. Klicken Sie auf die Ausklappliste Position, und tippen Sie dann den Namen der Position ein, an der das Modul erscheinen soll. Schließen Sie die Eingabe mit der Eingabetaste ab.
7. Lassen Sie das Modul abschließend Speichern & Schließen.

Tipp

Das Modul zeigt den kompletten Text der Beiträge an. Wählen Sie daher möglichst eine Kategorie, deren Beiträge möglichst kurz sind. Andernfalls laufen Sie Gefahr, dass die Ausgaben des Moduls das Layout Ihrer Seiten sprengen.

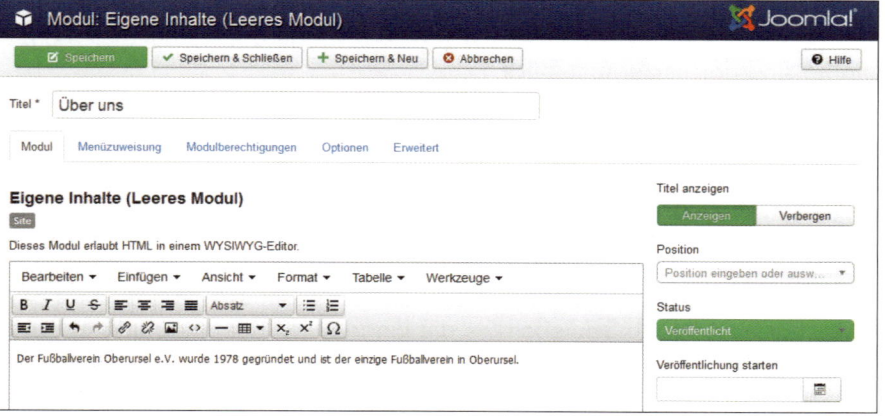

Eigene Inhalte

Nützlich ist auch ein Modul, das einfach einen von Ihnen vorgegebenen Text anzeigt. Solch ein Modul könnte beispielsweise auf einer Vereinsseite kurz den Verein vorstellen oder wichtige Kontaktdaten anzeigen. Um solch ein Modul zu erstellen, gehen Sie wie folgt vor:

1. Rufen Sie die Modulverwaltung hinter Erweiterungen → Module auf, und klicken Sie auf Neu.
2. Entscheiden Sie sich für ein Modul vom Typ Beiträge – Newsflash.
3. Vergeben Sie einen Titel (wie etwa *Über uns*), und setzen Sie bei Bedarf Titel anzeigen auf Anzeigen. Denken Sie auch hier daran, dass das Template diese Einstellung ignorieren darf.
4. Geben Sie im großen Eingabefeld den Text ein, den das Modul später auf Ihrer Homepage anzeigen soll.
5. Klicken Sie auf die Ausklappliste Position, und tippen Sie dann den Namen der Position ein, an der das Modul erscheinen soll. Schließen Sie die Eingabe mit der Eingabetaste ab.
6. Lassen Sie das Modul abschließend Speichern & Schließen.

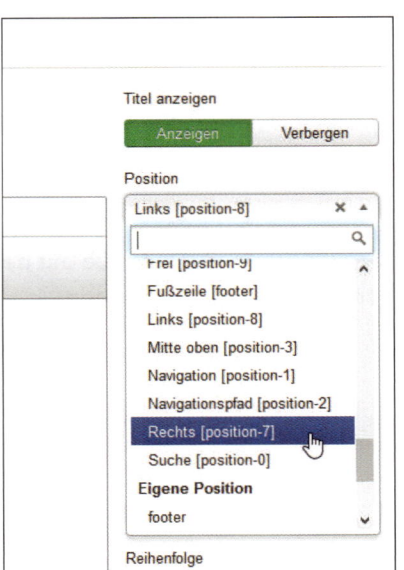

Module umpositionieren

Wenn Sie ein Modul nachträglich von einer Stelle an eine andere verschieben wollen, wechseln Sie zum Menüpunkt Erweiterungen → Templates. Merken Sie sich den Namen des derzeit aktiven Templates. (Suchen Sie dazu den Stil mit dem gelben Stern. Der gesuchte Template-Name steht dann rechts in der Spalte Template.)

Rufen Sie die Modulverwaltung hinter Erweiterungen → Module auf. Suchen Sie dann in der Tabelle das Modul, das Sie umpositionieren möchten. Nutzen Sie dazu auch die Filter oberhalb der Tabelle und das Suchfeld. Sie funktionieren genau so wie ihre Pendants bei den Beiträgen.

Klicken Sie den Titel des Moduls an. Sie landen damit wieder im Formular, das Sie schon von der Erstellung des Moduls kennen. Öffnen Sie am rechten Rand die Ausklappliste Position. Suchen Sie in ihr zunächst den Namen des derzeit aktiven Templates. Diese Namen sind in der Ausklappliste fett gedruckt. Eventuell müssen Sie recht weit nach unten fahren. Suchen Sie dann unterhalb des Template-Namens nach der Position, an der Sie Ihr Modul einsortieren möchten. Soll beispielsweise Ihr Modul zukünftig an der *position-7* erscheinen und ist derzeit das Template *Protostar* aktiv, dann suchen Sie in der Ausklappliste zunächst den Punkt Protostar und dann darunter den Eintrag mit position-7 (wie in der Abbildung links). Lassen Sie abschließend das Modul Speichern & Schließen.

Warnung

Wenn Sie den Stil wechseln, müssen Sie Ihre Module unter Umständen umpositionieren, da jedes Template andere Positionen anbietet.

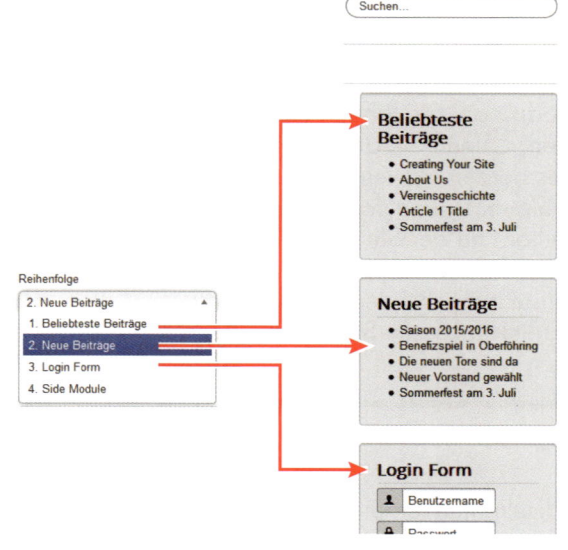

Die Reihenfolge der Module ändern

Sie dürfen beliebig viele Module an der gleichen Position unterbringen. Joomla! stapelt sie dann automatisch über- oder nebeneinander – je nachdem, was das Template an dieser Position erzwingt. Die Reihenfolge der Module dürfen jedoch Sie selbst bestimmen.

Dazu suchen Sie in der Modulverwaltung hinter Erweiterungen → Module zunächst das Modul, das Sie verschieben wollen, und klicken seinen Titel an. Möchten Sie beispielsweise in der Abbildung links das Modul Neue Beiträge über seinen Kollegen Beliebteste Beiträge setzen, suchen Sie in der Modulverwaltung das Modul Neue Beiträge und klicken seinen Titel an.

In den Einstellungen des Moduls finden Sie auf der rechten Seite die Ausklappliste Reihenfolge. Wählen Sie in ihr die neue Position Ihres Moduls. Wenn Sie in der Abbildung links beispielsweise die Position 1 – Beliebteste Beiträge einstellen würden, zeigt Joomla! Ihr Modul nach dem Speichern als erstes Modul von oben und somit noch vor dem Modul Beliebteste Beiträge an.

Lassen Sie Ihre Änderungen anschließend Speichern & Schließen.

Warnung

Aufgrund eines Fehlers kann Ihr Modul an einer falschen Stelle landen. Dieses Problem tritt vor allem dann auf, wenn Sie bei der Installation von Joomla! eine Beispiel-Homepage installiert haben. Sofern bei Ihnen nach dem Speichern die Module in der falschen Reihenfolge stehen, weisen Sie jedem in der Ausklappliste aufgeführten Modul explizit einmal eine andere Position zu. Danach sollte wieder alles wie beschrieben funktionieren.

Module verstecken

Sie können ein Modul (vorübergehend) ausblenden. Dazu suchen Sie in der Modulverwaltung hinter Erweiterungen → Module das entsprechende Modul und klicken seinen Titel an. Sie landen dann in seinen Einstellungen, in denen Sie den Status auf Versteckt ändern. Nach dem Speichern & Schließen nimmt Joomla! das Modul von Ihren Seiten. Um es wieder anzeigen zu lassen, rufen Sie wieder seine Einstellungen auf, stellen Status auf Veröffentlicht und lassen das Modul Speichern & Schließen.

Sie können sich auch ein paar Mausklicks sparen: Suchen Sie in der Tabelle hinter Erweiterungen → Module das Modul, und klicken Sie in der Spalte Status auf den grünen Haken ❶. Damit ist Ihr Modul versteckt. Anstelle des grünen Haken zeigt Joomla! dann einen roten Kreis ❷. Wenn Sie diesen anklicken, erscheint Ihr Modul wieder auf Ihren Internetseiten.

Und es gibt noch eine dritte Möglichkeit, mit der Sie gleich mehrere Module auf einmal ein- und ausblenden können: Setzen Sie in der Tabelle hinter Erweiterungen → Module in die weißen Kästchen der betroffenen Module mit einem Mausklick einen Haken ❸. Alle so markierten Module blendet dann ein Klick auf Verstecken ❹ aus. Ein Klick auf Veröffentlichen ❺ würde sie hingegen wieder einblenden.

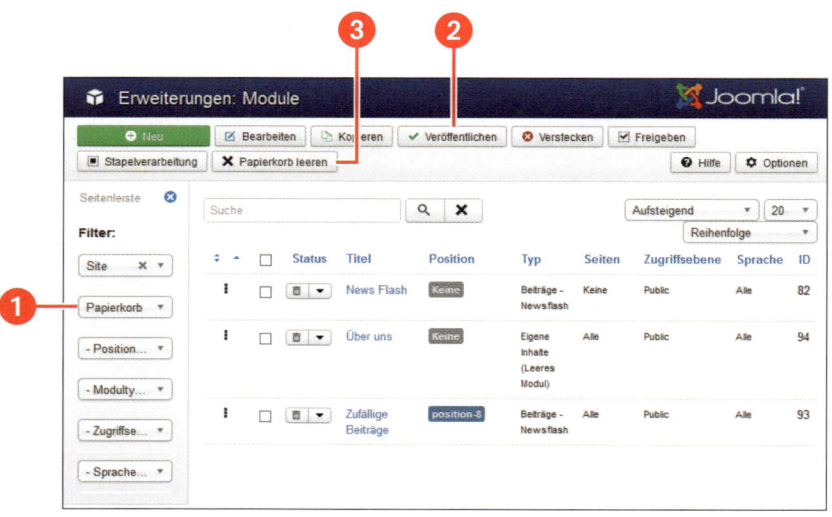

Module löschen

Wenn Sie ein Modul auch zukünftig nicht mehr benötigen, können Sie es komplett löschen. Es taucht dann auch nicht mehr in der Modulverwaltung auf.

Um ein Modul zu entfernen, rufen Sie den Menüpunkt Erweiterungen → Module auf. Suchen Sie in der Liste die Zeile des Moduls, und setzen Sie mit einem Mausklick in das weiße Kästchen einen Haken. Aktivieren Sie anschließend den Knopf Papierkorb.

Damit landet das Modul zunächst in einem Papierkorb. Der funktioniert genau so wie sein Pendant bei den Beiträgen: In ihn verschobene Module sind noch nicht endgültig gelöscht, sondern lassen sich aus ihm noch einmal herausholen. Um den Inhalt des Papierkorbs zu sehen, stellen Sie am linken Seitenrand unter Filter die Ausklappliste – Status – auf Papierkorb ❶. Die Tabelle zeigt jetzt ausschließlich die im Papierkorb liegenden Module an. Um eines der Module aus dem Papierkorb zu fischen, setzen Sie wieder einen Haken in das weiße Kästchen und klicken dann auf Veröffentlichen ❷.

Möchten Sie hingegen eines oder mehrere Module endgültig löschen, setzen Sie einen Haken in die Kästchen vor den entsprechenden Modulen und klicken dann auf Papierkorb leeren ❸. Doch Vorsicht: Es gibt keine Rückfrage, überlegen Sie sich den Klick auf Papierkorb leeren folglich gut!

KAPITEL 7 | Navigation und Menüs

Die geschriebenen Beiträge müssen Besucher natürlich auch irgendwie erreichen können. Das geschieht über passende Menüs, die Ihre Besucher (und übrigens auch Suchmaschinen) durch das Beitragsangebot lotsen.

Das Anlegen eines Menüs besteht in Joomla! aus drei Schritten: Zunächst müssen Sie ein neues, zunächst noch leeres **Menü** anlegen. Dieses Menü bestücken Sie anschließend mit passenden **Menüpunkten**, die dann zu den Unterseiten Ihres Internetauftritts führen. Bildlich können Sie sich ein Menü wie einen Schuhkarton vorstellen, in den Sie dann die einzelnen anklickbaren Menüpunkte legen. Prinzipiell dürfen Sie beliebig viele Menüs einrichten, in der Praxis reicht jedoch meist ein einziges aus.

Ein fertiges Menü erscheint allerdings nicht automatisch auf Ihrer Internetseite. Stattdessen wird in Joomla! jedes Menü mitsamt seinen Menüpunkten immer von einem **Modul** präsentiert. Das klingt umständlich, bietet aber den Vorteil, dass Sie ein Menü auf der Seite leicht verschieben und auch schnell ein- und ausblenden können – Sie müssen dazu lediglich das entsprechende Menümodul umpositionieren beziehungsweise deaktivieren.

Zusammengefasst müssen Sie also ein **Menü** anlegen, dieses mit **Menüpunkten** bestücken und schließlich ein **Modul** erstellen, das Ihr komplettes Menü den Besuchern zeigt. Wie das im Einzelnen funktioniert, zeige ich Ihnen auf den folgenden Seiten.

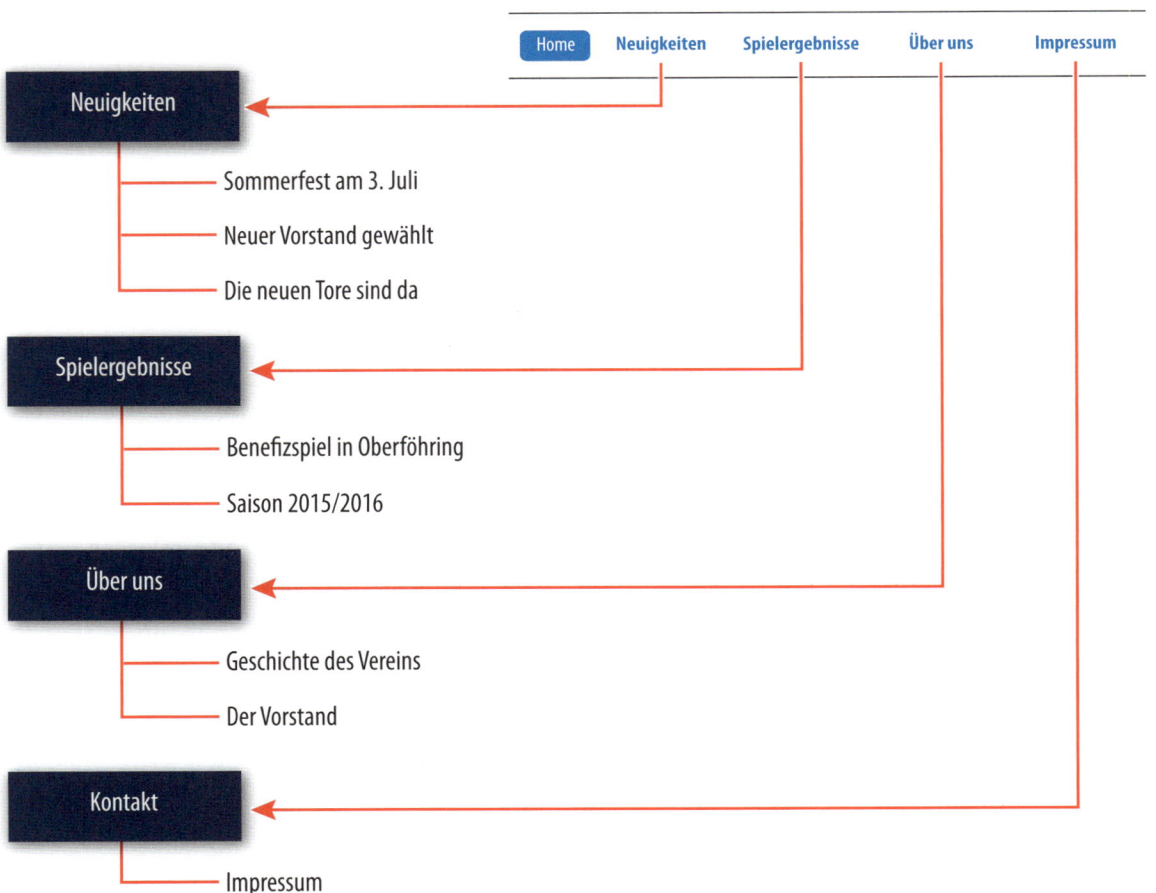

Die Navigationsstruktur planen

Bevor Sie Ihr erstes Menü anlegen, sollten Sie sich überlegen, wie viele Menüs Sie benötigen und welche Menüpunkte diese enthalten sollen.

Menüpunkte können zu einem einzelnen Beitrag oder zu einer Kategorie führen. In letztem Fall stellt Joomla! dem Besucher alle Beiträge zur Auswahl, die sich in der Kategorie befinden.

Jetzt müssen Sie nur einen Blick auf die Hierarchie werfen, die Sie in Kapitel 1 erstellt haben. Für jede dort notierte Kategorie muss ein passender Menüpunkt her. Die Abbildung links veranschaulicht das Vorgehen: Die Menüpunkte Neuigkeiten, Spielergebnisse und Über uns führen zu den Inhalten der entsprechenden Kategorien. Klickt ein Besucher etwa den Menüpunkt Über uns an, stellt Joomla! ihm alle Beiträge zur Auswahl, die den Fußballverein vorstellen.

Es gibt allerdings auch Ausnahmen: Wenn der Besucher den Menüpunkt Impressum anklickt, muss direkt der entsprechende Beitrag erscheinen.

Damit sind dann aber auch schon alle benötigten Menüpunkte beisammen – im Beispiel gerade einmal vier Stück. Wenn Sie in Ihrer Hierarchie ebenfalls nicht viele Kategorien haben, passen die bequem und übersichtlich in ein einziges Menü.

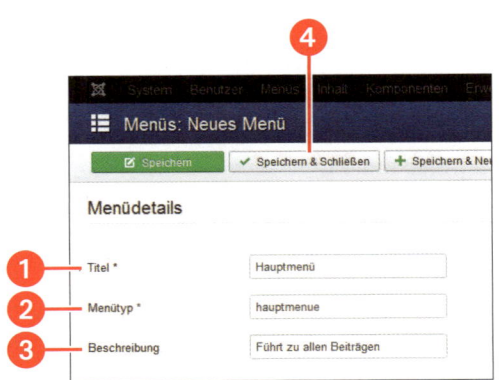

Menü anlegen

Bevor Joomla! ein Menü anzeigen kann, müssen Sie zunächst im Backend ein solches erstellen. Das wiederum ist mit wenigen Mausklicks erledigt: Rufen Sie den Menüpunkt Menüs → Menüs → Neues Menü auf. Joomla! präsentiert Ihnen jetzt das Formular aus der nebenstehenden Abbildung. Hier müssen Sie dem Menü zunächst im Eingabefeld Titel ❶ einen Namen verpassen – wie etwa *Hauptmenü*.

Des Weiteren müssen Sie sich noch einen zweiten Namen für das Menü ausdenken und in das Feld Menütyp ❷ eintippen. Dieser Name muss unter allen Menüs eindeutig sein und darf keine Leerzeichen enthalten. Joomla! verwendet ihn für interne Zwecke. Bis auf ganz wenige Ausnahmen kommen Sie mit ihm nicht weiter in Berührung. Sie können hier einfach noch einmal den Titel wiederholen, in dem Sie alle Sonderzeichen, Leerzeichen und Umlaute weglassen – im Beispiel wäre also *hauptmenue* ein passender Menütyp.

Im untersten Feld können Sie schließlich noch eine kleine Beschreibung ❸ hinterlegen. Dort sollten Sie kurz und knapp umreißen, welchem Zweck das Menü dient. Im Beispiel aus der Abbildung links wäre vielleicht *Führt zu allen Beiträgen* passend. Diese Beschreibung ist nur zu Ihrer Information gedacht und erscheint später nicht auf Ihren Seiten im Frontend.

Das war bereits alles: Wenn Sie auf Speichern & Schließen ❹ klicken, legt Joomla! ein neues, allerdings noch leeres Menü an. Auf die gezeigte Weise können Sie beliebig viele weitere Menüs einrichten. Bei den meisten Internetauftritten reicht jedoch zunächst ein Hauptmenü.

Im nächsten Schritt müssen Sie das derzeit noch leere Menü mit ein paar Menüpunkten befüllen.

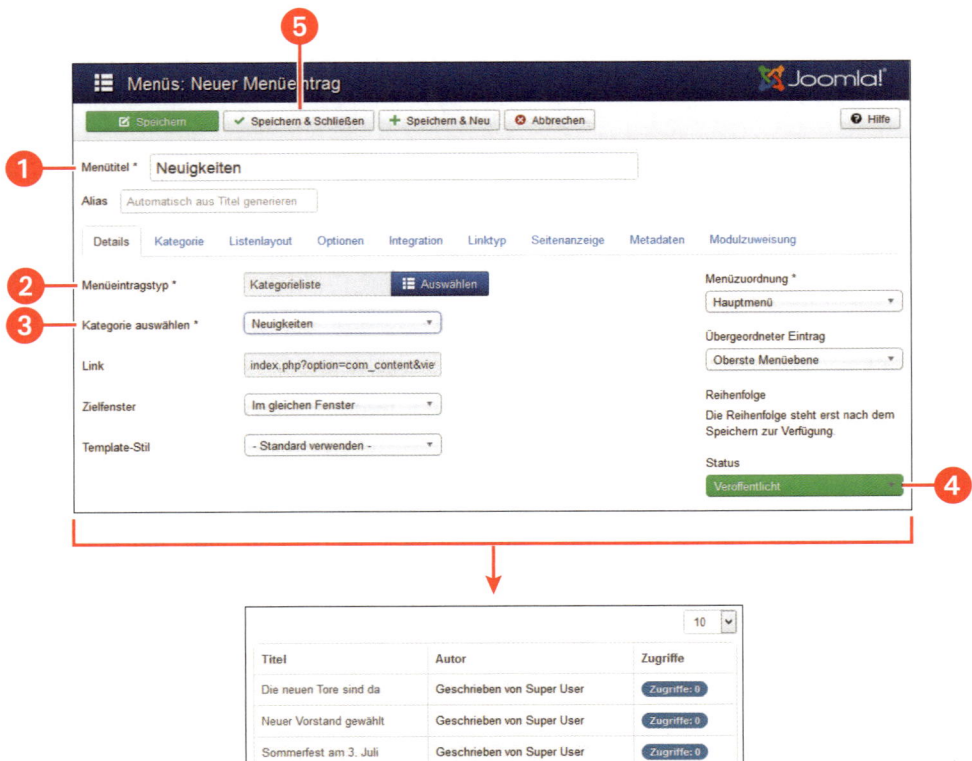

Menüpunkt auf die Inhalte einer Kategorie

Sie können einen Menüpunkt erstellen, der zu einer Liste führt, in der Joomla! alle Beiträge aus einer ausgewählten Kategorie zur Auswahl anbietet. Die Abbildung links zeigt dafür ein Beispiel: Der Besucher kann sich dort einen Beitrag aus der Kategorie *Neuigkeiten* auswählen. Wenn Sie für jede Ihrer Kategorien einen eigenen Menüpunkt erstellen, bildet das Menü ganz nebenbei die Gliederung ab, die Sie in Kapitel 1 erstellt haben.

Um einen Menüpunkt auf die Inhalte einer Kategorie zeigen zu lassen, klappen Sie im Backend den Menüpunkt Menüs auf. Klicken Sie unter dem grauen Strich das Menü an, in dem Sie den neuen Menüpunkt unterbringen möchten (wie etwa im Hauptmenü). Nach einem Klick auf Neu öffnet Joomla! das Formular aus der Abbildung links. Geben Sie dem Menüpunkt im Eingabefeld Menütitel ❶ eine Beschriftung. Wenn der Menüpunkt zu der Kategorie mit allen Neuigkeiten aus dem Verein führen soll, könnten Sie ihn mit *Neuigkeiten* oder neudeutsch *News* beschriften.

Als Nächstes müssen Sie festlegen, auf *was* der Menüpunkt zeigen soll. Dazu klicken Sie neben Menüeintragstyp auf Auswählen ❷. Es öffnet sich ein neues Fenster, in dem Sie auf Beiträge klicken. Der Menüpunkt soll zu einer Liste mit allen Beiträgen aus einer Kategorie führen. Klicken Sie deshalb auf Kategorieliste. (Achten Sie auch auf die kleinen Beschreibungen hinter den Links.)

Wieder im Formular müssen Sie jetzt noch festlegen, zu *welcher* Kategorie der Menüpunkt führen soll. Die entsprechende Kategorie stellen Sie einfach in der Ausklappliste Kategorie auswählen ❸ ein – im Beispiel wären dies die *Neuigkeiten*.

Nur wenn der Status auf Veröffentlicht ❹ steht, ist der Menüpunkt auch auf Ihren Seiten zu sehen. Mit einem Klick auf Speichern & Schließen ❺ erstellt Joomla! den neuen Menüpunkt. Erstellen Sie für Ihre übrigen Kategorien nach dem gleichen Prinzip jeweils einen eigenen passenden Menüpunkt.

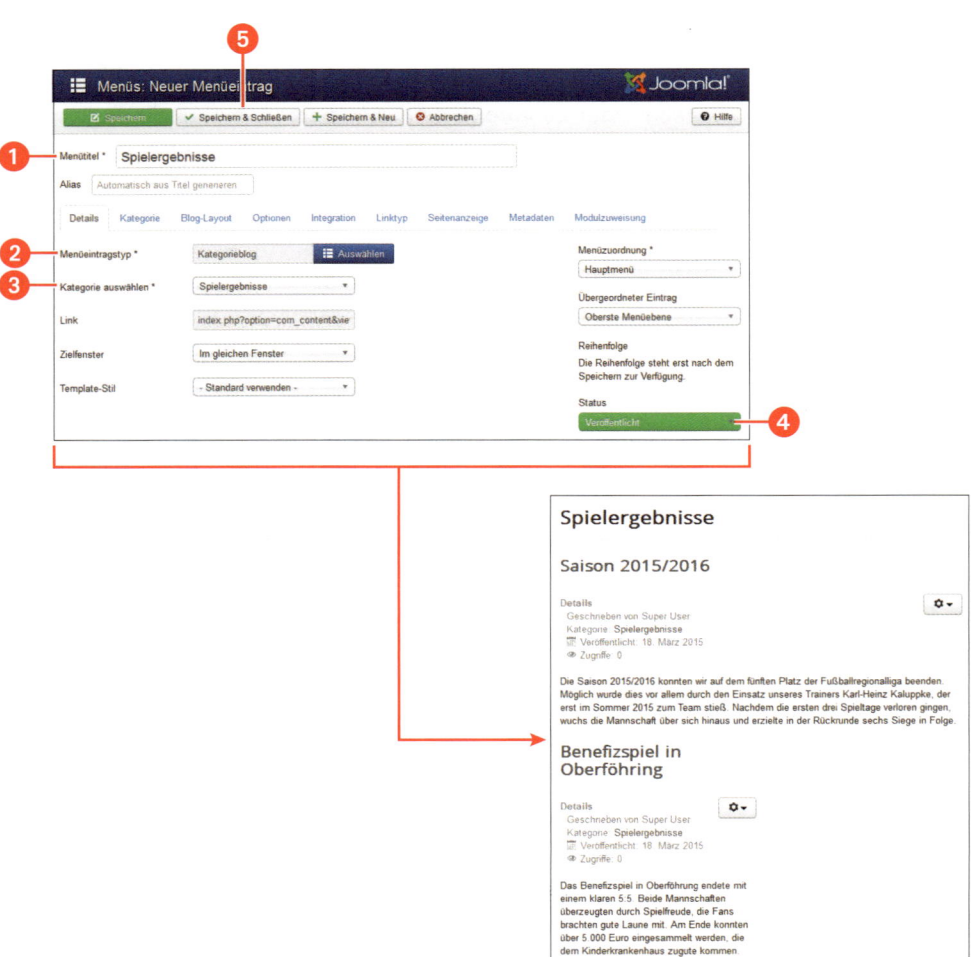

Menüpunkt auf die Inhalte einer Kategorie in Blog-Darstellung

Sie können einen Menüpunkt auch zu einer Seite führen lassen, auf der alle Beiträge aus einer ausgewählten Kategorie untereinander erscheinen. Das sieht dann so ähnlich wie in der Abbildung links aus. Mit einem Klick auf eine Überschrift zeigt Joomla! den entsprechenden Beitrag auf einer eigenen Seite an. Diese Darstellung eignet sich besonders für Blog-Einträge, Neuigkeiten oder Turnierergebnisse.

Um einen passenden Menüpunkt einzurichten, klappen Sie im Backend den Menüpunkt Menüs auf. Klicken Sie unter dem grauen Strich das Menü an, in dem Sie den neuen Menüpunkt unterbringen möchten (wie etwa Hauptmenü). Nach einem Klick auf Neu öffnet Joomla! das Formular aus der Abbildung links. In ihm verpassen Sie zunächst dem Menüpunkt im Eingabefeld Menütitel ❶ eine Beschriftung. Wenn der Menüpunkt zu einer Seite mit allen Texten aus der Kategorie *Spielergebnisse* führen soll, könnten Sie ihn mit *Spielergebnisse* beschriften.

Als Nächstes klicken Sie neben Menüeintragstyp auf Auswählen ❷ und dann im neuen Fenster auf Beiträge. Der Menüpunkt soll zu einer Blog-ähnlichen Darstellung mit allen Beiträgen aus einer Kategorie führen. Klicken Sie deshalb auf Kategorieblog. (Achten Sie auch auf die kleinen Beschreibungen hinter den Links.)

Im Formular müssen Sie jetzt noch festlegen, zu *welcher* Kategorie der Menüpunkt führen soll. Die entsprechende Kategorie stellen Sie einfach in der Ausklappliste Kategorie auswählen ❸ ein – im Beispiel wären dies die *Spielergebnisse*.

Nur wenn der Status auf Veröffentlicht ❹ steht, ist der Menüpunkt auch auf Ihren Seiten zu sehen. Mit einem Klick auf Speichern & Schließen ❺ erstellt Joomla! den neuen Menüpunkt. Dieser Menüpunkt führt jetzt zu einer Internetseite, die der aus der Abbildung links ähnelt.

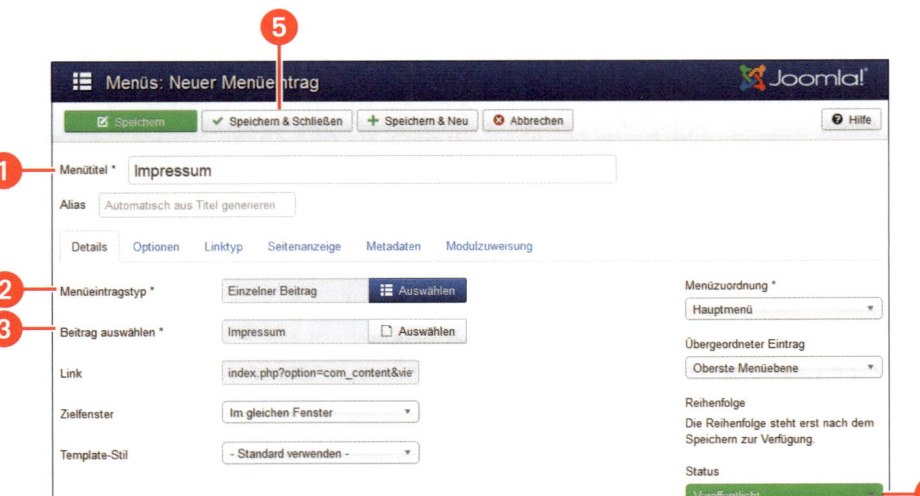

148

Menüpunkt auf einen einzelnen Beitrag anlegen

Ein Menüpunkt kann auch direkt zu einem einzelnen Beitrag führen – wie etwa einem Beitrag mit dem Impressum. Um einen solchen Menüpunkt einzurichten, klappen Sie im Backend den Menüpunkt Menüs auf. Unter dem grauen Strich finden Sie jetzt die Namen aller existierenden Menüs. Klicken Sie das Menü an, in dem Sie den neuen Menüpunkt unterbringen möchten (wie etwa im Hauptmenü).

Nach einem Klick auf Neu öffnet Joomla! das Formular aus der Abbildung links. Verpassen Sie zunächst dem Menüpunkt im Eingabefeld Menütitel ❶ eine Beschriftung. Wenn der Menüpunkt auf das Impressum verweisen soll, geben Sie ihm also den Menütitel *Impressum*.

Als Nächstes müssen Sie festlegen, auf *was* der Menüpunkt zeigen soll. Dazu klicken Sie neben Menüeintragstyp auf Auswählen ❷. Es öffnet sich ein neues Fenster. Der Menüpunkt soll auf einen Beitrag zeigen. Klicken Sie deshalb auf Beiträge. Des Weiteren soll der Menüpunkt zu einem einzelnen Beitrag führen. Klicken Sie deshalb auf Einzelner Beitrag.

Wieder im Formular zurück, müssen Sie noch bestimmen, zu welchem Beitrag der Menüpunkt führen soll. Dazu klicken Sie neben Beitrag auswählen auf Auswählen ❸. Suchen Sie in der erscheinenden Liste den Beitrag – im Beispiel wäre dies das *Impressum* –, und klicken Sie seinen Titel an. Kontrollieren Sie abschließend, dass der Status auf Veröffentlicht ❹ steht. Nur dann ist der Menüpunkt auch auf Ihren Seiten zu sehen. Mit einem Klick auf Speichern & Schließen ❺ erstellt Joomla! den neuen Menüpunkt.

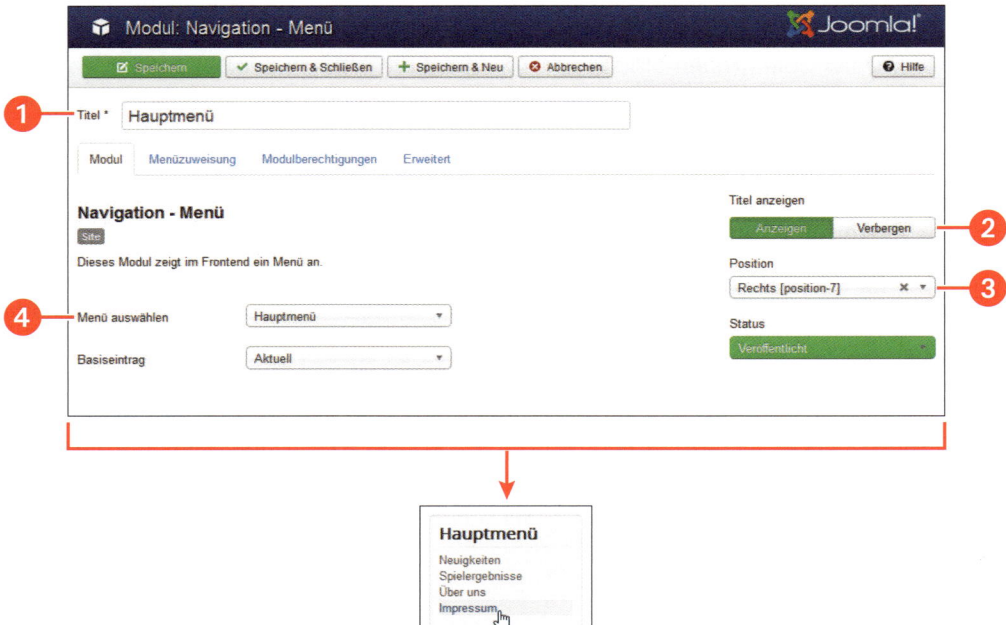

Menü im Frontend anzeigen

Wenn Sie Ihr Menü mit allen benötigten Menüpunkten bestückt haben, können Sie es von einem Modul auf Ihren Internetseiten anzeigen lassen. Dieses Modul erstellen Sie wie folgt:

1. Wechseln Sie im Backend zum Menüpunkt Erweiterungen → Module, klicken Sie Neu und dann den Link Navigation – Menü an.

2. Verpassen Sie dem Modul im Feld Titel ❶ einen Namen. Kleiner Tipp: Geben Sie dem Modul den Namen Ihres Menüs. Damit sehen Sie später leichter, welches Modul welches Menü anzeigt. Soll das Modul das *Hauptmenü* anzeigen, tippen Sie hier als Titel ebenfalls *Hauptmenü* ein.

3. Als Nächstes müssen Sie entscheiden, ob Joomla! diesen Titel über den Menüpunkten anzeigen soll. In einem waagerechten Hauptmenü ist das normalerweise unüblich (wenn Sie die O'Reilly-Seite *http://www.oreilly.de* aufrufen, steht dort nicht über den Menüpunkten in fetten Lettern *Hauptmenü*). Stellen Sie in solchen Fällen Titel anzeigen auf Verbergen ❷.

4. Platzieren Sie das Modul über die Ausklappliste Position ❸ auf Ihren Internetseiten. Wie das funktioniert, hat bereits Kapitel 6 gezeigt (ab Seite 121). Das Template bestimmt dabei, ob die Menüpunkte neben- oder übereinander erscheinen. Das standardmäßig installierte Template *Protostar* stellt das Menü an der *position-1* waagerecht, an allen anderen hingegen senkrecht dar.

5. Abschließend müssen Sie noch unter Menü auswählen ❹ festlegen, welches Menü das Modul anzeigen soll. In der Abbildung links würde das Modul das *Hauptmenü* präsentieren.

Lassen Sie das Modul Speichern & Schließen. Damit erscheint auf Ihren Internetseiten endlich das komplett funktionstüchtige Menü.

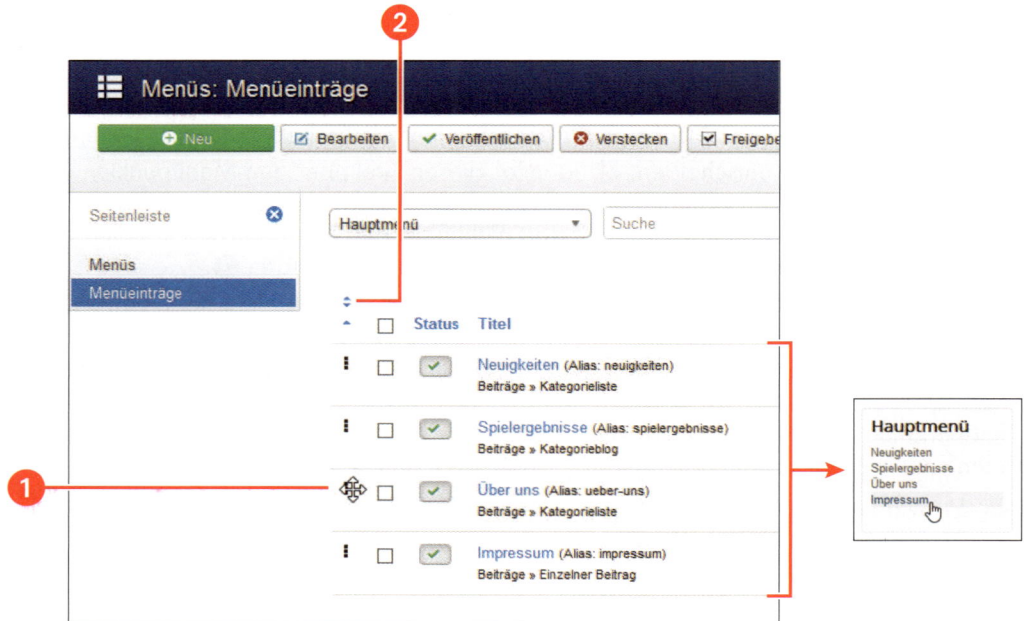

Reihenfolge der Menüpunkte anpassen

Die Menüpunkte erscheinen im Menü standardmäßig immer in der Reihenfolge, in der Sie sie angelegt haben. Wenn Sie diese Reihenfolge ändern möchten, öffnen Sie im Backend das Menü Menüs. Klicken Sie unter dem grauen Strich das betroffene Menü an. Möchten Sie beispielsweise die Menüpunkte des *Hauptmenüs* in eine andere Reihenfolge bringen, rufen Sie den Menüpunkt Hauptmenü auf.

Damit landen Sie in einer Liste mit allen Menüpunkten. Die Reihenfolge der Menüpunkte in dieser Liste entspricht genau der Reihenfolge der Menüpunkte im Frontend. Die Abbildung links veranschaulicht diesen Zusammenhang noch einmal: Die in der Liste oben stehenden Neuigkeiten erscheinen auch auf Ihren Seiten ganz oben im Menü.

Um die Reihenfolge zu ändern, haben Sie zwei Möglichkeiten:

- Suchen Sie in der Liste den Menüpunkt, den Sie umpositionieren möchten. Fahren Sie in seiner Zeile mit der Maus ganz links auf die drei Punkte. Der Mauszeiger verwandelt sich dabei in einen Doppelpfeil ❶. Wenn das bei Ihnen nicht der Fall ist, klicken Sie auf die kleinen Dreiecke in der Spaltenüberschrift und versuchen es dann erneut ❷. Halten Sie über den drei kleinen Kästchen die linke Maustaste gedrückt, und ziehen Sie den Menüeintrag an seine neue Position. Lassen Sie dort die Maustaste wieder los.
- Alternativ klicken Sie den Menüpunkt in der Liste an und stellen dann in der Ausklappliste Reihenfolge die neue Position ein. Speichern & Schließen Sie den geänderten Menüpunkt.

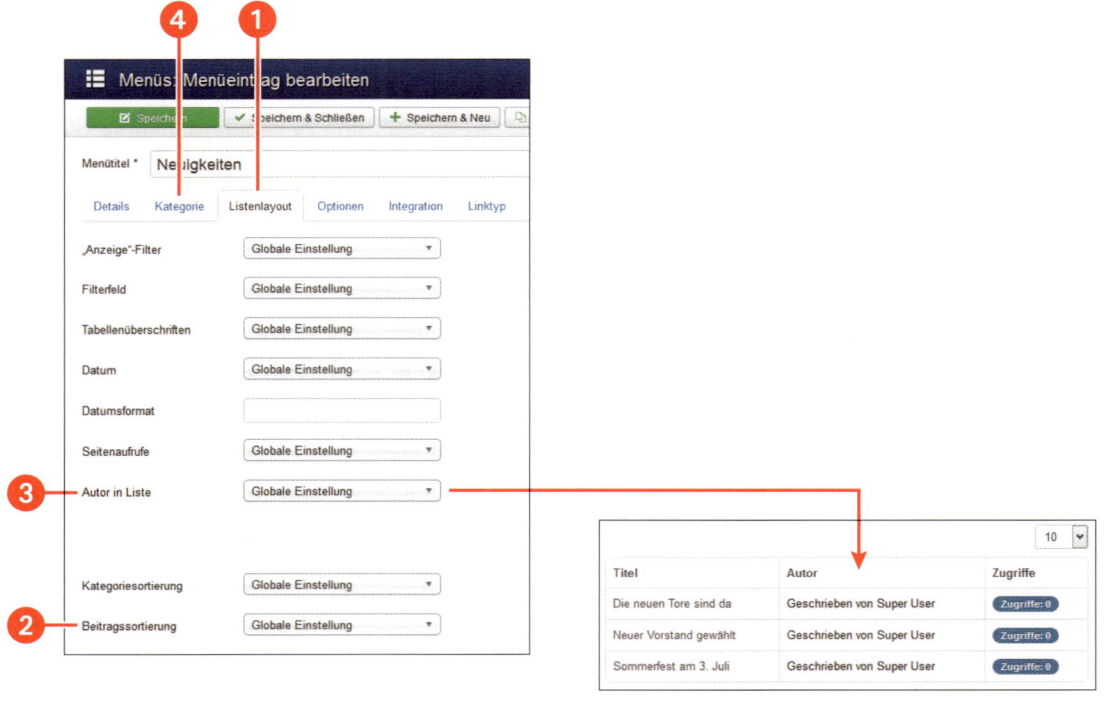

154

Angezeigte Informationen anpassen

In Joomla! gilt die Regel: Welche Informationen auf einer Internetseite zu sehen sind, bestimmt *der Menüpunkt*, der zu dieser Seite führt. In der Abbildung links führt der Menüpunkt Neuigkeiten zu einer Liste mit Nachrichtenbeiträgen. Diese Liste verrät neben dem Titel der Beiträge auch den jeweiligen Autor und die Anzahl der Zugriffe (also wie viele Besucher den Beitrag bereits gelesen haben). Wenn Sie die Autoren dort nicht anzeigen möchten, müssen Sie die Einstellungen des Menüpunktes ändern.

Dazu klappen Sie im Backend zunächst den Menüpunkt Menüs auf. Klicken Sie dann unterhalb des grauen Strichs den Namen des Menüs an, in dem sich der Menüpunkt befindet. (Stecken die *Neuigkeiten* im *Hauptmenü*, müssten Sie Menüs → Hauptmenü aufrufen.) Klicken Sie auf den Titel des Menüpunktes, womit Sie seine Einstellungen aufrufen. Jetzt können Sie auf dem Register Kategorie und, abhängig vom Menüpunkt, dem Register Listenlayout ❶ oder Blog-Layout einige der Informationen ein- und ausblenden sowie die Sortierreihenfolge der Beiträge verändern. Stellen Sie etwa Beitragssortierung ❷ auf Titel von Z bis A, listet Joomla! die Beiträge alphabetisch absteigend auf. Die Nachricht *Zwei neue Tore gekauft* erscheint also ganz oben. Um die Autoren aus der Liste zu werfen, setzen Sie Autor in Liste ❸ auf Verbergen. Auf dem Register Kategorie ❹ können Sie unter Kategorietitel den Namen der Kategorie als Überschrift auf der Seite Anzeigen lassen. Vergessen Sie nicht, Ihre Änderungen zu speichern (etwa über Speichern & Schließen).

Tipp

Wenn Ihnen die Bedeutung einer Einstellung unklar ist, ändern Sie sie ab. Betrachten Sie dann die Auswirkung auf Ihrer Internetseite. Wenn eine Ausklappliste auf Globale Einstellung steht oder ein Eingabefeld leer ist, gelten die Vorgaben von Joomla!.

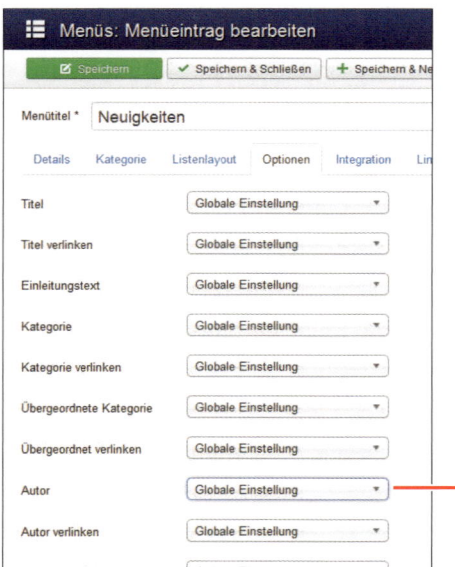

Menüs: Menüeintrag bearbeiten

Speichern | Speichern & Schließen | + Speichern & Ne

Menütitel * Neuigkeiten

Details | Kategorie | Listenlayout | Optionen | Integration | Lin

Titel — Globale Einstellung

Titel verlinken — Globale Einstellung

Einleitungstext — Globale Einstellung

Kategorie — Globale Einstellung

Kategorie verlinken — Globale Einstellung

Übergeordnete Kategorie — Globale Einstellung

Übergeordnet verlinken — Globale Einstellung

Autor — Globale Einstellung

Autor verlinken — Globale Einstellung

Sommerfest am 3. Juli

Details
Geschrieben von Super User
Kategorie: Neuigkeiten
Veröffentlicht: 18. März 2015
Zugriffe: 0

Sommerfest | Kinderschminken

Unser Verein lädt am 3. Juli zum vierzehnten Sommerfest
Für das leibliche Wohl sorgen ein Grill und ein Bierstand. V
dem 1. F.C. Bibernwalde.

Darstellung eines Beitrags anpassen

Man kann es nicht oft genug sagen: Welche Informationen auf einer Internetseite zu sehen sind, bestimmt *der Menüpunkt*, der zu dieser Seite führt. Das gilt auch für Beiträge, die nicht direkt über einen Menüpunkt zu erreichen sind. Führt etwa der Menüpunkt *Neuigkeiten* zu einer Liste mit allen Nachrichten und diese dann wiederum zu einem Beitrag über ein *Sommerfest am 3. Juli*, dann können Sie in den Einstellungen des Menüpunktes *Neuigkeiten* unter anderem festlegen, ob im Beitrag über das *Sommerfest am 3. Juli* auch der Autor genannt wird. (Und ja: Dieses Konzept verknotet die Hirnwindungen.)

Möchten Sie die Darstellung eines Beitrags anpassen, müssen Sie also zunächst herausfinden, welcher Menüpunkt zu diesem Beitrag führt – im Beispiel also die *Neuigkeiten*. Wenn Sie Ihren Internetauftritt wie in Kapitel 1 strukturiert haben, sollte das recht einfach zu ermitteln sein. Rufen Sie dann im Backend unter Menüs das Menü auf, in dem sich dieser Menüpunkt befindet. Stecken etwa die *Neuigkeiten* im *Hauptmenü*, rufen Sie folglich Menüs → Hauptmenü auf. Klicken Sie in der Liste auf den Namen des Menüpunktes – im Beispiel die *Neuigkeiten*.

Auf dem Register Optionen können Sie jetzt einzelne Informationen wie den Autor entweder Anzeigen oder Verbergen lassen. Mit Globale Einstellung gelten die Vorgaben von Joomla!. Vergessen Sie nicht, Ihre Änderungen zu speichern (etwa via Speichern & Schließen).

Warnung

Jede Änderung betrifft alle Beiträge, die über diesen Menüpunkt erreichbar sind! Ein weiteres Problem entsteht, wenn der Beitrag über zwei Menüpunkte zu erreichen ist. In dem Fall konkurrieren die Einstellungen miteinander. Wenn eine Einstellung scheinbar keine Wirkung zeigt, müssen Sie den anderen Menüpunkt ausfindig machen und die Einstellung dort ändern.

Untergeordnete Menüpunkte

Normalerweise erstellt man für jede Kategorie einen eigenen Menüpunkt (wie auf Seite 141 beschrieben). Wenn Sie Kategorien ineinander verschachteln, würden jedoch sehr viele Menüpunkte entstehen. In solchen Fällen können Sie Menüpunkte nur für die übergeordneten Kategorien anlegen. Joomla! zeigt auf den darüber erreichbaren Seiten auch die untergeordneten Kategorien zur Auswahl an.

Alternativ können Sie die Menüpunkte zu den Unterkategorien den anderen Menüpunkten unterordnen. Die Abbildung links zeigt dafür ein Beispiel: Die Menüpunkte zu den Kategorien Actionfilme und Komödien sind dem Menüpunkt zur Kategorie Filmkritiken untergeordnet und erscheinen deshalb eingerückt. Wie die untergeordneten Menüpunkte auf Ihrer Seite präsentiert werden, hängt jedoch vom Template ab. Protostar aus der Abbildung stellt die Unterpunkte in kleinerer Schrift und mit einem vorangestellten Balken dar.

Um einen Menüpunkt einem anderen unterzuordnen, rufen Sie seine Einstellungen auf und wählen dann unter Übergeordneter Eintrag den übergeordneten Menüpunkt. Mit der Einstellung Oberste Menüebene ist der Menüpunkt keinem anderen untergeordnet. Nach dem Speichern & Schließen zeigt Joomla! in der Liste den untergeordneten Menüpunkt ebenfalls eingerückt an (wie in der Abbildung links bei den Actionfilmen und den Komödien).

Auf Ihren Internetseiten erscheinen die Unterpunkte normalerweise erst, wenn der Besucher den Oberpunkt aufgerufen beziehungsweise angeklickt hat. Ändern können Sie dies, indem Sie die Einstellungen des zugehörigen (Menü-)Moduls aufrufen und dann Untermenüeinträge anzeigen auf Ja setzen.

Tipp

Die Menüstruktur sollte der Gliederung entsprechen, die Sie in Kapitel 1 aufgezeichnet haben.

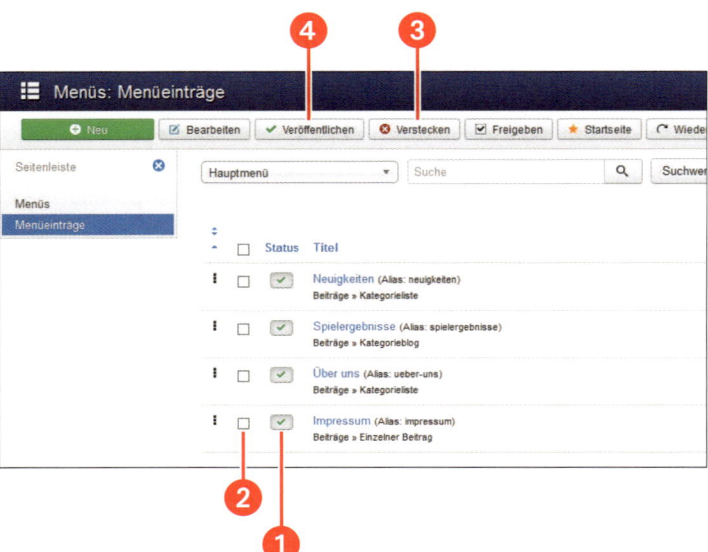

Menüpunkte verstecken

Um einen Menüpunkt vorübergehend auf Ihren Internetseiten auszublenden, rufen Sie im Backend unter Menüs das Menü auf, in dem sich dieser Menüpunkt befindet. Jetzt haben Sie drei Möglichkeiten:

1. Klicken Sie in der Zeile des Menüpunktes auf das Symbol mit dem grünen Haken ❶. Das Symbol verwandelt sich dann in einen roten Kreis. Um den Menüpunkt wieder einzublenden, klicken Sie diesen roten Kreis an.

2. Klicken Sie auf den Titel des Menüpunktes stellen Sie Status auf Versteckt, und klicken Sie auf Speichern & Schließen. Um den Menüpunkt später wieder einzublenden, klicken Sie wieder auf den Titel des Menüpunktes und setzen den Status auf Veröffentlicht.

3. Wenn Sie mehrere Menüpunkte auf einmal verstecken möchten, setzen Sie in ihren Zeilen jeweils mit einem Mausklick einen Haken in die weißen Kästchen ❷. Aktivieren Sie dann Verstecken ❸. Um die Menüpunkte wieder einzublenden, markieren Sie sie wieder jeweils mit einem Haken und klicken auf Veröffentlichen ❹.

Fußballverein Oberursel e.V.

Suchen

Home   About Us   News   Contact Us

Die angeforderte Seite konnte nicht gefunden werden!

Während der Anfrage ist ein Fehler aufgetreten!

Die Seite kann nicht angezeigt werden, weil:

- Sie ein **veraltetes Lesezeichen** aufgerufen haben.
- Sie eine **falsche Adresse** aufgerufen haben.
- Sie über eine Suchmaschine einen **veralteten Index dieser Webseite** aufgerufen haben.
- Sie **keinen Zugriff** auf diese Seite haben.

Die Website kann durchsucht oder es kann die Startseite aufgerufen werden.

Seite durchsuchen

Suchen

Zur Startseite wechseln

🏠 Startseite

Bei Problemen ist der Administrator dieser Website zuständig.

404 Beitrag nicht gefunden

Verwaiste Menüpunkte

Wenn ein Menüpunkt direkt zu einem Beitrag führt und Sie dann diesen Beitrag löschen oder verstecken, zeigt der Menüpunkt unweigerlich ins Leere. Klickt ein Besucher den Menüpunkt an, sieht er nur die kryptische Fehlermeldung aus der Abbildung links. Gleiches passiert, wenn ein Menüpunkt auf den Inhalt einer Kategorie zeigt und Sie dann die Kategorie löschen oder verstecken. Dummerweise warnt Joomla! Sie auch nicht vor solchen verwaisten Menüpunkten.

Warnung

Sobald Sie einen Beitrag oder eine Kategorie löschen oder verstecken, müssen Sie auch die darauf zeigenden Menüpunkte zumindest verstecken. Wie das funktioniert, habe ich eben auf Seite 161 beschrieben.

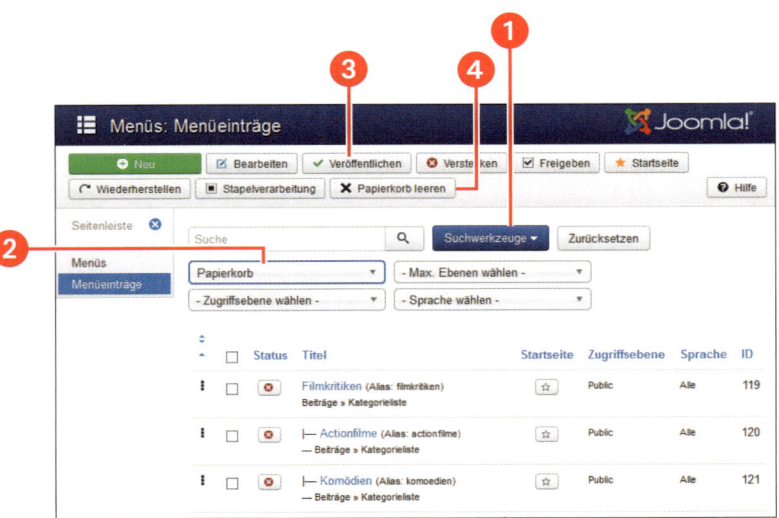

Menüpunkte löschen

Wenn Sie einen Menüpunkt komplett löschen wollen, rufen Sie im Backend unter Menüs das Menü auf, in dem sich dieser Menüpunkt befindet.

Suchen Sie den Menüpunkt in der Liste, setzen Sie dann mit einem Mausklick einen Haken in sein kleines weißes Kästchen, und aktivieren Sie Papierkorb. Wie die Beschriftung andeutet, landet der Menüpunkt damit erst einmal nur im Papierkorb. Um seinen Inhalt zu sehen, klappen Sie die Such-werkzeuge auf ❶ und stellen die Ausklappliste – Status wählen – auf Papierkorb ❷. Damit zeigt die Liste jetzt nur noch alle im Papierkorb liegenden Menüpunkte an.

Wenn Sie einen der Menüpunkte wiederherstellen möchten, setzen Sie mit einem Mausklick in das weiße Kästchen in seiner Zeile einen Haken und aktivieren Veröffentlichen ❸.

Um den Menüpunkt hingegen endgültig zu löschen, setzen Sie ebenfalls einen Haken in sein weißes Kästchen und klicken dann auf Papierkorb leeren ❹. Überlegen Sie sich diesen Schritt jedoch gut: Nach einem Klick auf die Schaltfläche gibt es keine Rückfrage, und die Menüpunkte sind umgehend gelöscht. Die Beiträge und Kategorien bleiben jedoch erhalten.

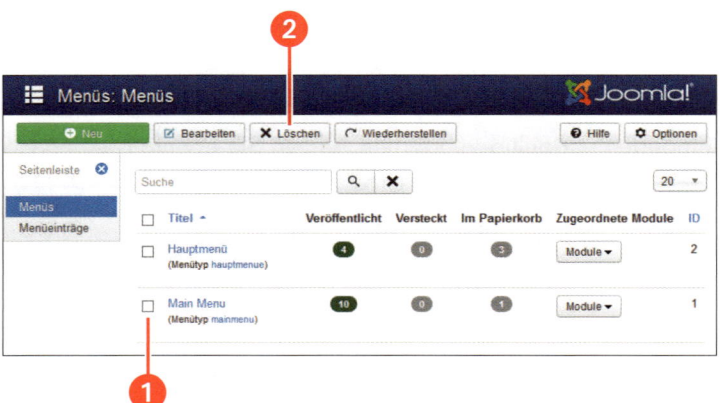

Menüs löschen

Um gleich ein komplettes Menü zu löschen, rufen Sie Menüs → Menüs auf. Setzen Sie mit einem Mausklick einen Haken in das weiße Kästchen vor dem Menü, das Sie löschen möchten ❶, und klicken Sie auf Löschen ❷.

Sobald Sie die Rückfrage mit OK bestätigen, entfernt Joomla!

- das Menü,
- alle seine Menüpunkte und
- das zugehörige Modul.

Alle diese Elemente lassen sich dann auch nicht wiederherstellen! Überlegen Sie sich diesen Schritt folglich gut. Die Beiträge und Kategorien bleiben jedoch erhalten.

Tipp

Bevor Sie ein Menü löschen, sollten Sie zunächst das Modul ausblenden (siehe Kapitel 6). Löschen Sie das Menü erst dann, wenn Sie das Menü eine Weile nicht mehr vermissen beziehungsweise benötigen.

KAPITEL 8 | Startseite

Wenn Sie im Backend das Menü Menüs aufklappen und dann den Punkt mit dem Haussymbol anklicken, ist in der Spalte Startseite ein Menüpunkt mit einem gelben Sternchen markiert. Genau dieser Menüpunkt führt zur Startseite Ihres Internetauftritts. Sofern Sie in Kapitel 2 die Beispiel-Homepage *Prospektinhalte* installiert haben, ist das der Menüpunkt Home. Wenn Sie die Einstellungen dieses Menüpunktes verändern, ändert sich auch das Aussehen Ihrer Startseite. (Denken Sie daran: In Joomla! bestimmt der Menüpunkt, was auf der Seite zu sehen ist, die Sie über ihn erreichen.) Das Sternchen können Sie irgendeinem anderen Menüpunkt aus einem beliebigen Menü zuweisen. Die über ihn erreichbare Seite bildet dann ab sofort die **Startseite Ihres Internetauftritts**.

Um eine neue maßgeschneiderte Startseite zu erstellen, müssen Sie einen neuen Menüpunkt anlegen und ihm dann das gelbe Sternchen zuweisen. Die Einstellungen des Menüpunktes wiederum bestimmen dann den Aufbau und das Aussehen der Startseite.

Dieses Konzept ist zugegebenermaßen recht gewöhnungsbedürftig. Es hat aber zumindest den positiven Nebeneffekt, dass immer ein Menüpunkt existiert, über den Besucher schnell wieder zur Startseite springen können.

Wie Sie Ihre Startseite gestalten, zeige ich Ihnen Schritt für Schritt auf den folgenden Seiten. Dabei erfahren Sie, wie Sie einen passenden Menüpunkt anlegen, nur ausgewählte Beiträge auf der Startseite anzeigen lassen und die Texte auf eine kleine Einleitung beschränken.

Neue Startseite anlegen

Als Erstes müssen Sie sich überlegen, was Ihre Startseite präsentieren soll. Sie können auf ihr einen ausgewählten Beitrag oder den Inhalt einer beliebigen Kategorie anzeigen lassen. Wenn Sie etwa sich selbst oder Ihren Verein auf der Startseite vorstellen möchten, erstellen Sie einen passenden Beitrag. Sollen hingegen über die Startseite die wichtigsten Neuigkeiten tickern, muss eine entsprechende Kategorie mit Nachrichtenbeiträgen existieren.

Erstellen Sie dann einen neuen Menüpunkt, wie ich es Ihnen im vorangegangenen Kapitel 7 gezeigt habe: Klappen Sie also das Menü Menüs auf, und klicken Sie unterhalb des grauen Strichs das Menü an, in dem der Menüpunkt ein neues Zuhause finden soll. Wenn Sie mehrere Menüs eingerichtet haben, sollten Sie hier das Hauptmenü wählen. Klicken Sie auf Neu, und beschriften Sie den Menüpunkt im Eingabefeld Menütitel mit *Home*, *Start*, *Startseite* oder einem ähnlichen aussagekräftigen Begriff. Klicken Sie dann rechts neben Menüeintragstyp auf Auswählen.

Das weitere Vorgehen hängt jetzt davon ab, welche Inhalte Sie auf der Startseite anzeigen lassen möchten. Soll es nur ein Beitrag sein (etwa mit Ihrer Vita), entscheiden Sie sich für die Beiträge, dann Einzelner Beitrag, klicken neben Beitrag auswählen auf Auswählen und suchen den passenden Beitrag aus. Möchten Sie hingegen einen Nachrichtenticker anzeigen, wählen Sie unter Beiträge den Punkt Kategorieblog und stellen dann unter Kategorie auswählen die Kategorie mit den Nachrichtenbeiträgen ein (wie in der Abbildung links).

Lassen Sie den Menüpunkt Speichern & Schließen. Beschwert sich Joomla! über einen vorhandenen Alias, gibt es bereits einen Menüpunkt mit dem gleichen Namen. Tippen Sie dann in das Feld Alias noch einmal den Menütitel, und hängen Sie ihm eine 2 an (wie etwa *home2*). Damit haben Sie einen abweichenden alternativen Namen vorgegeben, was Joomla! zufriedenstellt.

Abschließend müssen Sie Joomla! noch mitteilen, dass dieser neue Menüpunkt ab sofort auf die Startseite zeigt. Wie das funktioniert, zeigt die nächste Doppelseite.

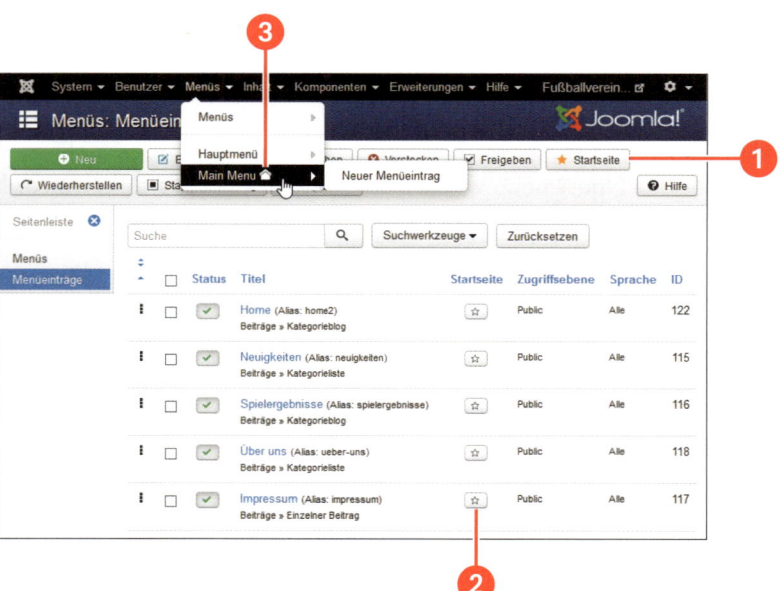

Startseite festlegen

Nachdem Sie einen Menüpunkt angelegt haben, müssen Sie Joomla! noch mitteilen, dass dieser Menüpunkt ab sofort zur Startseite führt. Dazu klappen Sie zunächst das Menü Menüs auf. Klicken Sie das Menü an, in dem der Menüpunkt enthalten ist. Setzen Sie mit einem Mausklick einen Haken in das weiße Kästchen eines der Menüpunkte, und klicken Sie auf Startseite ❶. Alternativ können Sie auch auf seinen weißen Stern in der Spalte Startseite klicken ❷.

Es muss immer genau einen Menüpunkt geben, der mit dem gelben Sternchen markiert ist. Andernfalls würde Ihr Internetauftritt keine Startseite besitzen.

Tipp

Wenn Sie das Menü Menüs aufklappen, finden Sie in ihm einen Menüpunkt mit einem Haussymbol ❸. In diesem Menü gibt es den Menüpunkt, der zur Startseite führt.

Haupteinträge

Häufig möchte man mehrere ausgewählte Beiträge auf der Startseite anzeigen lassen, die aus verschiedenen Kategorien stammen. Auf diese Weise lassen sich etwa besonders wichtige oder beliebte Beiträge präsentieren. Dies ist in Joomla! nur über einen kleinen Umweg zu erreichen: Alle Beiträge, die auf der Startseite erscheinen sollen, adelt man zunächst zu sogenannten **Haupteinträgen**. Anschließend erstellt man eine Startseite, die nur noch diese Haupteinträge anzeigt.

Um einen Beitrag zu einem Haupteintrag zu erheben, rufen Sie im Backend Inhalt → Beiträge auf. Suchen Sie in der Liste den Beitrag. Jetzt haben Sie gleich mehrere Möglichkeiten:

- Sie klicken den Titel des Beitrags an, setzen Haupteintrag auf Ja und lassen die Änderungen Speichern & Schließen.
- Sie klicken in der Zeile des Beitrags in der Spalte Status auf das Sternchensymbol.
- Sie setzen mit einem Mausklick einen Haken in das weiße Kästchen vor seinem Titel und aktivieren dann Haupteintrag.

Sämtliche Haupteinträge finden Sie noch einmal übersichtlich in der Liste hinter Inhalt → Haupteinträge. Ein Beispiel dafür sehen Sie in der Abbildung links. Dort genügt ein Klick auf eines der gelben Sternchen, um den jeweiligen Beitrag wieder zu einem normalen Beitrag zu degradieren.

Eine Startseite mit Haupteinträgen erstellen

Wenn Sie Ihren Besuchern eine Startseite mit allen Haupteinträgen präsentieren möchten, muss ein Menüpunkt her, der auf eine Seite mit allen Haupteinträgen zeigt und der gleichzeitig den gelben Stern trägt. Dazu gehen Sie wie folgt vor:

Klappen Sie im Backend das Menü Menüs auf, und klicken Sie dort Ihr Hauptmenü an. Erstellen Sie via Neu einen Menüpunkt. Geben Sie ihm unter Menütitel eine aussagekräftige Beschriftung, wie etwa *Home*, *Start* oder *Startseite*. Klicken Sie neben Menüeintragstyp auf Auswählen. Der Menüpunkt soll zu einer Aufstellung aller Haupteinträge führen. Da es sich um Beiträge handelt, klicken Sie auf den entsprechenden Link und wählen dann den Punkt Haupteinträge. Auf den Registern Layout und Optionen können Sie jetzt noch die Darstellung anpassen. Lassen Sie anschließend den neuen Menüpunkt Speichern & Schließen.

Beschwert sich Joomla! über einen identischen Alias, gibt es bereits einen Menüpunkt mit dem gleichen Namen. Tippen Sie dann in das Feld Alias noch einmal den Menütitel ein, und hängen Sie ihm eine hohe Zahl an (wie etwa *home3*). Auf diese Weise haben Sie einen abweichenden alternativen Namen vorgegeben, was Joomla! ausreicht.

Damit existiert jetzt ein neuer Menüpunkt, der zu einer Seite mit allen Haupteinträgen führt. Diese Seite müssen Sie jetzt noch zur Startseite erheben. Dazu setzen Sie in der Zeile mit dem neuen Menüpunkt mit einem Mausklick einen Haken in das weiße Kästchen und aktivieren dann Startseite.

Ab sofort zeigt Ihr Internetauftritt auf seiner Startseite immer alle Haupteinträge an.

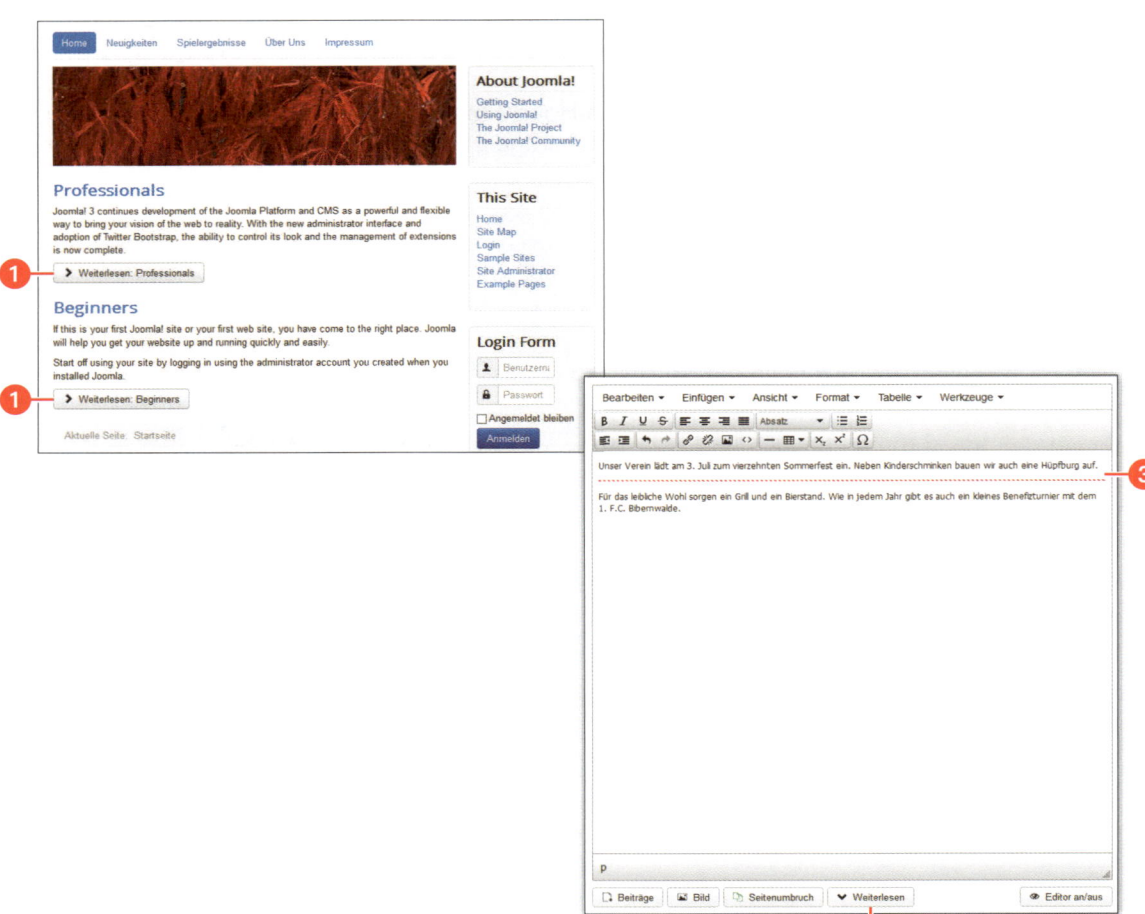

Einleitungen

Wenn Sie mehrere längere Beiträge auf Ihrer Startseite anzeigen, wirkt der entstehende Textsalat unübersichtlich und abschreckend. Netterweise kann Joomla! wie in der Abbildung links auch nur den Anfang eines Beitrags einblenden. Über einen Link ❶ kann der Besucher dann zum kompletten Beitrag springen. Diesen Anfang bezeichnet Joomla! als **Einleitung**. Wo die Einleitung endet, müssen Sie selbst festlegen:

1. Öffnen Sie den Beitrag zur Bearbeitung (etwa indem Sie in der Liste hinter Inhalt → Beiträge auf den Titel des Beitrags klicken).
2. Platzieren Sie die Eingabemarke an der Stelle im Text, an der die Einleitung enden soll.
3. Klicken Sie am unteren Seitenrand auf die Schaltfläche Weiterlesen ❷. Joomla! fügt jetzt eine rote Trennlinie in den Text ein. Der Text oberhalb der Linie bildet die Einleitung ❸, der Text darunter ist hingegen nicht mehr auf der Startseite zu sehen.
4. Speichern Sie den Beitrag (etwa indem Sie ihn Speichern & Schließen).

Beachten Sie: Sobald jemand auf der Startseite den Weiterlesen-Link ❶ anklickt, zeigt Joomla! den kompletten Beitrag an – inklusive der Einleitung.

Wenn Sie die Einleitung an der falschen Stelle einfügt haben, löschen Sie einfach die rote Linie wie ein normales Textzeichen und führen dann die obigen Schritte noch einmal durch.

Sofern Sie, wie auf Seite 147 beschrieben, einen Menüpunkt auf eine Seite in der Blog-Darstellung einrichten, zeigt Joomla! auch dort immer nur die Einleitungen der Beiträge mit dem Weiterlesen-Link an.

KAPITEL 9 | Medien verwalten

Wie Sie Bilder in Beiträge einbinden, habe ich Ihnen bereits in Kapitel 4 auf Seite 89 gezeigt. Sämtliche hochgeladenen Bilder verwaltet Joomla! an einer zentralen Stelle. In dieser Medienverwaltung können Sie nicht nur unerwünschte Fotos wieder vom Server schmeißen, sondern auch Bilder (vorab) hochladen. Das ist beispielsweise nützlich, wenn etwa die Porträts von Vereinsmitgliedern immer wieder in Beiträgen auftauchen werden. Wie Sie die Medienverwaltung bedienen, verraten Ihnen die folgenden Seiten.

Tipp

Die folgenden Ausführungen beziehen sich auf die Medienverwaltung in Joomla! 3.4. Die Entwickler möchten jedoch in einer der zukünftigen Joomla!-Versionen die Medienverwaltung renovieren. Zu dem Zeitpunkt, als ich dieses Buch geschrieben habe, war hierzu jedoch noch keine Entscheidung getroffen.

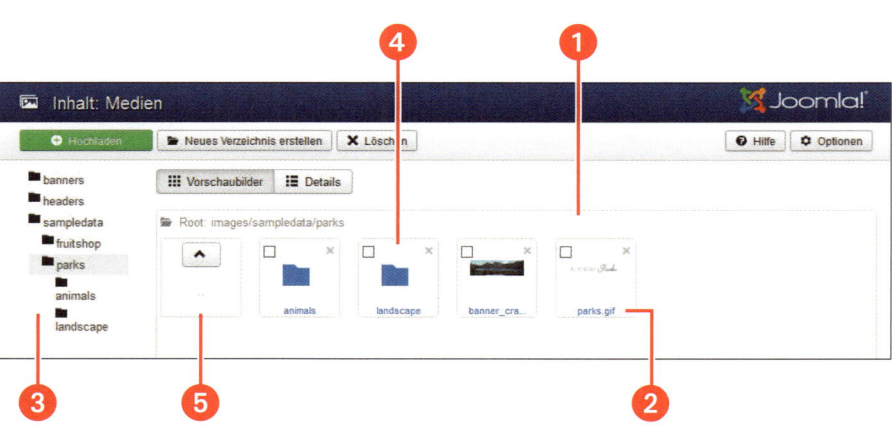

Die Medienverwaltung im Überblick

Die Medienverwaltung erreichen Sie im Backend über Inhalt → Medien. Damit landen Sie in der Darstellung aus der Abbildung links. Joomla! zeigt Ihnen hier alle hochgeladenen und somit auf dem Server liegenden Bilder an.

Im großen weißen Bereich ❶ erscheint für jede Datei ein kleines Vorschaubild. Unterhalb der Vorschaubilder zeigt Joomla! den Dateinamen an ❷. Sollte er zu lang sein, um direkt angezeigt zu werden, parken Sie kurz den Mauszeiger auf dem Dateinamen (aber nicht anklicken!). Joomla! blendet dann nach einem kurzen Moment den vollständigen Dateinamen ein. Ein Klick auf ein Vorschaubild öffnet das entsprechende Bild in seiner ganzen Pracht. Diese Vorschau schließen Sie über das kleine X-Symbol.

Wie auf Ihrer Festplatte dürfen Sie die Bilder in Unterverzeichnissen sortieren und somit die Übersicht erhöhen. Alle bereits vorhandenen Verzeichnisse listet Joomla! am linken Seitenrand auf ❸. Unterverzeichnisse erscheinen dabei eingerückt. Mit einem Klick auf eines der Verzeichnisse wechseln Sie in dieses hinein. Alternativ können Sie auch im großen weißen Bereich ❶ auf das entsprechende Verzeichnissymbol ❹ klicken. Eine Ebene nach oben gelangen Sie mit einem Klick auf das Symbol mit den beiden Punkten ❺. Diese beiden Punkte zeigt Joomla! nur dann an, wenn es kein übergeordnetes Verzeichnis mehr gibt.

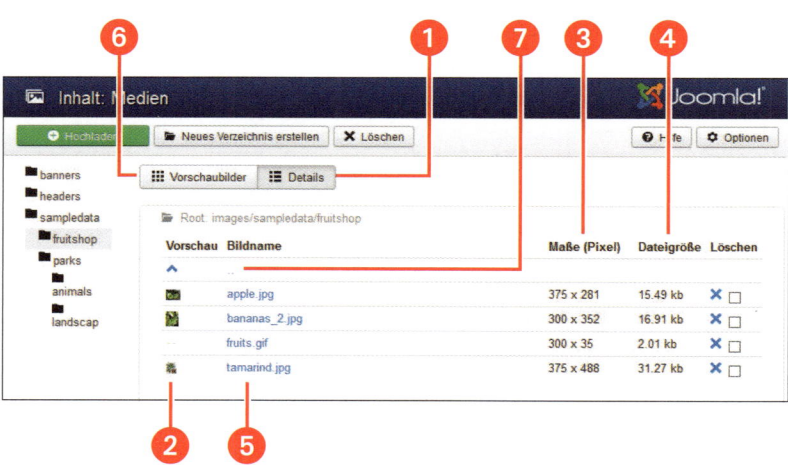

Die Detailansicht

Mit einem Klick auf die Schaltfläche Details ❶ zeigt Joomla! die Dateien in einer Liste an (wie in der nebenstehenden Abbildung). Hier sind die Vorschaubilder in der ersten Spalte ❷ zwar kaum noch zu erkennen, im Gegenzug erfahren Sie hier aber zusätzlich noch die Auflösung der Bilder in Pixeln ❸ sowie jeweils die Dateigröße ❹.

Wenn Sie auf den Dateinamen ❺ eines Bildes klicken, blendet Joomla! die Liste mit den Dateien aus und dafür eine Vorschau des Bildes ein. Um wieder zurückzugelangen, klicken Sie auf Vorschaubilder ❻ und dann wieder auf Details ❶.

Mit einem Klick auf einen Verzeichnisnamen wechseln Sie in dieses Verzeichnis hinein. Wieder eine Ebene nach oben gelangen Sie mit einem Klick auf die beiden Punkte ganz oben in der Liste ❼. Um zur Standardansicht zurückzukehren, klicken Sie auf Vorschaubilder ❻.

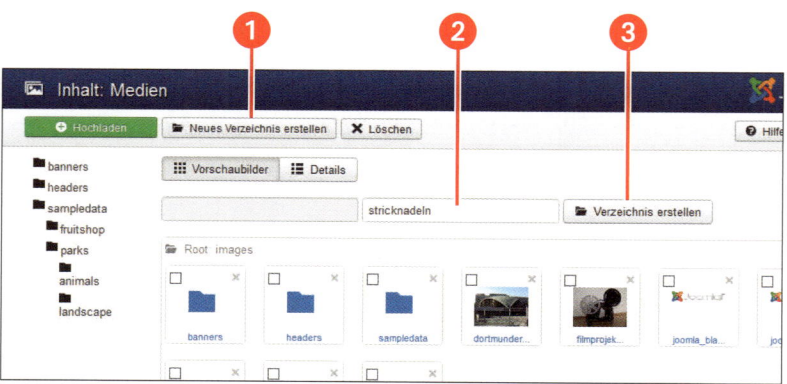

Neues Verzeichnis anlegen

Um bei vielen Bildern nicht den Überblick zu verlieren, sollten Sie sie thematisch in Verzeichnissen zusammenfassen. Wenn Sie etwa auf Ihren Seiten Strickanleitungen veröffentlichen, bietet es sich an, die Bilder der Stricknadeln in einem eigenen Verzeichnis zu sammeln.

Ein neues Verzeichnis legen Sie auf Ihrem Server mit wenigen Mausklicks an:

1. Wechseln Sie in der Medienverwaltung (hinter Inhalt → Medien) in das Verzeichnis, in dem Sie ein neues Unterverzeichnis erstellen möchten.
2. Klicken Sie auf Neues Verzeichnis erstellen ❶. Tippen Sie in das erscheinende weiße Eingabefeld ❷ den Namen des neuen Unterverzeichnisses ein, und klicken Sie auf Verzeichnis erstellen ❸.

Joomla! hat bereits bei seiner Installation ein paar Unterverzeichnisse eingerichtet, die Sie mitnutzen dürfen. Unter *banners* liegen Werbebanner, während *headers* die Titelbilder sammelt (wie die grünen Rechtecke in der Beispiel-Seite). Je nachdem, welche Beispiel-Homepage Sie bei der Einrichtung von Joomla! ausgewählt haben, finden Sie noch ein Unterverzeichnis *sampledata* mit Beispielbildern.

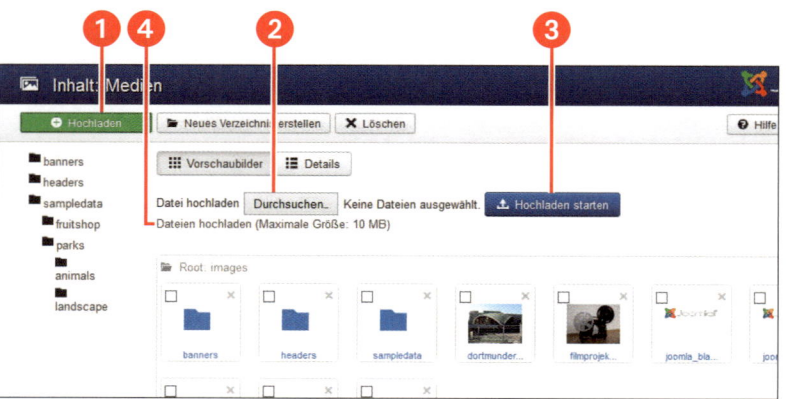

Bilder hochladen

Sie können direkt in der Medienverwaltung Bilder hochladen und diese dann später in Ihre Beiträge einbinden. Dazu wechseln Sie zunächst in der Medienverwaltung (hinter Inhalt → Medien) in das Verzeichnis, in das Sie die Bilder hochladen möchten.

Wenn Sie das passende Verzeichnis angesteuert haben, klicken Sie auf die Schaltfläche Hochladen ❶. Joomla! blendet jetzt wie in der Abbildung links weitere Schaltflächen ein. Klicken Sie auf Durchsuchen ❷, wählen Sie dann die Datei aus, die Sie hochladen möchten, und klicken Sie auf Hochladen starten ❸. Anschließend taucht das Bild in der Medienverwaltung auf.

Joomla! kann nur Dateien bis zu einer bestimmten Größe hochladen. Wie groß ein Bild maximal sein darf, steht neben Dateien hochladen in Klammern ❹. Diese Grenze hängt maßgeblich von den Einstellungen Ihres Webservers ab. Fragen Sie hier gegebenenfalls Ihren Webhoster um Rat.

Tipp

Da Nutzer von Mobilgeräten in der Regel nur eine schmale Internetanbindung haben, sollten Sie möglichst nur Bilder mit einer geringen Dateigröße verwenden. Achten Sie zudem darauf, dass die Abmessungen des Bildes nicht zu groß sind: Hochauflösende Fotos sprengen nicht nur die Bildschirme von Smartphones und Tablet-PCs.

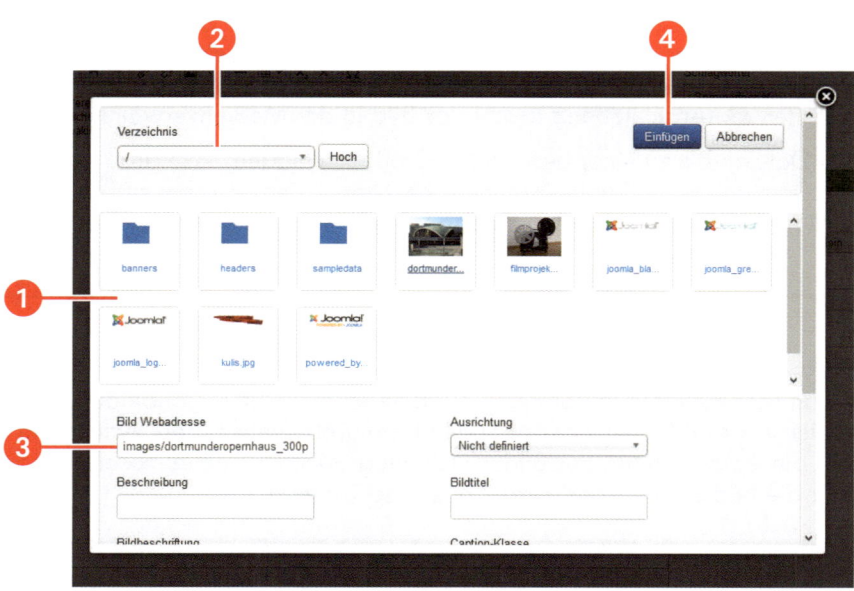

Bilder nachträglich in Beiträge einbinden

Alle mit der Medienverwaltung hochgeladenen Bilder binden Sie genau so in einen Beitrag ein, wie Sie es aus Kapitel 4 kennen:

1. Öffnen Sie die Einstellungen des entsprechenden Beitrags (indem Sie in der Liste hinter Inhalt → Beiträge auf seinen Titel klicken), oder erstellen Sie einen neuen.
2. Fahren Sie mit der Eingabemarke an die Stelle im Text, an der das Bild erscheinen soll. Klicken Sie auf die Schaltfläche Bild (unterhalb des Texteditors). Das sich jetzt öffnende Fenster ist eine Mini-Ausgabe der Medienverwaltung: Im großen Bereich sehen Sie eine Vorschau der Bilder ❶. Über die Ausklappliste und Hoch ❷ wechseln Sie in ein anderes Verzeichnis.
3. Da das Bild schon auf dem Server liegt, müssen Sie nur Ihr Vorschaubild anklicken. Den Dateinamen zeigt das Feld Bild Webadresse ❸ an. Sollten Sie sich verklickt haben, wählen Sie einfach ein neues Bild.
4. Vergeben Sie noch eine Beschreibung, einen Bildtitel, eine Bildbeschriftung und die passende Ausrichtung (wie auf Seite 89 beschrieben).
5. Lassen Sie das Bild Einfügen ❹, und Speichern Sie den Beitrag.

Ein Bild müssen Sie übrigens nur einmal hochladen und können es dann in beliebig vielen weiteren Beiträgen auf die gezeigte Weise einbinden.

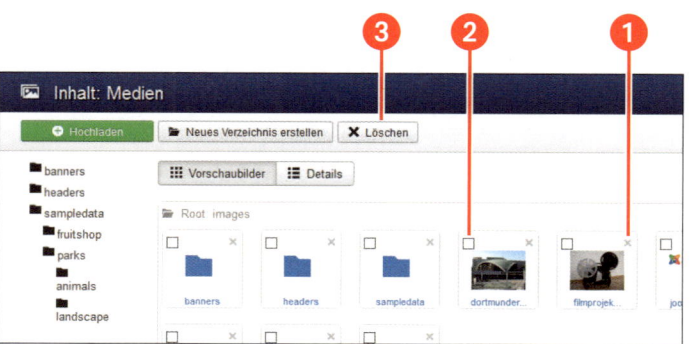

Dateien und Verzeichnisse löschen

Wenn Sie ein Bild aus einem Beitrag löschen, bleibt es noch auf dem Server liegen. Dies ist eine Vorsichtsmaßnahme: Wenn Sie das Bild nachträglich doch noch einmal einbinden möchten, müssen Sie es so nicht noch einmal hochladen. Allerdings nimmt das Bild auf dem Server auch Festplattenplatz weg.

Um ein Bild komplett zu löschen, rufen Sie via Inhalt → Medien die Medienverwaltung auf. Dort haben Sie jetzt mehrere Möglichkeiten:

- In der Ansicht Vorschaubilder suchen Sie das Bild, das Sie löschen möchten, und klicken auf das kleine graue X rechts oben in seinem Vorschaubild ❶.
- In der Ansicht Details suchen Sie das zu löschende Bild und klicken dann auf das blaue X in seiner Zeile.
- Wenn Sie mehrere Bilder auf einmal löschen möchten, setzen Sie per Mausklick einen Haken in die weißen Kästchen der betroffenen Bilder ❷. Sobald Sie auf Löschen ❸ klicken, landen alle so markierten Bilder im Nirvana.

Verzeichnisse löschen Sie nach dem gleichen Prinzip.

Warnung

Die Bilder und Verzeichnisse sind immer umgehend gelöscht, es gibt keine Sicherheitsabfrage! Des Weiteren prüft Joomla! nicht, ob das Bild noch in einem Beitrag auftaucht. In solch einem Fall fehlt das Bild dann einfach im Text. Sobald Sie dann das gleiche Bild noch einmal hochladen, erscheint es automatisch wieder im Beitrag.

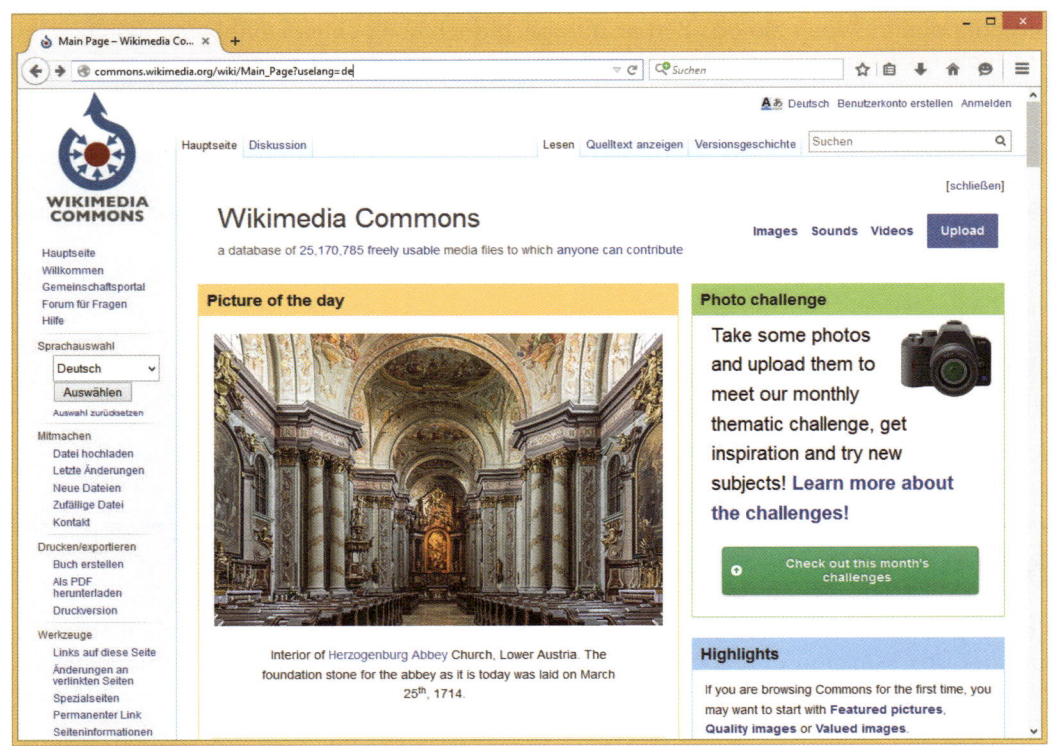

Rechtliche Aspekte

Das Internet bietet Fotos, Bilder und Illustrationen in Hülle und Fülle. Da ist es verlockend, sich einfach Bilder von bekannten Seiten herunterzuladen und in die eigenen Beiträge einzubinden. Jedes Bild-, Ton- und Textmaterial ist jedoch **urheberrechtlich geschützt**. Ein Einsatz in eigenen Beiträgen sollte nur nach Rücksprache mit dem jeweiligen Rechteinhaber erfolgen. Bei Bildern ist dies meist der Fotograf oder eine Bildagentur. Bittet man nicht um Erlaubnis, kann dies recht schnell zu einer teuren Abmahnung und sogar zu Schadensersatzforderungen führen. Fragen Sie im Zweifelsfall einen Rechtsanwalt, oder benutzen Sie ausschließlich selbst angefertigte Bilder. Doch auch hier lauern Fallen: Wenn Sie eine Person fotografiert haben, muss diese der Veröffentlichung zustimmen. Selbst einige Gebäude und deren Silhouetten sind rechtlich geschützt – wie etwa der beleuchtete Eifelturm bei Nacht oder das Atomium in Brüssel (siehe *http://reise-weblog.com/2010/10/15/fotografieren-nicht-verboten-ins-internet-hochladen-aber-schon/*). Auch hier müssen Sie sich die **Erlaubnis des Rechteinhabers einholen**.

Weitere Informationen zu diesem Thema finden Sie unter anderem in der Wikipedia unter *http://de.wikipedia.org/wiki/Urheberrechtsverletzung* sowie *http://de.wikipedia.org/wiki/Wikipedia:Bildrechte*. Eine Sammlung mit gemeinfreien und frei lizenzierten Bildern bietet unter anderem die Wikimedia Commons an (siehe Abbildung links): *http://commons.wikimedia.org/wiki/Main_Page?uselang=de*

KAPITEL 10 | Kontaktseiten und Kontaktformulare

Sollen Ihnen Besucher eine E-Mail schreiben oder Sie telefonisch erreichen können, müssen Sie Ihre Kontaktdaten in einem entsprechenden Beitrag hinterlegen.

Joomla! kann aber auch spezielle Kontaktseiten erstellen und auf diesen sogar ein Kontaktformular einblenden. Das hat gleichzeitig den Vorteil, dass Spammer und andere nervende Werbefachleute gar nicht erst Ihre private E-Mail-Adresse zu Gesicht bekommen.

Joomla! verwaltet beliebig viele Kontaktseiten und -Formulare für unterschiedliche Personen. In Unternehmen oder Vereinen können Sie so für jeden Mitarbeiter oder jede Abteilung eine eigene Kontaktseite einrichten. Joomla! spricht übrigens nicht von »Kontaktseiten«, sondern nur kurz von **Kontakten**.

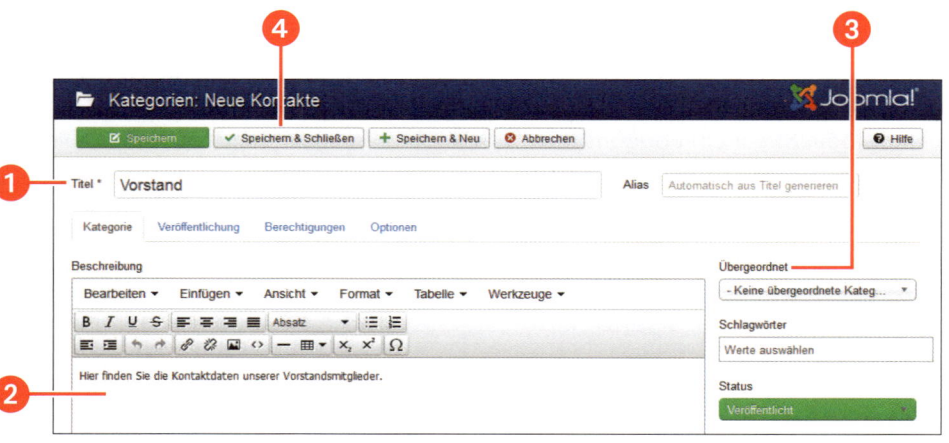

Kontaktkategorien einrichten

Kontakte lassen sich in Kategorien thematisch zusammenfassen. Auf diese Weise behalten Sie nicht nur einen besseren Überblick über viele Kontakte; Unternehmen und Vereine können mit den Kategorien auch ihre interne Hierarchie abbilden. Beispielsweise könnte man die Kontaktseiten für den Vereinsvorstand in einer Kategorie sammeln, während die Kontaktseiten für die angestellten Fußballspieler in eine zweite Kategorie wandern. Joomla! verlangt, dass jeder Kontakt in genau einer Kategorie liegt. Sie kommen folglich nicht darum herum, mindestens eine Kategorie anzulegen.

Dazu rufen Sie im Backend Komponenten → Kontakte → Kategorien auf und klicken Neu an. Joomla! öffnet jetzt das Formular aus der Abbildung links. Geben Sie der Kategorie im Eingabefeld Titel ❶ einen Namen, wie etwa *Vorstand* oder – wenn Sie nur eine einzige Kontaktseite für sich selbst anlegen möchten – schlicht *Kontakte*. Im großen Eingabefeld ❷ beschreiben Sie kurz, welche Personen die Kategorie aufnimmt. Ein Beispiel wäre: »Hier finden Sie die Kontaktdaten unserer Vorstandsmitglieder.« Der Titel und die Beschreibung erscheinen unter Umständen auch auf Ihrer Homepage.

Die Kontaktkategorien lassen sich wie die Beitragskategorien verschachteln. Um die neue Kategorie einer bestehenden unterzuordnen, wählen Sie in der Ausklappliste Übergeordnet die entsprechende übergeordnete Kategorie ❸. Lassen Sie die Kategorie abschließend Speichern & Schließen ❹.

Tipp

Kontaktkategorien nehmen ausschließlich Kontakte auf. Auch wenn sie den Beitragskategorien ähneln, haben sie mit diesen nichts weiter gemeinsam.

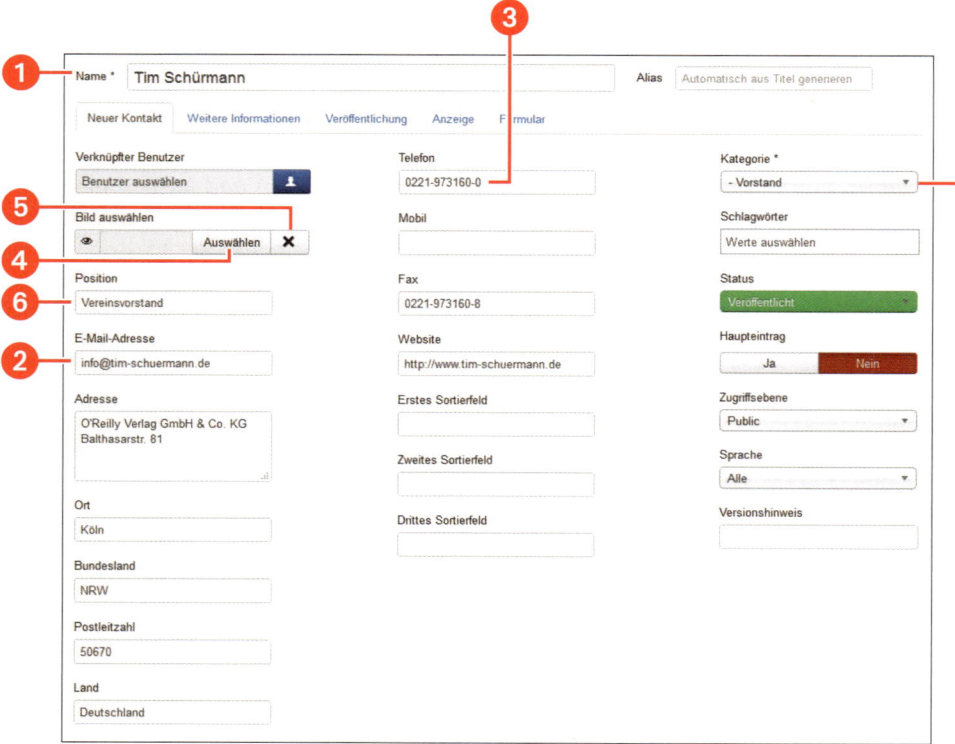

200

Kontakte anlegen

Sobald mindestens eine Kontaktkategorie existiert, können Sie eine neue Kontaktseite einrichten. Dazu wechseln Sie zum Menüpunkt Komponenten → Kontakte → Kontakte und klicken auf Neu. Damit landen Sie im Formular aus der Abbildung links.

Geben Sie den Vor- und Zunamen der Kontaktperson in das Feld Name ein ❶. Füllen Sie anschließend ganz nach Bedarf die übrigen Eingabefelder auf dem Register Neuer Kontakt aus. Wenn die Person etwa per E-Mail erreichbar sein soll, hinterlegen Sie ihre E-Mail-Adresse im gleichnamigen Feld ❷. Wenn Sie die Telefonnummer ❸ oder eine andere Information nicht kennen oder angeben möchten, dann lassen Sie das entsprechende Eingabefeld einfach leer.

Mit einem Klick auf Auswählen ❹ können Sie noch ein Porträtfoto der Person hochladen. Das funktioniert wie auf Seite 89 beschrieben. Um das Bild später wieder loszuwerden, klicken Sie auf das X ❺. Unter Position ❻ können Sie noch die Aufgabe der Person im Unternehmen oder Verein angeben, wie etwa *Sales Manager* oder *Kassenwart*. Auf dem Register Weitere Informationen dürfen Sie zusätzliche Informationen über die Person hinterlegen, beispielsweise eine kurze Biografie, besondere Auszeichnungen, erworbene Qualifikationen oder Sportabzeichen.

Weisen Sie abschließend den Kontakt noch einer Kategorie zu ❼. Nach dem Speichern & Schließen existiert damit zwar schon eine Kontaktseite, diese ist aber auf Ihren Seiten noch nicht zu erreichen. Das ändert sich erst, wenn Sie die Kontaktseite in ein Menü eingebunden haben.

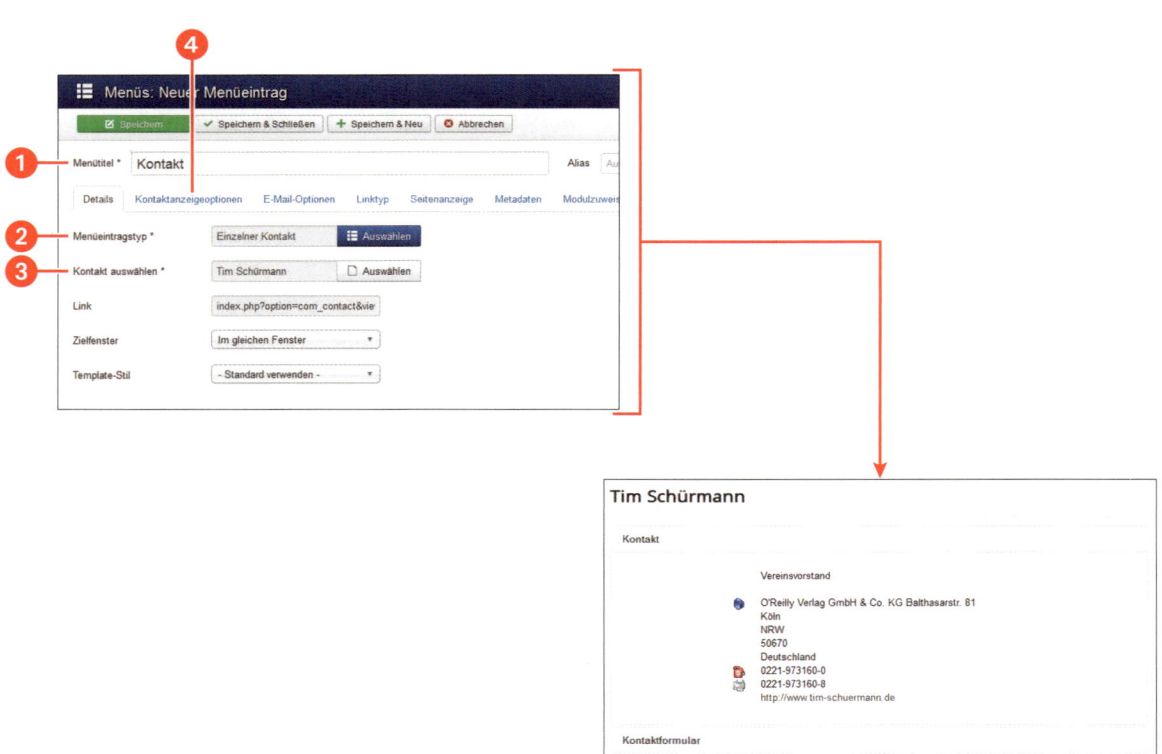

202

Kontakt in ein Menü einbinden

Um einen Menüpunkt auf einen Kontakt einzurichten, verfahren Sie wie folgt:

1. Rufen Sie Menüs → Menüs auf. Klicken Sie in der Liste den Namen des Menüs an, in dem Sie den neuen Menüpunkt erstellen möchten.

2. Klicken Sie auf Neu, und geben Sie dem Menüpunkt im Feld Menütitel eine Beschriftung ❶. Hier bietet es sich an, den Namen der entsprechenden Person zu wählen (wie »Hans Hansen«). Haben Sie für Ihre Seite nur eine Kontaktseite mit Ihren Kontaktdaten angelegt, sollten Sie den Menüpunkt mit *Kontakt* beschriften.

3. Klicken Sie neben Menüeintragstyp auf Auswählen ❷. Der Menüpunkt soll zu einer Kontaktseite führen, weshalb Sie Kontakte anklicken. Entscheiden Sie sich dann für Einzelner Kontakt.

4. Klicken Sie neben Kontakt auswählen auf Auswählen ❸. Suchen Sie in der erscheinenden Liste den Kontakt, zu dem der Menüpunkt führen soll, und klicken Sie seinen Titel an.

5. Auf dem Register Kontaktanzeigeoptionen ❹ können Sie jetzt noch festlegen, welche Informationen und Kontaktdaten später für Besucher zu sehen sein sollen. Normalerweise können Sie hier die Vorgaben belassen.

6. Erstellen Sie den Menüpunkt mit Speichern & Schließen.

Wie der Kontakt dann auf Ihren Seiten aussieht, zeigt die Abbildung links auf ihrer rechten Seite.

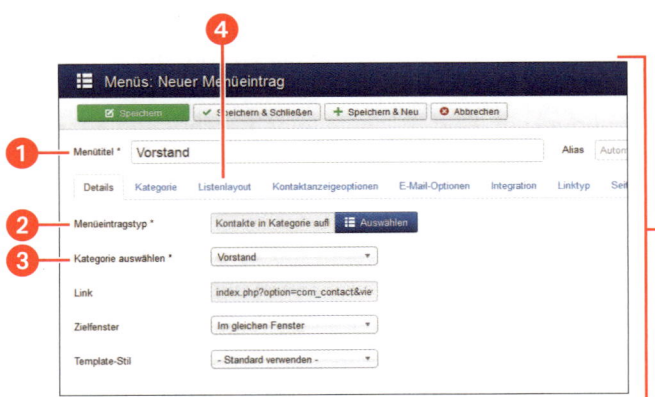

Alle Kontakte aus einer Kategorie auflisten

Wenn Sie für mehrere Kontakte jeweils einen eigenen Menüpunkt anlegen, würde Ihr Menü ziemlich unübersichtlich. Glücklicherweise kann Joomla! auch alle Kontakte aus einer ganz bestimmten Kategorie zur Auswahl stellen. Ein Beispiel für eine solche Adressenliste zeigt die Abbildung links. Um einen Menüpunkt auf einer solchen Liste einzurichten, verfahren Sie wie folgt:

1. Rufen Sie im Backend Menüs → Menüs auf. Klicken Sie auf den Namen des Menüs, in dem Sie den neuen Menüpunkt erstellen möchten.
2. Klicken Sie auf Neu, und geben Sie dem Menüpunkt im Feld Menütitel eine Beschriftung ❶. Hier bietet sich der Titel der Kontaktkategorie an, wie etwa *Vorstand*.
3. Klicken Sie neben Menüeintragstyp auf Auswählen ❷. Der Menüpunkt soll zu einer Liste mit Kontakten aus einer Kategorie führen. Klicken Sie deshalb auf Kontakte, und wählen Sie dann Kontakte in Kategorie auflisten.
4. Jetzt müssen Sie in der entsprechenden Ausklappliste die Kategorie auswählen ❸, deren Kontakte Joomla! Ihren Besuchern zur Auswahl stellen soll.
5. Auf den Registern Kategorie, Listenlayout und Kontaktanzeigeoptionen ❹ können Sie abschließend noch festlegen, welche Informationen und Kontaktdaten später für Besucher in der Liste und auf den einzelnen Kontaktseiten zu sehen sein sollen. Normalerweise können Sie die Vorgaben belassen.
6. Erstellen Sie den Menüpunkt mit Speichern & Schließen.

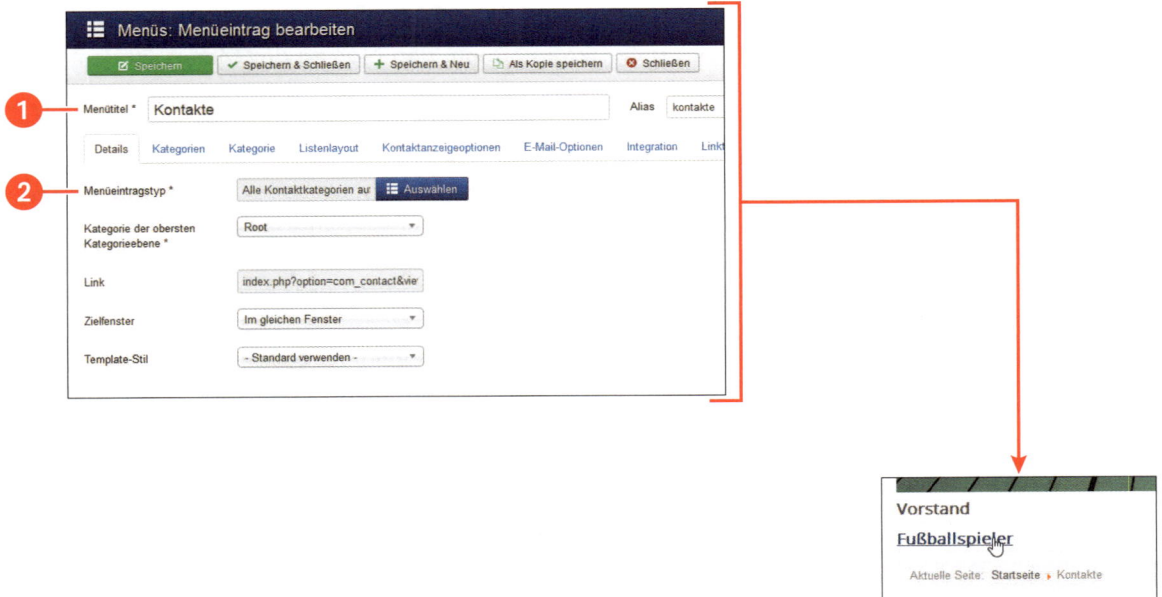

Alle Kontaktkategorien auflisten

In einem Unternehmen oder einem etwas größeren Verein haben Sie vielleicht mehrere Kontaktkategorien angelegt. In solch einem Fall können Sie auch einen Menüpunkt einrichten, der zu einer Liste mit allen Kontaktkategorien führt. Die Abbildung links zeigt dafür ein Beispiel. Der Besucher landet dort zunächst in der Auswahl der Kategorien. Nachdem er sich für eine entschieden hat, präsentiert Joomla! ihm alle darin liegenden Kontakte. Um einen Menüpunkt auf alle Kontaktkategorien einzurichten, verfahren Sie wie folgt:

1. Rufen Sie im Backend Menüs → Menüs auf. Klicken Sie das Menü an, in dem Sie den neuen Menüpunkt erstellen möchten.

2. Klicken Sie auf Neu, und geben Sie dem Menüpunkt im Feld Menütitel eine Beschriftung ❶. Hier bietet sich ein allgemeiner Titel wie »Kontakte« an.

3. Klicken Sie neben Menüeintragstyp auf Auswählen ❷. Der Menüpunkt soll zu einer Liste mit den Kontaktkategorien führen. Klappen Sie deshalb Kontakte auf, und wählen Sie dann Alle Kontaktkategorien auflisten.

4. Auf den Registern Kategorien, Kategorie, Listenlayout und Kontaktanzeigeoptionen können Sie jetzt noch festlegen, welche Informationen und Kontaktdaten später für Besucher in den Listen und auf den einzelnen Kontaktseiten zu sehen sein sollen. Normalerweise können Sie hier die Vorgaben belassen.

5. Erstellen Sie den Menüpunkt mit Speichern & Schließen.

Tim Schürmann

Kontakt

Kontaktformular

Eine E-Mail senden. Alle mit * markierten Felder werden benötigt.

Name *

E-Mail *

Betreff *

Nachricht *

Eine Kopie dieser Mail erhalten ☐

E-Mail senden

Kontaktformular

Auf jeder Kontaktseite kann Joomla! ein Kontaktformular einblenden (wie es die Abbildung links zeigt). Die Besucher können so direkt im Browser schnell eine Nachricht an Sie schreiben und müssen nicht erst ihr E-Mail-Programm öffnen.

Um das Formular zu erzeugen, wechseln Sie im Backend zum Menüpunkt Komponenten → Kontakte → Kontakte. Suchen Sie jetzt in der Liste den Kontakt, auf dessen Seite Sie das Kontaktformular einblenden möchten. Öffnen Sie seine Einstellungen mit einem Klick auf seinen Titel. Stellen Sie sicher, dass Sie eine gültige E-Mail-Adresse hinterlegt haben. An diese verschickt Joomla! die im Kontaktformular eingegebene Nachricht. Nach dem Speichern & Schließen sollte Joomla! das Formular automatisch auf der entsprechenden Kontaktseite einblenden. Wie das Formular aussieht, hängt vom installierten Template ab. Beim mitgelieferten Protostar müssen Besucher mit einem Klick auf Kontaktformular dieses erst ausfahren.

Sofern Joomla! das Kontaktformular nicht anzeigt, rufen Sie erneut die Einstellungen auf und stellen auf dem Register Formular die Ausklappliste Kontaktformular auf Anzeigen. Umgekehrt können Sie mit dieser Ausklappliste auch das Formular explizit Verbergen lassen. Speichern & Schließen Sie die Einstellungen.

Sollte das Formular immer noch nicht erscheinen, suchen Sie sich den Menüpunkt, der zum entsprechenden Kontakt führt. Rufen Sie unter Menüs das Menü auf, in dem sich der Menüpunkt befindet. Klicken Sie in der Liste auf den Titel des Menüpunktes, wechseln Sie dann in die E-Mail-Optionen, und setzen Sie Kontaktformular auf Anzeigen (beziehungsweise Verbergen). Lassen Sie die Änderungen Speichern & Schließen.

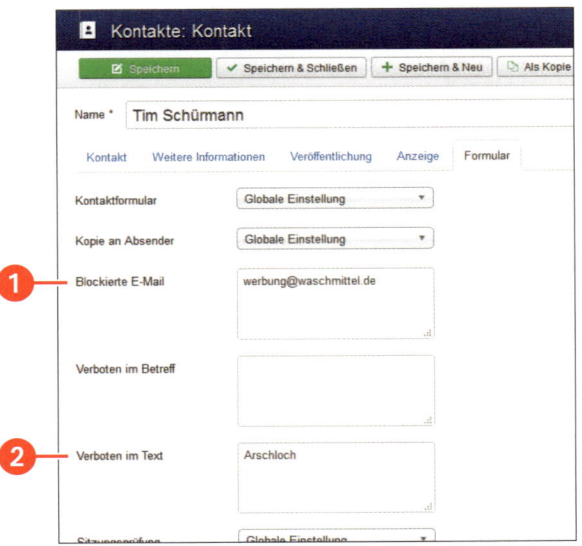

Werbemüll (Spam) reduzieren

Joomla! kann nicht prüfen, wer Ihr Kontaktformular nutzt. Witzbolde können daher über das Kontaktformular beliebige Nonsense-Texte an Sie schicken. Zudem gibt es Computerprogramme, die Sie über das Formular in kurzen Abständen mit Werbung bombardieren.

Derzeit bietet Joomla! leider keine adäquate Abhilfe. Sie können lediglich unter Komponenten → Kontakte → Kontakte auf den Titel des entsprechenden Kontakts klicken und dann auf dem Reiter Formular im Eingabefeld Verboten im Text ❷ ein paar unerwünschte Wörter hinterlegen (wie etwa *Arschloch* und *Viagra*). Eine Nachricht mit solchen Wörtern reicht Joomla! dann erst gar nicht an Sie weiter. Zudem können Sie im Feld Blockierte E-Mail ❶ die E-Mail-Adressen der Spammer hinterlegen (wie etwa *werbung@waschmittel.de*). Auch solche Nachrichten stellt Joomla! dann nicht mehr zu.

Beides ist jedoch keine Hürde für Spammer: E-Mail-Adressen werden einfach erfunden, während die Liste mit den unerwünschten Wörtern nie vollständig sein kann – anstelle von *Viagra* kommt dann eben eine Werbung für *V.I.A.G.r.a* an.

Sie können sich folglich die Pflege der beiden schwarzen Listen sparen. Wenn Sie in Werbung versinken, sollten Sie das Kontaktformular schlichtweg abschalten beziehungsweise verstecken (wie auf der vorherigen Doppelseite beschrieben).

Tim Schürmann

Kontakt

Vereinsvorstand

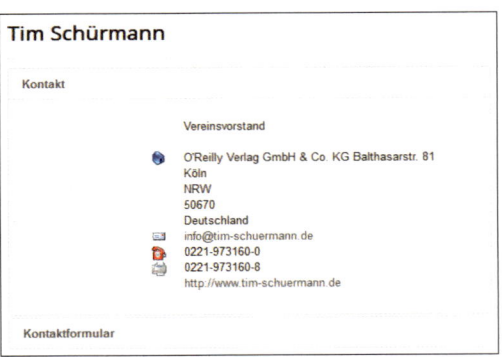

O'Reilly Verlag GmbH & Co. KG Balthasarstr. 81
Köln
NRW
50670
Deutschland
info@tim-schuermann.de
0221-973160-0
0221-973160-8
http://www.tim-schuermann.de

Kontaktformular

Einzelne Informationen anzeigen und verbergen

Wenn Sie in den Einstellungen eines Kontakts eine E-Mail-Adresse hinterlegen, bietet die entsprechende Kontaktseite automatisch das Formular an. Die E-Mail-Adresse behält Joomla! jedoch für sich. Dies soll verhindern, dass Ihre E-Mail-Adresse auf die Adresslisten von Spammern gerät.

Wenn Sie die E-Mail-Adresse dennoch wie in der Abbildung links anzeigen lassen möchten, klicken Sie hinter Komponenten → Kontakte → Kontakte auf den Titel des entsprechenden Kontakts, wechseln auf das Register Anzeige und stellen dort die E-Mail-Adresse auf Anzeigen.

Über die anderen Ausklapplisten können Sie die entsprechenden Informationen ebenfalls explizit verstecken oder anzeigen. Setzen Sie beispielsweise die Adresse auf Verbergen, fehlt auf der Kontaktseite die Anschrift der entsprechenden Person. Lassen Sie abschließend Ihre Einstellungen Speichern & Schließen.

Sofern Joomla! Ihre Änderungen nicht umsetzt, funken eventuell die Einstellungen eines Menüpunkts dazwischen. Ermitteln Sie dann den Menüpunkt, der zur Kontaktseite führt. Rufen Sie unter Menüs das Menü auf, in dem sich der Menüpunkt befindet. Klicken Sie in der Liste auf den Titel des Menüpunkts, wechseln Sie dann in die Kontaktanzeigeoptionen, und setzen Sie dort die gewünschten Informationen auf Anzeigen beziehungsweise Verbergen. Lassen Sie die Änderungen Speichern & Schließen.

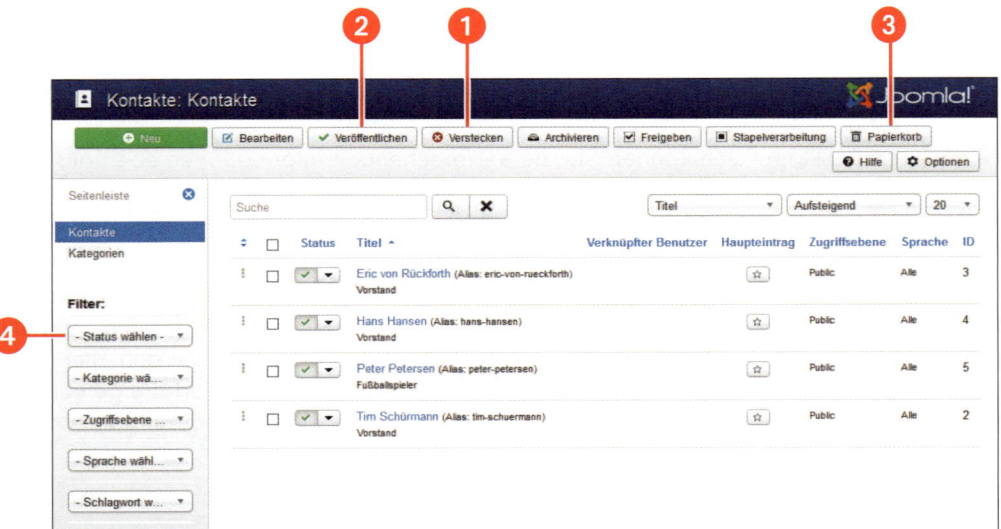

Kontakte verstecken und löschen

Kontakte verwalten Sie genau so wie Beiträge: Wenn Sie einen Kontakt (vorübergehend) von Ihrer Homepage nehmen möchten, rufen Sie im Backend den Menüpunkt Komponenten → Kontakte → Kontakte auf. Setzen Sie in der Zeile des entsprechenden Kontakts in das weiße Kästchen einen Haken, und klicken Sie auf Verstecken ❶. Um die Kontaktseite wieder sichtbar zu machen, setzen Sie wieder einen Haken in das Kästchen und klicken auf Veröffentlichen ❷.

Um einen Kontakt zu löschen, setzen Sie einen Haken in sein Kästchen und schieben ihn dann zunächst in den Papierkorb ❸. Damit nimmt Joomla! die Kontaktseite erst einmal nur von Ihrem Internetauftritt. Stellen Sie – Status wählen – auf Papierkorb ❹. Damit sehen Sie jetzt nur noch seinen Inhalt. Der Kontakt ist dann endgültig Geschichte, wenn Sie einen Haken in sein weißes Kästchen setzen und den Papierkorb leeren lassen.

Warnung

Wenn ein Menüpunkt *direkt* zu einem Kontakt führt und Sie diesen Kontakt löschen oder verstecken, bleibt der Menüpunkt weiterhin bestehen. Klickt ein Besucher den Menüpunkt an, erhält er eine Fehlermeldung. Wenn Sie also einen Kontakt verstecken oder löschen, müssen Sie auch den darauf zeigenden Menüpunkt zumindest verstecken (wie in Kapitel 7 beschrieben).

216

Kontaktkategorien verstecken und löschen

Sie können eine Kontaktkategorie (vorübergehend) verstecken. Die in dieser Kontaktkategorie enthaltenen Kontaktseiten können Ihre Besucher dann nicht mehr aufrufen beziehungsweise ansehen. Um eine Kontaktkategorie zu verstecken, rufen Sie im Backend den Menüpunkt Komponenten → Kontakte → Kategorien auf. In der Zeile der Kontaktkategorie setzen Sie einen Haken in das weiße Kästchen. Klicken Sie dann auf Verstecken ❶. Die Kategorie und somit alle enthaltenen Kontaktseiten machen Sie wieder sichtbar, indem Sie erneut einen Haken in das weiße Kästchen setzen und auf Veröffentlichen ❷ klicken.

Alternativ können Sie auch eine Kontaktkategorie komplett löschen. Dazu müssen Sie zunächst sicherstellen, dass sich keine Kontakte mehr in der Kategorie befinden (indem Sie die Kontakte wie auf der vorherigen Doppelseite beschrieben löschen oder aber in eine andere Kategorie verschieben). Setzen Sie dann hinter Komponenten → Kontakte → Kategorien einen Haken in das weiße Kästchen vor der zu löschenden Kategorie. Anschließend lassen Sie sie in den Papierkorb ❸ werfen. Damit hat Joomla! die enthaltenen Kontakte erst einmal nur von Ihrem Internetauftritt genommen. Um die Kategorie endgültig zu löschen, öffnen Sie die Suchwerkzeuge ❹, stellen – Status wählen – auf Papierkorb ❺, setzen einen Haken in das weiße Kästchen vor der Kategorie und lassen den Papierkorb leeren.

Warnung

Wenn ein Menüpunkt *direkt* zu der Kontaktkategorie führt und Sie diese Kategorie löschen oder verstecken, bleibt der Menüpunkt weiterhin bestehen. Klickt ein Besucher den Menüpunkt an, erhält er eine Fehlermeldung. Wenn Sie also eine Kontaktkategorie verstecken oder löschen, müssen Sie auch den darauf zeigenden Menüpunkt zumindest verstecken (wie in Kapitel 7 beschrieben).

KAPITEL 11 | Suchfunktion

Joomla! besitzt eine eingebaute Suchfunktion, die zu einem eingetippten Begriff alle passenden Seiten Ihres Internetauftritts aufspürt und zur Auswahl stellt. Ihre Besucher müssen natürlich den Suchbegriff auch irgendwo eingeben können. Das geschieht entweder über ein **kleines Eingabefeld**, das ein Modul bereitstellt, oder aber über ein etwas umfangreicheres **Suchformular**, das über einen Menüpunkt zu erreichen ist. Sie können Ihren Besuchern natürlich auch beide Wege anbieten.

Auf Wunsch kann Joomla! die Suchanfragen protokollieren und in einer **Statistik** auswerten. In ihr sehen Sie dann nicht nur, welche Themen die Besucher am meisten nachfragen, sondern auch, ob vielleicht Ihre Menüs einer Überarbeitung bedürfen.

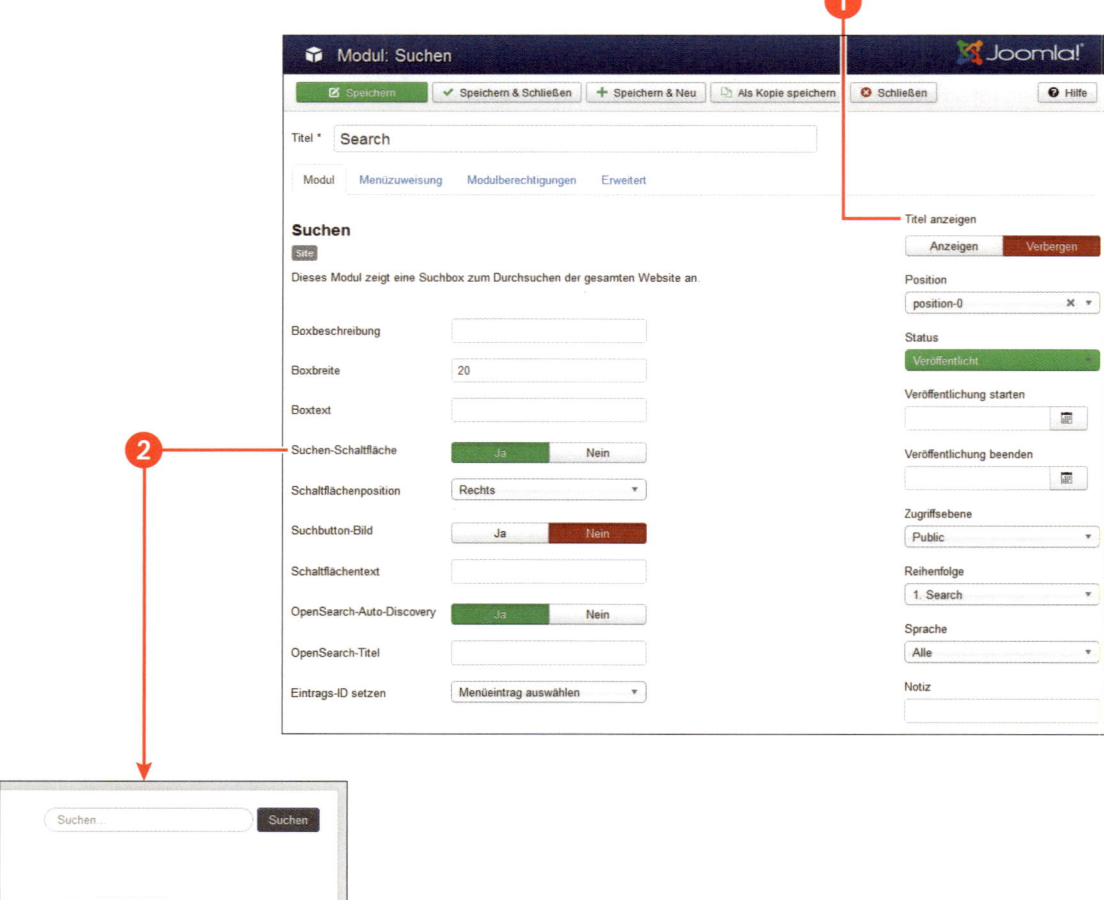

Suchmodul aktivieren

Wenn Sie bei der Installation von Joomla! auch eine Beispiel-Homepage eingespielt haben, finden Sie rechts oben in der Ecke bereits ein Feld für die Suche vor (wie in der Abbildung links). Dieses Eingabefeld stellt ein Modul bereit. Im Backend finden Sie es unter Erweiterungen → Module unter dem Namen Search. Je nach Beispiel-Homepage gibt es zwei Module mit diesem Namen; das richtige thront an der Position position-0. Seine Einstellungen erreichen Sie mit einem Klick auf seinen Titel.

Wenn Sie ein neues Suchmodul erstellen möchten, klicken Sie hinter Erweiterungen → Module auf Neu und entscheiden sich in der Liste für Suchen (*nicht* für den Suchindex).

In jedem Fall erscheint das Formular aus der Abbildung links. Dort können Sie das Modul zunächst an eine andere Position verschieben (wie in Kapitel 6 erklärt). Die meisten Templates bieten für die Suche eine spezielle Position an – das standardmäßig aktivierte Protostar etwa in der rechten oberen Ecke.

Standardmäßig sieht das Suchfeld wie in der Abbildung links aus. Das Modul bittet dabei das Template, den Titel ❶ zu unterdrücken, was das in der Abbildung links verwendete Protostar befolgt.

Der Besucher muss seinen Suchbegriff eintippen und ihn dann mit der Eingabetaste abschicken. Da das nicht selbsterklärend ist, können Sie noch eine Schaltfläche einblenden, über die der Besucher alternativ die Suche anstoßen kann. Dazu setzen Sie Suchen-Schaltfläche ❷ auf Ja. Wie die Schaltfläche aussieht, bestimmt das Template.

Vergessen Sie nicht, Ihre Änderungen zu speichern (etwa via Speichern & Schließen).

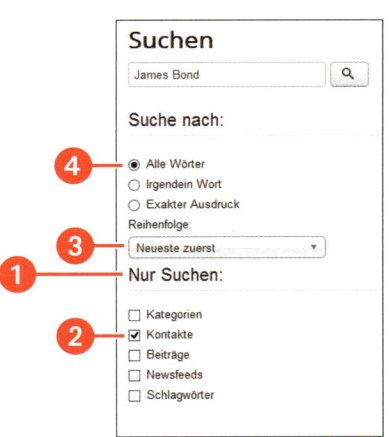

Suchformular bereitstellen

Sie können Ihren Besuchern auch das Suchformular aus der Abbildung links anbieten. Es bietet neben dem Eingabefeld noch weitere Einstellungen.

So können die Besucher zunächst unter Nur Suchen ❶ bestimmte Bereiche von der Suche ausschließen. Möchten sie Joomla! beispielsweise nur in den Kontakten suchen lassen, müssen sie einen Haken vor Kontakte ❷ setzen. Des Weiteren dürfen die Besucher festlegen, in welcher Reihenfolge Joomla! die Fundstücke auflistet ❸. Wenn Sie beispielsweise Alphabetisch einstellen und nach einer Filmkritik mit dem Begriff *James* suchen, erscheint in der Ergebnisliste *James Bond: Goldfinger* über *James Bond: Skyfall*.

Besucher dürfen auch mehrere Begriffe in das Eingabefeld tippen, wie etwa *James Bond*. Wenn sie unter Suche nach ❹ den Punkt Alle Wörter aktiviert lassen, kramt Joomla! sämtliche Beiträge hervor, in denen die Wörter *James* und *Bond* vorkommen. Aktiviert ein Besucher hingegen Irgendein Wort, liefert Joomla! alle Beiträge, in denen entweder irgendwo das Wort *James* oder das Wort *Bond* vorkommt. Selektiert der Besucher Exakter Ausdruck, dann geht Joomla! davon aus, dass die Wörter einen feststehenden Begriff bilden. Im Beispiel würden somit nur die Beiträge gefunden, in denen der Begriff *James Bond* in genau dieser Schreibweise auftaucht.

Das Suchformular erreichen die Besucher nur über einen entsprechenden Menüpunkt. Um diesen anzulegen, rufen Sie im Backend Menüs → Menüs auf. Klicken Sie den Titel des Menüs an, in dem der neue Menüpunkt erscheinen soll. Aktivieren Sie Neu, und klicken Sie dann neben Menüeintragstyp auf Auswählen. Entscheiden Sie sich für Suche und dann für Suchformular oder Suchergebnisse auflisten. Verpassen Sie dem Menüpunkt unter Menütitel noch eine Beschriftung, wie etwa *Suche*, und lassen Sie ihn Speichern & Schließen.

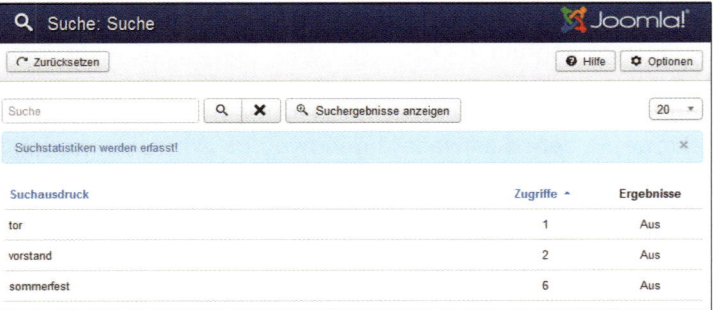

Suchstatistik erstellen

Auf Wunsch zählt Joomla! mit, wie oft welche Begriffe von Ihren Besuchern gesucht wurden. Um diese Zählung zu aktivieren, rufen Sie im Backend Komponenten → Suche auf und wechseln dann in die Optionen. Hier schalten Sie Suchstatistiken erfassen auf Ja und lassen diese Änderung Speichern & Schließen.

Alle ab jetzt gesuchten Begriffe finden Sie in der Liste hinter Komponenten → Suche. In der Spalte Zugriffe verrät Joomla! dabei, wie oft der jeweilige Begriff bereits gesucht wurde. In der Abbildung links wurde beispielsweise der Begriff *Sommerfest* schon insgesamt 6-mal gesucht.

Mit einem Klick auf die Spaltenüberschrift Zugriffe können Sie die Reihenfolge in der Liste umdrehen. Sie sehen dann die am häufigsten gesuchten Begriffe zuerst. Die Liste aktualisiert Joomla! nicht automatisch, Sie müssen stattdessen erneut Komponenten → Suche aufrufen. Über Zurücksetzen können Sie die Zählung von Neuem starten, Joomla! löscht dann die bis dahin gesammelten Suchbegriffe.

Warnung

Das Sammeln und Berechnen der Suchstatistik kostet zusätzliche Rechenzeit, wodurch sich unter Umständen die Auslieferung der Webseiten verzögern kann. Wenn sich Ihre Seite verlangsamt, schalten Sie die Statistik wieder ab, indem Sie unter Komponenten → Suche in den Optionen den Punkt Suchstatistiken erfassen auf Nein setzen und dann die Änderungen Speichern & Schließen lassen.

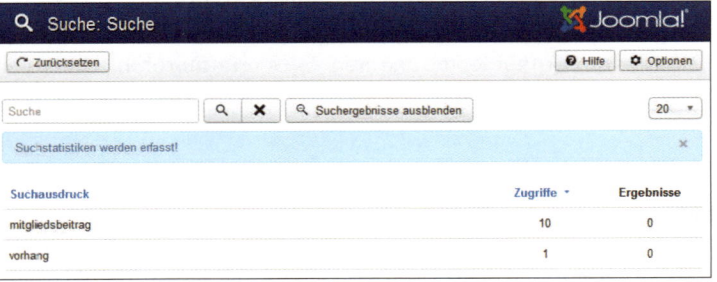

Suchstatistik interpretieren

Ein Besucher nutzt die Suchfunktion vor allem dann, wenn er einen bestimmten Beitrag nicht schnell genug finden konnte. Häufige Suchanfragen weisen somit auf einen **fehlerhaften oder suboptimalen Aufbau der Homepage** hin – andernfalls hätten die Besucher den wesentlich bequemeren Weg über das Menü genommen. Sie sollten daher regelmäßig die Liste unter Komponenten → Suche aufrufen und sich dort den besonders häufig gesuchten Begriffen widmen. Überprüfen Sie dann Folgendes:

- **Existiert überhaupt ein Beitrag oder ein Kontakt zu diesem Begriff?** Wenn Besucher auf einer Vereinsseite häufig nach *Mitgliedsbeiträgen* suchen, dann sollten Sie auch auf Ihren Seiten eine Preistabelle anbieten.

- **Existiert ein Beitrag zu einem ähnlichen Thema oder mit einem Synonym?** Beispielsweise könnten Sie einen Beitrag über *Gardinen* erstellt haben, während Ihre Besucher jedoch nach *Vorhängen* suchen. In diesem Fall sollten Sie den Begriff *Vorhänge* in den Beitrag aufnehmen oder vielleicht sogar dessen Titel ändern.

- **Sind die Beiträge und Kontakte zu diesem Begriff leicht über Ihre Menüs zu erreichen?** Zu den besonders häufig gesuchten *Mitgliedsbeiträgen* sollten möglichst wenige Mausklicks führen. Wenn das nicht der Fall ist, passen Sie gegebenenfalls Ihr Menü an. Bei extrem hohem Interesse empfiehlt es sich sogar, direkt einen Menüpunkt im Hauptmenü zu den Mitgliedsbeiträgen führen zu lassen.

Aktiv werden müssen Sie allerdings nur dann, wenn die Zugriffe eines Suchbegriffs deutlich höher sindals die der anderen Suchbegriffe.

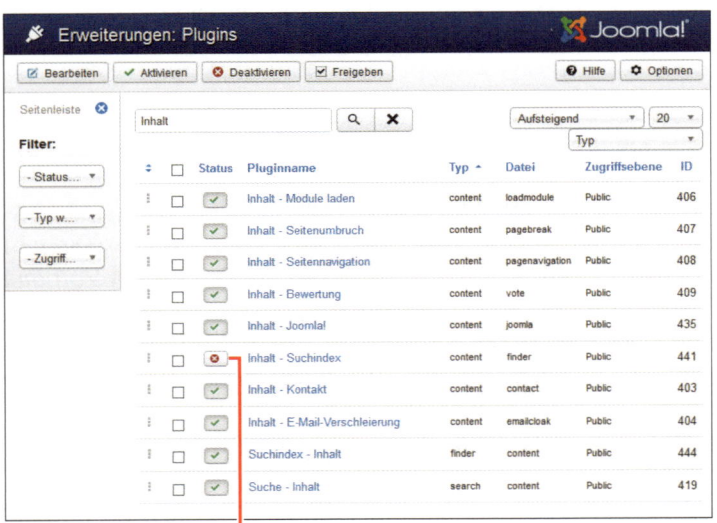

Suchindex aktivieren

Seit Joomla! 2.5 bietet Joomla! noch eine zweite, alternative und runderneuerte Suchfunktion namens **Smart Seach** an. Ins Deutsche wurde sie etwas sperrig mit **Suchindex** übersetzt. Sie analysiert zunächst alle in Joomla! gespeicherten Inhalte. Diesen Vorgang bezeichnet man als **Indexierung**. Dank dieser Vorarbeit liefert die Suchfunktion nicht nur wesentlich schneller Ergebnisse, sie kann sie auch nach Relevanz sortieren und dem Besucher alternative Suchbegriffe vorschlagen – beispielsweise anstelle von *Football* den Begriff *Fußball*. In den letzten Joomla!-Versionen war diese Suchfunktion allerdings noch nicht ganz ausgereift. Die Joomla!-Entwickler schalten daher Smart Search standardmäßig ab. Auf Ihrem Server sollten Sie sie nur dann einschalten, wenn Sie Smart Search vorher in einer Joomla!-Testinstallation ausprobiert haben.

Um die neue Suchfunktion zu aktivieren, rufen Sie im Backend Erweiterungen → Plugins auf. Suchen Sie in der Liste Inhalt – Suchindex, und klicken Sie in der entsprechenden Zeile auf das Symbol mit dem roten Kreis in der Spalte Status ❶. Das Symbol ändert sich in einen grünen Haken, womit Sie die Suchfunktion aktiviert haben. (Was es mit den Plugins auf sich hat, erkläre ich später noch in Kapitel 13.)

Klicken Sie jetzt hinter Komponenten → Suchindex auf Indexieren. Damit analysiert Joomla! die schon vorhandenen Inhalte, was eine Weile dauert. Wenn die Meldung success erscheint, schließen Sie das Fenster über das kleine X rechts oben in seiner Ecke. In der Liste erscheinen jetzt alle Begriffe, die aus der Sicht von Joomla! irgendwann einmal ein Besucher suchen könnte. Diese Begriffe nutzt Joomla! insbesondere bei der Vorschlagsfunktion. Neue Inhalte analysiert Joomla! ab jetzt automatisch, weshalb beim Speichern eines Beitrags immer eine kleine Zwangspause entsteht. Sollten Sie dennoch einmal Begriffe in der Liste vermissen, rufen Sie einfach erneut Indexieren auf. Index leeren löscht die Liste mit den Begriffen.

Suchbegriffe:	sommerfest		🔍 Suchen	☰ Erweiterte Suche

Einige Beispiele zur Benutzung der Suche mit logischen Operatoren:

Die Eingabe von „dies und das" in das Suchfeld zeigt alle Ergebnisse, die beide Wörter, „dies" und „das" enthalten.

Die Eingabe von „dies nicht das" zeigt alle Ergebnisse, die „dies", aber nicht „das" enthalten.

Die Eingabe von „dies oder das" zeigt alle Ergebnisse, die entweder „dies" oder „das" enthalten.

Die Eingabe von "dies und das" (mit Anführungszeichen) zeigt alle Ergebnisse, die genau die Wortfolge "dies und das" enthalten.

Suche nach Autor	Nach allen ▾
Suche nach Kategorie	Nach allen ▾
Suche nach Land	Nach allen ▾
Suche nach Sprache	Nach allen ▾
Suche nach Region	Nach allen ▾
Suche nach Typ	Nach allen ▾

Suchindex in die Internetseiten einbinden

Damit Ihre Besucher die neue schicke Suchfunktion nutzen können, müssen Sie einen entsprechenden Menüpunkt einrichten. Der führt dann direkt zu dem Formular aus der Abbildung links. Voraussetzung ist, dass der Suchindex aktiviert ist und Joomla! Ihre Inhalte indexiert hat (wie auf der vorherigen Doppelseite beschrieben).

Rufen Sie dann im Backend Menüs → Menüs auf, und klicken Sie in Liste den Titel des Menüs an, in dem der neue Menüpunkt zukünftig residieren soll. Klicken Sie auf Neu und im Formular neben Menüeintragstyp auf Auswählen. Entscheiden Sie sich für den Suchindex und dann für die Suche. Geben Sie dem Menüpunkt im Feld Menütitel noch eine passende Beschriftung – wie etwa Suche –, und lassen ihn Speichern & Schließen.

Über den Menüpunkt erreichen Besucher das Formular aus der Abbildung links. Die Ausklapplisten erscheinen nach einem Klick auf Erweiterte Suche. Über sie lässt sich die Suche einschränken. Stellt der Besucher etwa Hans Hansen unter Suche nach Autor ein, liefert Joomla! nur Beiträge von Hans Hansen zurück.

Neben dem Formular können Sie auch noch ein zum Suchindex passendes Modul aktivieren. Es zeigt wie sein Kollege von Seite 221 einfach nur ein Eingabefeld, nutzt aber die neue Suchindex-Suchfunktion. Um das Modul einzurichten, rufen Sie im Backend Erweiterungen → Module auf, klicken Neu an, entscheiden sich für den Suchindex, schieben das Modul an eine geeignete Position, vergeben einen Titel und lassen es Speichern & Schließen.

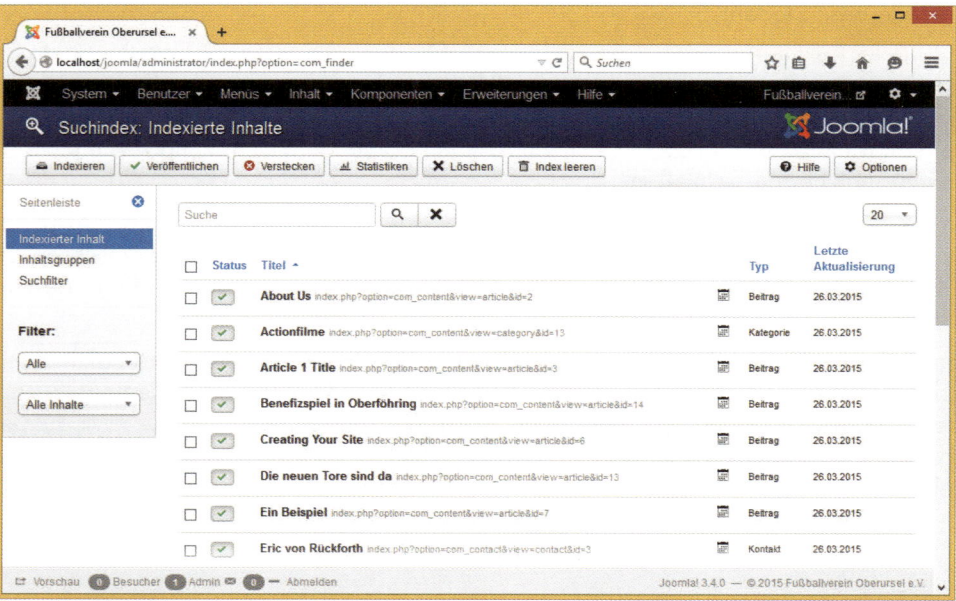

Probleme beim Einsatz des Suchindex

Der Suchindex und die normale Suchfunktion arbeiten beide unabhängig voneinander. Sie können folglich beide Suchfunktionen auf Ihren Seiten anbieten und sogar mischen. So könnte ein Menüpunkt zum Formular zur Suchindex-Suchfunktion führen, während das Suchen-Modul noch die alte, herkömmliche Suchfunktion bemüht.

Um sich und Ihre Besucher nicht zu verwirren, sollten Sie immer nur eine der beiden Suchfunktionen nutzen. Wenn Sie den Suchindex bevorzugen, sollten Sie deshalb das normale Suchmodul abschalten und den Menüpunkt entfernen, der zu dem normalen Suchformular führt.

Wenn Sie den Suchindex nutzen, erstellt Joomla! im Hintergrund keine Statistik. Sie erfahren also nicht, welche Begriffe Ihre Besucher besonders häufig suchen. In der Liste hinter Komponenten → Suchindex sehen Sie nur alle von der Suchfunktion indizierten Begriffe (wie in der Abbildung links). Ein Klick auf die Schaltfläche Statistiken liefert lediglich eine Aufstellung, wie viele Begriffe beziehungsweise Ausdrücke die Suchfunktion in ihrem Index erfasst hat.

Tipp

Wenn Sie jetzt unsicher sind, ignorieren Sie den Suchindex und somit die Seiten 229 bis 233.

KAPITEL 12 | Benutzer verwalten

Mit der eingebauten Benutzerverwaltung von Joomla! können Sie …

- ausgewählte Beiträge nur ganz bestimmten Besuchergruppen zugänglich machen.
- ausgewählten Personen erlauben, eigene Beiträge zu schreiben.
- ausgewählten Personen (eingeschränkten) Zugang zum Backend verschaffen.

In einem Sportverein könnten Sie beispielsweise den Finanzbericht ausschließlich den Vereinsmitgliedern zugänglich machen. Des Weiteren könnten Sie den Trainern erlauben, Spielberichte einzureichen. Diese müssen Sie dann als Seitenbetreiber nur noch kontrollieren und veröffentlichen. Abschließend können Sie jedem Vorstandsmitglied Zugriff auf das Backend verschaffen und sich so die Pflege des Internetauftritts teilen.

Damit Joomla! diese bevorzugten Benutzer von normalen Besuchern unterscheiden kann, müssen Sie für jede dieser Personen ein eigenes **Benutzerkonto** einrichten. Wie das im Einzelnen funktioniert, erfahren Sie auf den folgenden Seiten.

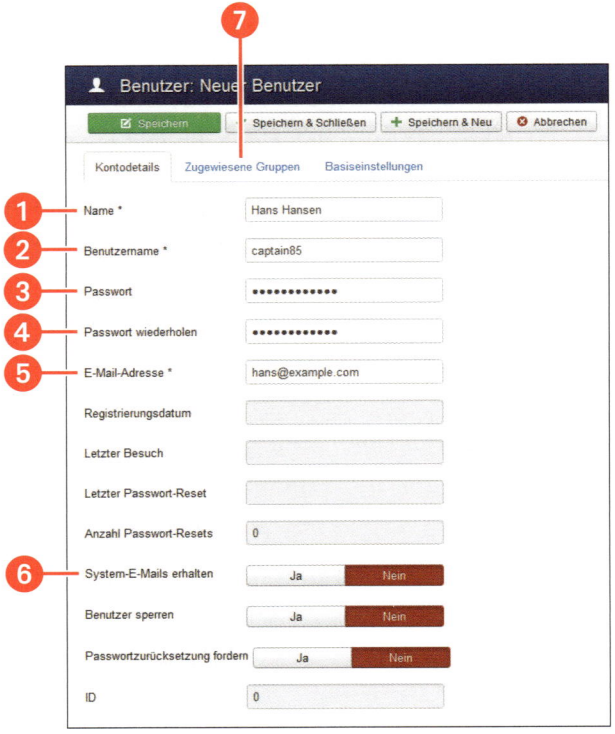

Benutzer erstellen

Um Joomla! mit einem neuen Benutzer bekannt zu machen, rufen Sie im Backend den Menüpunkt Benutzer → Benutzer → Neuer Benutzer auf. Damit erscheint das Formular aus der Abbildung links. Wichtig sind zunächst nur die abgefragten Informationen auf dem Register Kontodetails. Im obersten Feld hinterlegen Sie den vollständigen Namen des Benutzers ❶, wie etwa *Hans Hansen*.

Danach denken Sie sich einen Benutzernamen ❷ und ein Passwort ❸ aus. Mit diesem Duo muss sich der neue Benutzer später gegenüber Joomla! ausweisen. Erst danach kann er auf geschützte Bereiche zugreifen. Der Benutzername sollte sich dabei möglichst nicht aus dem richtigen Namen der Person ableiten oder erraten lassen. Das Passwort wiederum sollte aus Groß- und Kleinbuchstaben, Zahlen und Sonderzeichen bestehen sowie mindestens 12 Zeichen umfassen. Beide Maßnahmen erschweren es Angreifen, den Benutzernamen und das Passwort zu erraten. Das Passwort müssen Sie blind eingeben. Damit sich dabei kein Tippfehler einschleicht, müssen Sie es im Eingabefeld darunter noch einmal wiederholen ❹.

Abschließend geben Sie noch die E-Mail-Adresse des neuen Benutzers ein ❺. Diese E-Mail-Adresse muss existieren: Sollte der Benutzer sein Passwort oder seinen Benutzernamen vergessen haben, sendet ihm Joomla! an dieses Postfach eine Erinnerungsnachricht (dazu sage ich später ab Seite 253 noch mehr).

Wenn Sie System-E-Mails erhalten ❻ auf Ja setzen, schickt Joomla! der Person auch wichtige Systemmeldungen. Diese sind jedoch ausschließlich für den oder die Betreiber der Seite bestimmt. Setzen Sie daher hier nur dann ein Ja, wenn Ihnen die Person bei der Verwaltung von Joomla! helfen und somit Zugang zum Backend erhalten soll.

Weiter geht es jetzt auf dem Register Zugewiesene Gruppen ❼, das ich auf der nächsten Doppelseite erkläre.

238

Benutzergruppen – Teil 1

Als Nächstes müssen Sie noch festlegen, was der Benutzer alles anstellen darf. Dazu wechseln Sie auf das Register Zugewiesene Gruppen. Auf ihm stecken Sie den Benutzer in eine oder mehrere der angebotenen Benutzergruppen. Abhängig von der Gruppe darf der Benutzer dann folgende Aktionen ausführen:

- **Public**: Ein Mitglied dieser Gruppe darf lediglich die Seiten im Frontend betrachten; das Backend bleibt tabu.
- **Guest**: Genau wie bei Public dürfen Mitglieder nur die Seiten im Frontend anschauen.
- **Registered**: Mitglieder dieser Gruppe können sich auf der Startseite Ihres Internetauftritts anmelden und bekommen exklusive Beiträge zu Gesicht, die normale Gäste nicht sehen.
- **Author**: Die Mitglieder dürfen die gleichen Aktionen ausführen wie ihre Kollegen in der Gruppe Registered. Zusätzlich dürfen die Mitglieder der Gruppe Author im Frontend über ein entsprechendes Formular Beiträge einreichen und ihre eigenen Beiträge ändern.
- **Editor**: Es sind die gleichen Aktionen wie bei Author erlaubt. Zusätzlich dürfen die Mitglieder der Gruppe Editor sämtliche Beiträge ändern (also auch die Beiträge von anderen Benutzern).
- **Publisher**: Ein Mitglied der Gruppe Publisher darf die gleichen Aktionen ausführen wie ein Editor, wobei es zusätzlich Beiträge freigeben beziehungsweise sperren darf.

Die übrigen Gruppen erlauben den Zugang zum Backend und werden auf der nächsten Doppelseite vorgestellt.

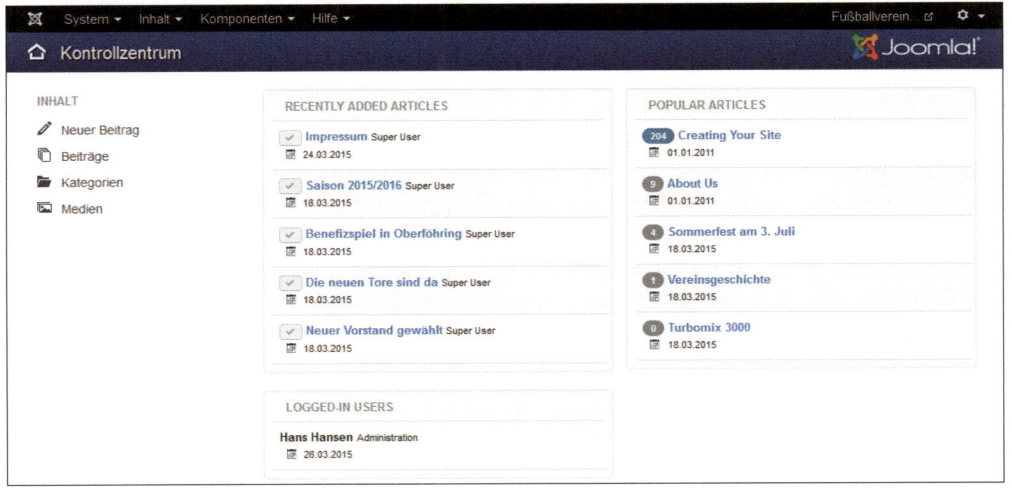

Benutzergruppen – Teil 2

Wenn Sie dem Benutzer Zugang zum Backend erlauben möchten, müssen Sie ihn in eine der folgenden Gruppen stecken:

- **Manager**: Die Mitglieder dieser Gruppe dürfen die gleichen Aktionen ausführen wie Publisher. Zusätzlich dürfen sie sich im Backend anmelden und dort Inhalte anlegen und erstellen. Alle anderen Aktionen sind tabu; Joomla! blendet die entsprechenden Menüpunkte aus (wie in der Abbildung links).
- **Administrator**: Mitglieder dieser Gruppe sind mit dem Seitenbetreiber fast gleichgestellt. Sie dürfen allerdings nicht die Grundeinstellungen ändern, einen Benutzer zum Super User erheben, E-Mails an alle Benutzer absenden, Templates austauschen und Sprachen wechseln.
- **Super Users**: Mitglieder dieser Gruppe haben Zutritt zu allen Bereichen und Einstellungen.

Wenn Sie bei der Installation von Joomla! das Beispiel *Joomla! erlernen* eingespielt haben, finden Sie in der Liste noch die Gruppen Shop Suppliers und Customer Group. Sie sind für die Beispiel-Homepage gedacht und für eigene Seiten nutzlos.

Überlegen Sie sich jetzt, welche Aktionen der Benutzer ausführen darf. Soll er beispielsweise Beiträge lesen und eigene einreichen können, dann müssen Sie mit einem Mausklick einen Haken in das Kästchen vor der Gruppe Author setzen. Haben Sie den Benutzer auf diese Weise in mindestens eine Gruppe gesteckt, klicken Sie auf Speichern & Schließen. Joomla! erstellt jetzt für die Person ein neues Benutzerkonto.

Warnung

Erlauben Sie dem Benutzer nur so viel wie eben nötig: Wenn Hans Hansen nur Beiträge einreichen können soll, benötigt er keinen Zugriff auf das Backend!

Benutzerregistrierung

* Benötigtes Feld

Name: *   Peter Petersen

Benutzername: *   peterpe

Passwort: *   ••••••

Passwort bestätigen: *   ••••••

E-Mail-Adresse: * peter@example.com

E-Mail-Adresse
bestätigen: *   peter@example.com

[Registrieren] [Abbrechen]

Registrierungsformular einrichten

Sie können Ihren Besuchern ein Registrierungsformular anbieten, über das die Besucher selbst ein Benutzerkonto anlegen beziehungsweise beantragen können. Dazu müssen Sie lediglich einen passenden Menüpunkt einrichten:

Öffnen Sie im Backend das Menü Menüs, und rufen Sie dann das Menü auf, in dem Sie den Menüpunkt anlegen möchten. Klicken Sie auf Neu, und denken Sie sich einen passenden Menütitel aus — wie etwa schlicht *Registrierung*. Klicken Sie neben Menüeintragstyp auf Auswählen, klappen Sie Benutzer auf, und entscheiden Sie sich dort für das Registrierungsformular. Nach dem Speichern & Schließen erreichen Ihre Besucher über den neuen Menüpunkt das Formular aus der Abbildung links. Es fragt die gleichen Informationen ab, die Sie schon aus dem Backend kennen.

Joomla! 3.4 und auch die eigentlich fehlerkorrigierte Version 3.4.1 enthalten jedoch noch einen Fehler, durch den das falsche Formular erscheint (über dieses können sich Benutzer anmelden, aber nicht registrieren). Sie können hier nur abwarten, bis die Joomla!-Entwickler diesen Fehler korrigieren und müssen folglich bis dahin die Benutzerkonten selbst anlegen. Die Abbildung links zeigt das Formular aus Joomla! 3.3.

Nach einem Klick auf Registrieren erstellt Joomla! ein Benutzerkonto, das aber noch deaktiviert ist. Gleichzeitig schickt Joomla! dem neuen Benutzer eine E-Mail mit einem Link. Erst wenn der Benutzer diesen anklickt, schaltet Joomla! das Benutzerkonto frei. Diese Maßnahme soll verhindern, dass Spaßbolde munter Benutzerkonten für ihre Nachbarn einrichten und damit Schabernack treiben. Sie als Seitenbetreiber können das Benutzerkonto aber auch im Backend manuell aktivieren. Das ist etwa nützlich, wenn beim Versand der E-Mail etwas schiefläuft. Dazu rufen Sie Benutzer → Benutzer auf, suchen dann die Zeile mit dem neuen Benutzerkonto und klicken in ihr in der Spalte Aktiviert auf das kleine rote Symbol. Dieses verwandelt sich dann in einen Haken, und das Benutzerkonto ist aktiviert. Wer über das Registrierungsformular ein Benutzerkonto beantragt, den steckt Joomla! automatisch in die Benutzergruppe *Registered*.

Benutzer verwalten und löschen

Hinter Benutzer → Benutzer listet Joomla! sämtliche ihm bekannte Benutzer auf. Wenn Sie schnell einen ganz bestimmten Benutzer finden müssen, tippen Sie einen Teil seines Namens in das Such-feld ❶ und klicken auf die Lupe. Joomla! blendet dann nur noch alle Benutzer ein, die zu diesem Namen passen. Zusätzlich können Sie die Suchwerkzeuge ❷ öffnen und dann über die Ausklapp-listen die Darstellung weiter einschränken. Möchten Sie beispielsweise ausschließlich alle Benutzer sehen, die sich in der Gruppe *Registered* befinden, stellen Sie – Gruppe wählen – ❸ auf Registered. Via Zurücksetzen ❹ heben Sie alle Einschränkungen wieder auf.

Um die Einstellungen für einen Benutzer oder seine Gruppenzugehörigkeit zu ändern, klicken Sie ein-fach auf den Namen der Person. Sie landen dann im bekannten Formular von Seite 237, in dem Sie Ihre Änderungen vornehmen dürfen. Dort erfahren Sie übrigens auf dem Register Kontodetails, wann das Benutzerkonto für den Benutzer erstellt wurde (neben Registrierungsdatum) und wann sich der Benutzer zum letzten Mal bei Joomla! angemeldet hat (neben Letzter Besuch). Diese beiden Informa-tionen verrät auch die Liste hinter Benutzer → Benutzer in den hinteren beiden Spalten ❺.

Wenn Sie ein Benutzerkonto löschen möchten, suchen Sie den Benutzer in der Liste und setzen dann in seiner Zeile einen Haken in das Kästchen ganz links. Klicken Sie dann auf Löschen. Doch Vor-sicht: Joomla! löscht dann das komplette Benutzerkonto ohne Rückfrage! Der Benutzer ist damit gleichzeitig ausgesperrt.

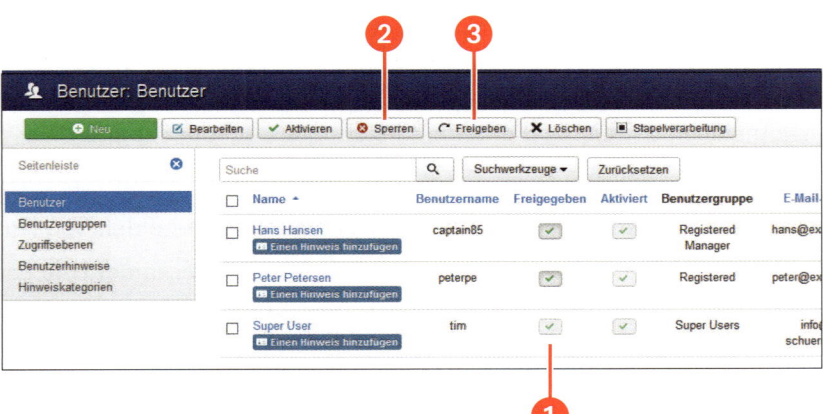

Benutzer sperren

Wenn sich ein Benutzer danebenbenimmt und etwa anzügliche Texte oder gar Werbung auf Ihren Seiten publiziert, können Sie sein Benutzerkonto vorübergehend sperren. Das Konto existiert dann zwar weiterhin, der Benutzer kann sich aber nicht mehr bei Joomla! anmelden. Um einen Benutzer zu sperren, rufen Sie im Backend Benutzer → Benutzer auf. Jetzt haben Sie mehrere Möglichkeiten:

- Suchen Sie den Benutzer in der Liste, und klicken Sie in seiner Zeile in der Spalte Freigegeben ❶ auf den grünen Haken. Um später die Sperrung wieder aufzuheben, klicken Sie in der Spalte Freigegeben auf den roten Kreis.

- Suchen Sie den Benutzer in der Liste, und setzen Sie in seiner Zeile einen Haken in das weiße Kästchen. Klicken Sie dann auf Sperren ❷. Um das Konto wieder zu entsperren, setzen Sie wieder einen Haken in das Kästchen und klicken dann auf Freigeben ❸.

- Klicken Sie auf den Namen des Benutzers, setzen Sie auf dem Register Kontodetails den Punkt Benutzer sperren auf Ja, und Speichern & Schließen Sie die Einstellungen. Wenn Sie auf dem gleichen Weg Benutzer sperren wieder auf Nein setzen, heben Sie die Sperrung wieder auf.

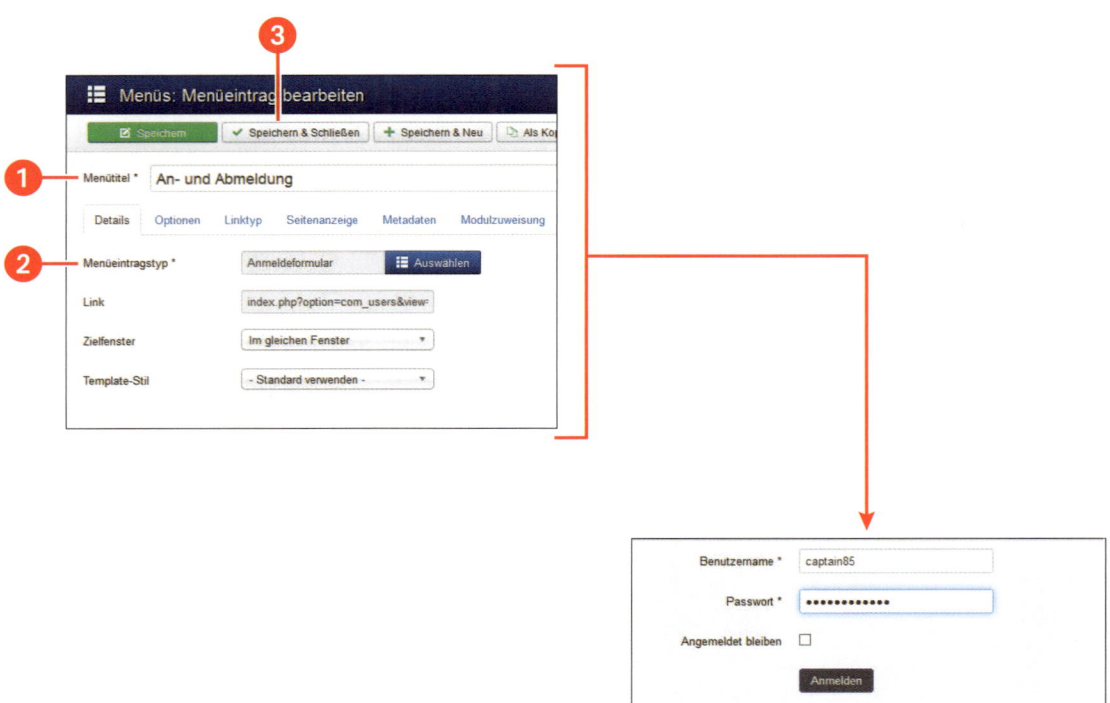

248

An- und Abmeldeformular anbieten

Damit die Benutzer exklusive Beiträge zu Gesicht bekommen und Beiträge einreichen dürfen, müssen sie sich mit ihrem Benutzernamen und ihrem Passwort bei Joomla! anmelden. Wenn Sie das Benutzerkonto im Backend erstellt haben, müssen Sie dem Benutzer folglich seinen Benutzernamen und sein Passwort mitteilen – etwa per Telefon oder E-Mail.

Die Anmeldung erfolgt dann über ein entsprechendes Formular, auf das Sie allerdings erst noch einen Menüpunkt einrichten müssen. Klappen Sie dazu im Backend den Menüpunkt Menüs auf. Klicken Sie dann das Menü an, in dem der neue Menüpunkt auftauchen soll. Aktivieren Sie Neu, und vergeben Sie einen geeigneten Menütitel, wie etwa schlicht *An- und Abmeldung* ❶. Klicken Sie neben Menüeintragstyp auf Auswählen ❷, entscheiden Sie sich für Benutzer und dann für das Anmeldeformular. Lassen Sie den Menüpunkt Speichern & Schließen ❸.

Auf Ihren Seiten gelangen jetzt Besucher über den Menüpunkt zum Formular aus der Abbildung links. Dort müssen sie nur ihren Benutzernamen und das Passwort eintippen. Nach einem Klick auf Anmelden erkennt Joomla! sie und leitet sie automatisch auf ihre Profilseite. Um diese Seite kümmern wir uns gleich noch ausführlich auf Seite 263.

Ein Benutzer sollte sich nach der Arbeit immer wieder abmelden. Damit wird verhindert, dass ein Angreifer aus dem Internet das Konto des Benutzers übernehmen kann. Um sich abzumelden, muss der Benutzer einfach erneut den Menüpunkt aufrufen und dann auf Abmelden klicken. Aus diesem Grund sollten Sie den Menüpunkt nicht nur einfach mit *Anmeldung*, sondern besser mit *An- und Abmeldung* beschriften.

Sofern der Benutzer das Backend betreten darf, meldet er sich dann über den gleichen Anmeldebildschirm an, den auch Sie immer verwenden (siehe »Am Backend anmelden« auf Seite 55).

Login Form

👤	Benutzername

🔒	Passwort

☐ Angemeldet bleiben

Anmelden

Benutzername vergessen?
Passwort vergessen?

Das Login-Modul

Benutzer können sich auch über ein spezielles Login-Modul anmelden (wie es die Abbildung links zeigt). Wenn Sie bei der Installation von Joomla! eine Beispiel-Homepage installiert haben, finden Sie das Login-Modul rechts unten auf der Startseite. Über dieses Modul können sich auch neue Benutzer registrieren. Sie können das Modul folglich zusätzlich oder alternativ zu den passenden Menüpunkten bereitstellen.

Sie erstellen ein solches Modul, indem Sie im Backend zum Menüpunkt Erweiterungen → Module wechseln, auf Neu klicken und sich für Benutzer – Anmeldung entscheiden. Schieben Sie das Modul an die gewünschte Position. Wie das funktioniert, hat bereits Abschnitt »Module umpositionieren« auf Seite 131 gezeigt. Vergeben Sie noch einen passenden Titel, und lassen Sie das neue Modul Speichern & Schließen.

Anwender müssen zur Anmeldung jetzt lediglich im oberen Eingabefeld ihren Benutzernamen und im Feld darunter ihr Passwort hinterlegen. Nach einem Klick auf Anmelden bietet das Login-Modul auch direkt wieder die Abmeldung an.

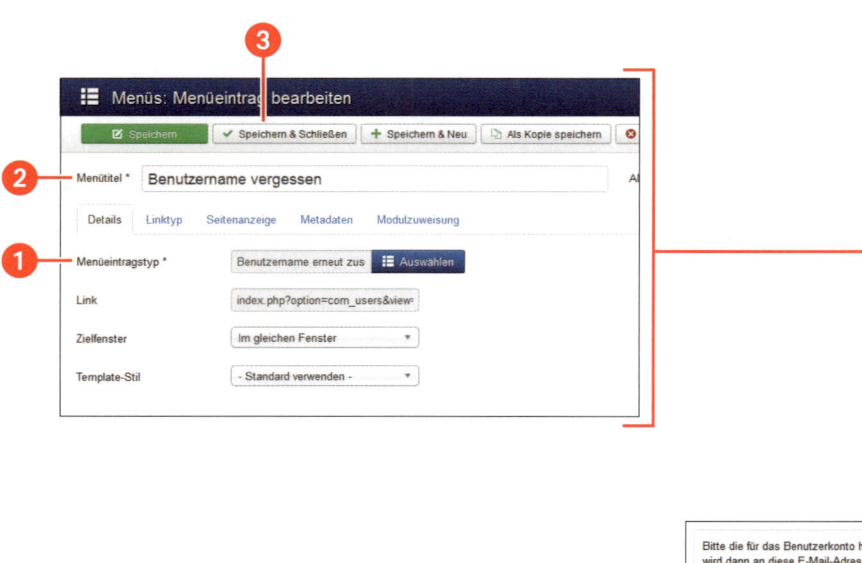

Vergessene Benutzernamen und Passwörter

Wenn ein Benutzer seinen Benutzernamen oder sein Passwort vergisst, kann er bei Joomla! ein neues anfordern. Dazu klickt er im Login-Modul (das die vorherige Doppelseite vorgestellt hat) auf den Link Benutzername vergessen beziehungsweise Passwort vergessen. In jedem Fall muss er dann seine E-Mail-Adresse eintippen und auf Senden klicken. Joomla! schickt ihm dann per E-Mail seinen Benutzernamen beziehungsweise ein neues Passwort zu.

Wenn Sie das Login-Modul nicht verwenden, können Sie auch passende Menüpunkte einrichten: Klappen Sie im Backend den Menüpunkt Menüs auf, und klicken Sie das Menü an, in dem der Menüpunkt erscheinen soll. Weiter geht es über Neu, dann klicken Sie neben Menüeintragstyp auf Auswählen ❶ und schließlich auf Benutzer. Damit sich der Benutzer an seinen Benutzernamen erinnern lassen kann, klicken Sie auf Benutzername erneut zusenden. Vergeben Sie einen passenden Menütitel, wie *Benutzername vergessen* ❷, und lassen Sie den Menüpunkt Speichern & Schließen ❸. Es fehlt noch ein Menüpunkt, über den der Benutzer sich ein neues Passwort zusenden lassen kann: Klicken Sie auf Neu, dann neben Menüeintragstyp auf Auswählen und Benutzer. Entscheiden Sie sich für Passwort zurücksetzen, und vergeben Sie einen Menütitel, wie *Passwort vergessen*. Lassen Sie den Menüpunkt Speichern & Schließen.

Warnung

Damit dieses Sicherheitsnetz funktioniert, muss Joomla! E-Mails versenden können. Zudem muss sich der Benutzer noch an seine E-Mail-Adresse erinnern.

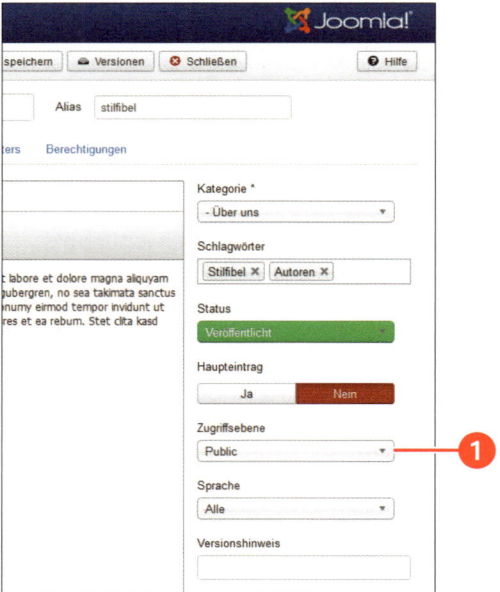

Exklusive Beiträge

Mitunter sollen einige Beiträge nur ganz bestimmte Benutzergruppen sehen dürfen. Beispielsweise könnten Sie einen kurze Stilfibel für Ihre Autoren schreiben. Um solch einen Beitrag für alle normalen Besucher auszublenden, rufen Sie zunächst die Einstellungen des Beitrags auf. Dazu wechseln Sie im Backend zum Menüpunkt Inhalt → Beiträge und klicken auf den Titel des betroffenen Beitrags. Auf dem Register Inhalt wählen Sie jetzt auf der rechten Seite unter Zugriffsebene ❶, wer den Beitrag zukünftig zu Gesicht bekommen soll. Im Falle von …

- Public dürfen alle Besucher den Beitrag sehen.
- Registered sehen nur noch alle gerade bei Joomla! angemeldeten Benutzer den Beitrag.
- Special sehen alle angemeldeten Benutzer den Beitrag, sofern sie *nicht* den Benutzergruppen Public und Registered angehören. Einen solchen Beitrag dürfen folglich nur Benutzer lesen, die auch neue Beiträge schreiben dürfen.
- Super Users dürfen nur noch alle Super User den Beitrag ansehen.
- Guest sehen ausschließlich solche Besucher den Beitrag, die *nicht* gerade angemeldet sind. Diese Einstellung ist in der Praxis weitgehend nutzlos.

Für die Stilfibel bietet sich die Einstellung Special an. Wenn Sie Ihre Änderung vorgenommen haben, lassen Sie den Beitrag Speichern & Schließen.

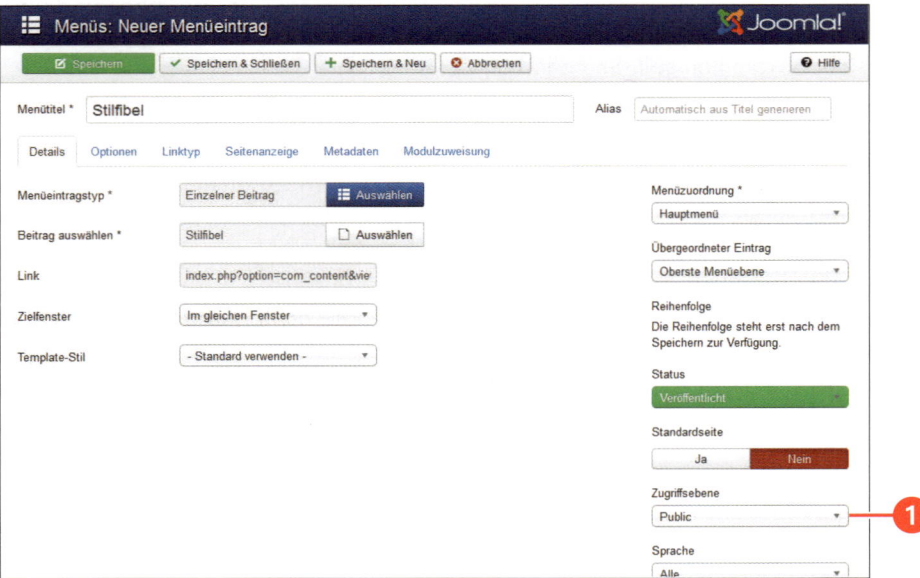

Exklusive Menüpunkte und Menüs

Neben den Beiträgen können Sie auch einzelne Menüpunkte nur angemeldeten Benutzern zugänglich machen. Dazu rufen Sie zunächst die Einstellungen des entsprechenden Menüpunkts auf (indem Sie im Backend unter Menüs sein Menü aufrufen und dann den Menüpunkt in der Liste anklicken).

Wählen Sie auf dem Register Details die passende Zugriffsebene ❶. Die angebotenen Einstellungen entsprechen denen auf der vorherigen Doppelseite. Wenn Sie beispielsweise Registered wählen, zeigt Joomla! den Menüpunkt nur noch allen gerade angemeldeten Benutzern an. Lassen Sie Ihre Änderungen Speichern & Schließen.

Wenn Sie gleich ein komplettes Menü vor den normalen Besuchern verbergen möchten, wechseln Sie zunächst in die Modulverwaltung unter Erweiterungen → Module. Klicken Sie jetzt das Modul an, das Ihr Menü anzeigt. In seinen Einstellungen wählen Sie auf dem Register Modul die passende Zugriffsebene (auf der rechten Seite) und lassen die Änderungen Speichern & Schließen.

Nach dem gleichen Prinzip können Sie auch fast alle anderen Module und Inhalte auf angemeldete Benutzer beschränken. Sie müssen in den entsprechenden Einstellungen einfach die Zugriffsebene passend umstellen.

Tipp

Wenn ein normaler Menüpunkt auf einen exklusiven Beitrag zeigt, dann können normale Besucher zwar den Menüpunkt anklicken, sehen aber anschließend nur einen Hinweis. Der Menüpunkt sollte daher ebenfalls immer nur für angemeldete Benutzer zu sehen sein.

Es bietet sich zudem an, alle exklusiven Inhalte in einem eigenen Menü zu sammeln, das nur angemeldete Benutzer sehen können. Auf diese Weise verwirren Sie nicht Ihre normalen Besucher.

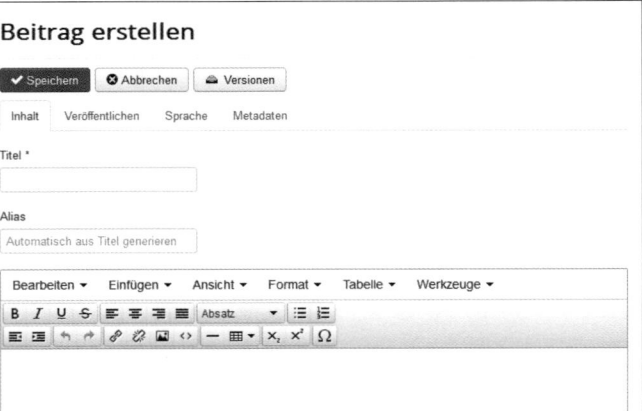

Beiträge einreichen

Damit ein angemeldeter Benutzer einen Beitrag schreiben und einreichen kann, müssen Sie ihm ein passendes Formular bereitstellen. Dazu reicht es bereits aus, einen entsprechenden Menüpunkt einzurichten:

1. Klappen Sie im Backend das Menü Menüs auf, und wählen Sie das Menü, in dem der Menüpunkt erscheinen soll.
2. Klicken Sie auf Neu und dann neben Menüeintragstyp auf Auswählen.
3. Entscheiden Sie sich für Beiträge und dann für Beitrag erstellen. Vergeben Sie einen Menütitel, wie etwa *Beitrag erstellen*.
4. Setzen Sie zudem die Zugriffsebene auf Special. Damit sehen dann nur noch die Benutzer den Menüpunkt, die auch wirklich Beiträge schreiben dürfen.

Nach dem Speichern & Schließen erreichen angemeldete Benutzer über den neuen Menüpunkt das Formular aus der Abbildung links, in dem sie einen Beitrag schreiben und einreichen können. Das Formular bietet dabei viele der Einstellungen an, die Sie selbst auch im Backend sehen (siehe Kapitel 4).

Tipp

Es empfiehlt sich, alle Menüpunkte zur Benutzerverwaltung in einem eigenen kleinen Menü zu sammeln.

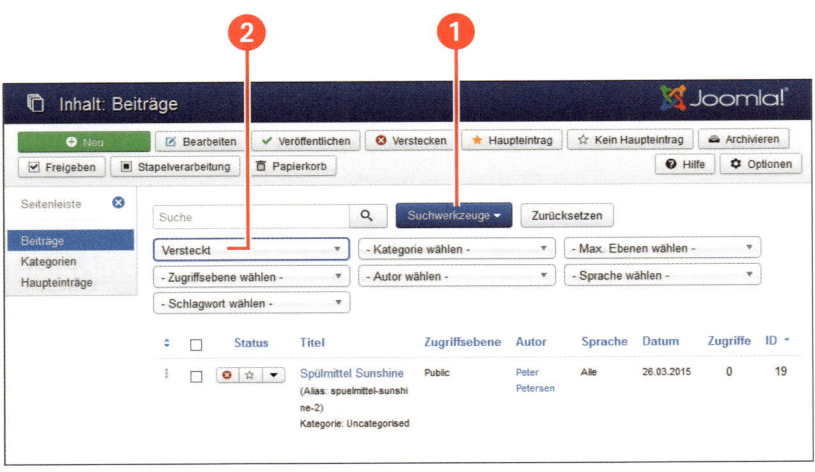

Eingereichte Beiträge freischalten

Die von den Autoren eingereichten Beiträge müssen Sie im Backend erst noch freischalten. Dies soll verhindern, dass Benutzer eigenmächtig Nonsense-Texte oder Werbung veröffentlichen. Die Freischaltung ist jedoch mit wenigen Mausklicks erledigt:

Rufen Sie im Backend Inhalt → Beiträge auf. Klappen Sie die Suchwerkzeuge ❶ auf, und stellen Sie die Ausklappliste – Status wählen – auf Versteckt ❷. Joomla! zeigt jetzt alle Beiträge an, die nicht freigegeben sind. Darunter befinden sich auch alle neu eingereichten Beiträge. Diese müssen Sie jetzt mit einem der Verfahren freigeben, die Sie bereits aus Kapitel 4 kennen:

- Klicken Sie in der Spalte Status auf das kleine rote kreisförmige Symbol, oder
- setzen Sie in der Zeile des Beitrags einen Haken in das weiße Kästchen, und klicken Sie dann auf Freigeben, oder
- klicken Sie auf den Titel des Beitrags, setzen Sie den Status auf Veröffentlicht, und lassen Sie den Beitrag Speichern & Schließen.

In jedem Fall erscheint der Beitrag auf Ihren Internetseiten. Möchten Sie den Beitrag nicht veröffentlichen, können Sie ihn so löschen, wie es in Kapitel 4 beschrieben wurde.

Beiträge freigeben müssen Sie nur, wenn diese von Mitgliedern der Benutzergruppen Author und Editor verfasst wurden. Schreibt ein Publisher, Manager, Administrator oder Super User einen Beitrag, schaltet Joomla! diesen sofort frei.

Profil

Profil bearbeiten

Name	Hans Hansen
Benutzername	captain85
Registrierungsdatum	Donnerstag, 26. März 2015
Datum des letzten Bes…	Donnerstag, 26. März 2015

Basiseinstellungen

Editor	Keine Information eingegeben
Zeitzone	Keine Information eingegeben
Websitesprache	Keine Information eingegeben
Backend-Template-Stil	Keine Information eingegeben
Administratorsprache	Keine Information eingegeben
Hilfeseite	Keine Information eingegeben

Benutzerprofil

Ein Benutzer sollte sein eigenes Passwort und seine übrigen persönlichen Daten direkt im Frontend ändern können. Dazu stellt Joomla! eine eigene Seite bereit. Zu ihr gelangt der Benutzer über einen Menüpunkt, den Sie jedoch erst explizit einrichten müssen.

Dazu klappen Sie im Backend das Menü Menüs auf und wählen das Menü, in dem der Menüpunkt erscheinen soll. Klicken Sie auf Neu und neben Menüeintragstyp auf Auswählen. Entscheiden Sie sich für Benutzer und dann für das Benutzerprofil. Vergeben Sie einen Menütitel, wie etwa *Benutzerprofil*. Stellen Sie die Zugriffsebene auf Registered. Den Menüpunkt bekommen damit nur noch angemeldete Benutzer zu Gesicht, er verwirrt also nicht die übrigen Besucher.

Nach dem Speichern & Schließen erreichen angemeldete Benutzer über den Menüpunkt die Seite aus der Abbildung links. Auf dieser kurz **Profil** genannten Seite zeigt Joomla! alle Eckdaten des Benutzers an, wie seinen Namen und sein Registrierungsdatum. Über Profil bearbeiten erreicht der Benutzer ein Formular, in dem er unter anderem seinen Namen und sein Passwort ändern kann. Lediglich der Benutzername lässt sich nicht mehr nachträglich anpassen.

Tipp

Das Profil zeigt Joomla! auch dann an, wenn sich der Benutzer über das Anmeldeformular anmeldet (wie es »An- und Abmeldeformular anbieten« auf Seite 249 vorgestellt hat). Sie sollten dennoch einen separaten Menüpunkt auf das Profil zeigen lassen. Auf diese Weise kann der Benutzer jederzeit und nicht nur direkt nach der Anmeldung seine Daten ändern.

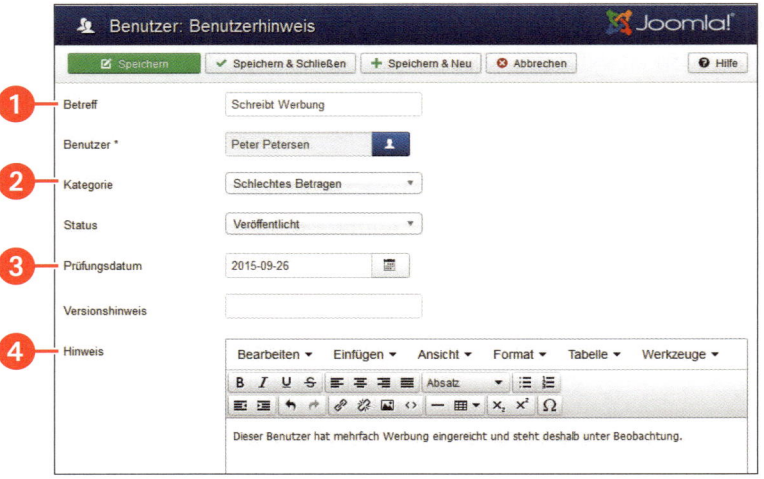

Benutzerhinweise

An jedes Benutzerkonto können Sie im Backend eine Notiz kleben. In ihr könnten Sie beispielsweise notieren, dass der Benutzer Schabernack getrieben hat und jetzt unter Beobachtung steht. Diese sogenannten **Benutzerhinweise** dienen rein zu Ihrer Erinnerung und erscheinen nicht im Frontend.

Die Benutzerhinweise fasst Joomla! in Kategorien zusammen. Beispielsweise könnte die Kategorie Schlechtes Betragen alle Hinweise über negativ aufgefallene Benutzer sammeln. In Joomla! muss jeder Benutzerhinweis genau einer Hinweiskategorie zugeordnet sein. Um eine neue Hinweiskategorie anzulegen, rufen Sie Benutzer → Hinweiskategorien → Neue Kategorie auf. Geben Sie der Kategorie einen Titel (wie *Schlechtes Betragen*) und bei Bedarf noch eine Beschreibung. Speichern & Schließen Sie die Kategorie.

Um einen Benutzerhinweis an einen Benutzer zu kleben, wechseln Sie zu Benutzer → Benutzer. Klicken Sie dort direkt unter dem Namen des Benutzers auf Einen Hinweis hinzufügen. Im neuen Formular vergeben Sie einen Betreff ❶, wie etwa *Schreibt Werbung*, und wählen Sie eine Kategorie ❷. Wenn Sie das Verhalten des Benutzers eine Weile beobachten wollen, können Sie noch ein Prüfungsdatum ❸ einstellen. Dieses Datum hängt Joomla! lediglich an den Benutzerhinweis, Sie werden also nicht automatisch an diesen Termin erinnert. Unter Hinweis ❹ tippen Sie jetzt die eigentliche Notiz ein. Per Speichern & Schließen heftet Joomla! den Hinweis an das Benutzerkonto.

Sämtliche Benutzerhinweise finden Sie in der Liste hinter Benutzer → Benutzerhinweise. Die Hinweise eines Benutzers können Sie schnell einsehen, indem Sie unter Benutzer → Benutzer unter dem Namen des Benutzers auf Hinweis anzeigen klicken.

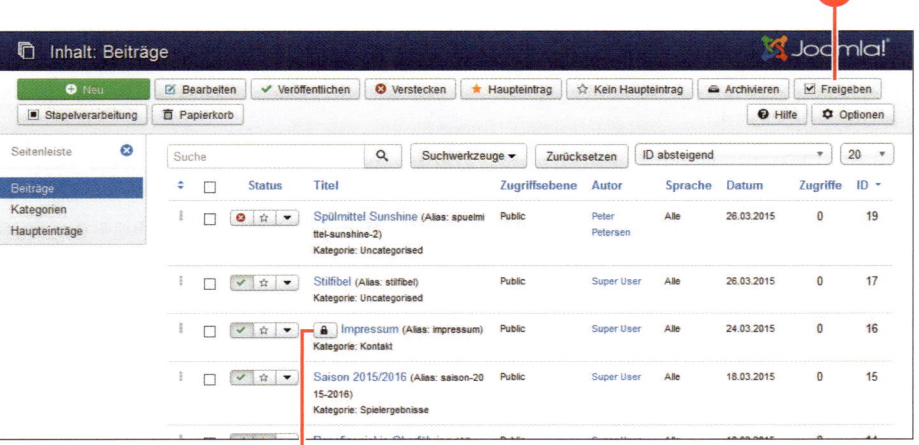

Gesperrte Beiträge

Wenn ein Autor einen Beitrag bearbeitet, sperrt Joomla! den Beitrag für alle anderen Kollegen. Erst wenn der Autor seine Arbeit beendet hat, kann ein anderer Benutzer den Beitrag ändern. Mit dieser Maßnahme verhindert Joomla!, dass zwei Autoren gleichzeitig an einem Beitrag werkeln und so ein Durcheinander anrichten.

Alle gesperrten Beiträge erhalten in der Liste hinter Inhalt → Beiträge ein Schlosssymbol (wie in der Abbildung links ❶). Die Sperrung hebt Joomla! erst wieder auf, wenn der am Beitrag arbeitende Autor auf Speichern & Schließen oder Schließen klickt.

Es kann jedoch passieren, dass die Verbindung abreißt oder der Browser des Autors abstürzt. In solch einem Fall bleibt die Sperrung weiter bestehen. Um sie aufzuheben, gibt es zwei Möglichkeiten:

- Der Autor meldet sich wieder bei Joomla! an, ruft den gesperrten Beitrag auf und lässt ihn Schließen.
- Sie (oder ein anderer Super User) klicken auf das Schlosssymbol. Alternativ können Sie auch in der Zeile des Beitrags einen Haken in das weiße Kästchen setzen und auf Freigeben ❷ klicken.

Bei der zweiten Variante entreißen Sie dem Autor seinen Beitrag. Stellen Sie also sicher, dass der Autor nicht mehr an seinem Beitrag arbeitet.

Sämtliche gesperrten Beiträge lassen sich via System → Gobales Freigeben auf einen Schlag entsperren. Auch hier müssen Sie wieder penibel darauf achten, dass wirklich niemand noch einen Beitrag bearbeitet.

KAPITEL 13 | Funktionsumfang erweitern

Joomla! bringt bereits von Haus aus zahlreiche nützliche Funktionen mit, darunter die Suchfunktion aus Kapitel 11 oder die Kontaktformulare aus Kapitel 10. Sehr wahrscheinlich werden Sie jedoch irgendeine ganz spezielle Funktion vermissen. Das gilt erst recht, wenn Sie auf das Angebot anderer Internetauftritte schielen. So wäre doch vielleicht eine schicke Bildergalerie nett oder eine Möglichkeit für Umfragen nützlich.

Glücklicherweise lassen sich in Joomla! zusätzliche Funktionen über **Erweiterungspakete** nachrüsten. Allein der offizielle von den Joomla!-Entwicklern geführte Katalog unter *http://extension. joomla.org* zählt über 8500 Erweiterungen von Drittentwicklern.

In diesem Kapitel erfahren Sie, wie Sie eine Erweiterung finden, diese installieren und bei Bedarf wieder loswerden. Dabei lernen Sie auch Komponenten, Module und Plugins etwas näher kennen.

Warnung

Einige Erweiterungen besitzen eigene oder ganz spezielle Systemanforderungen. So verlangen beispielsweise viele Komponenten eine ganz bestimmte PHP-Version oder besonders viel freien Speicherplatz.

Testen Sie eine Erweiterung zudem immer erst in einer Testinstallation von Joomla!. So fallen Probleme auf, noch bevor sie den Betrieb Ihres Internetauftritts stören.

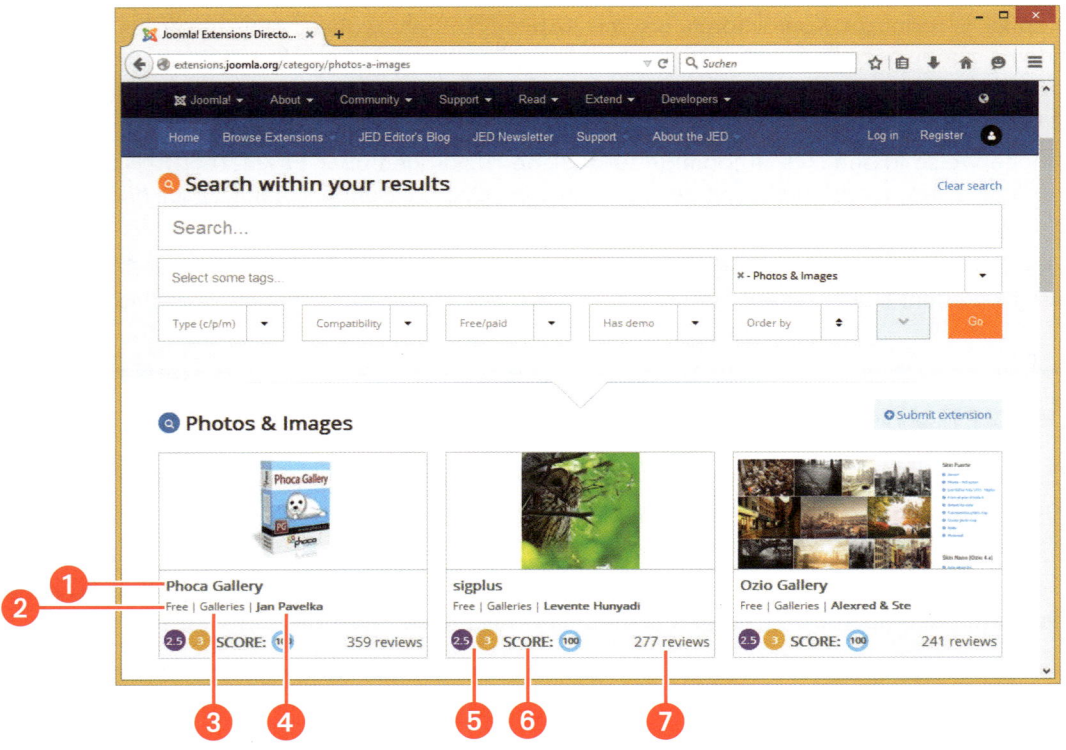

Erweiterungspakete beschaffen

Wenn Ihnen eine Funktion in Joomla! fehlt, sollten Sie als Erstes die Internetseite *http://extensions. joomla.org* ansteuern. Dort finden Sie das **Joomla! Extensions Directory**, kurz **JED**. In diesem Katalog sammeln die Joomla!-Macher fleißig alle für Joomla! existierenden Erweiterungen. Um für eine benötigte Funktion eine Erweiterung zu finden, wählen Sie im unteren Teil der Seite einfach die passende Kategorie. Bildergalerien finden Sie beispielsweise unter Photos & Images. Alternativ können Sie auch in das große Eingabefeld Search... einen englischen Suchbegriff eintippen, wie etwa *Gallery*. Ein Klick auf das Lupensymbol liefert dann alle dazu passenden Erweiterungen.

In jedem Fall präsentiert Ihnen der Katalog wie in der Abbildung links zu jeder Erweiterung ein Vorschaubild. Darunter finden Sie zunächst den Namen der Erweiterung ❶. Der Begriff Free ❷ weist auf eine Erweiterung hin, die Sie kostenfrei verwenden können. Des Weiteren erfahren Sie noch einmal, welche Aufgabe die Erweiterung löst ❸ und den Namen ihres Entwicklers ❹. Die Nummern links unten in der Ecke geben die Joomla!-Versionen an, unter denen die Erweiterung funktioniert ❺. Wenn Sie sich im JED registrieren, dürfen Sie Erweiterungen bewerten und kommentieren. Die bislang erreichte Durchschnittspunktzahl steht neben Score ❻, und rechts unten in der Ecke sehen Sie die Anzahl der Kommentare ❼.

Wenn Sie sich für eine Erweiterung entschieden haben, klicken Sie ihr Vorschaubild an. Sie landen damit auf einer Seite mit einer Beschreibung, den Kommentaren (auf dem Register Reviews) und den wichtigsten Daten über die Erweiterung (im Kasten auf der rechten Seite).

Das JED kennt zwar extrem viele Erweiterungen, ist aber nicht vollständig. Wenn Sie für eine Funktion keine Erweiterung finden, sollten Sie deshalb auch noch einmal Google bemühen. Als Suchbegriff verwenden Sie *joomla* und die benötigte Zusatzfunktion, wie etwa *Gallery*.

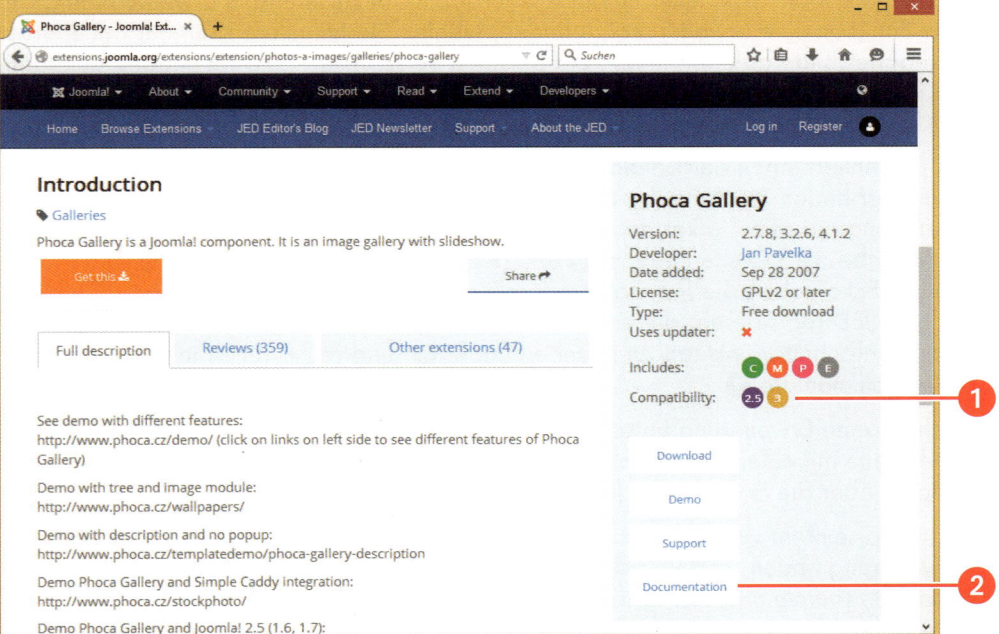

Auswahlkriterien

Bei der Auswahl einer Erweiterung sollten Sie auf folgende Punkte achten:

- Passt die Erweiterung zu Ihrer Joomla!-Version ❶? Insbesondere funktionieren Erweiterungen für Joomla! 2.5 *nicht* unter dem aktuellen Joomla! 3.

- Lesen Sie die Kommentare. Welche Probleme hatten andere Anwender mit der Erweiterung? Streikt sie unter bestimmten Bedingungen?

- Ist die Erweiterung gut dokumentiert? Gibt es ein Handbuch? Im JED erreichen Sie die Dokumentation einer Erweiterung über den Link Documentation ❷ rechts im Kasten mit den Informationen über Autor und Version der Erweiterung.

- Greifen Sie zu einer Erweiterung, die Ihre Bedürfnisse gerade erfüllt. Lassen Sie insbesondere Funktionsmonster links liegen. Solche Erweiterungen sind schwieriger zu warten und zu benutzen. Die zusätzlichen Funktionen könnten sogar von Besuchern oder Benutzern missbraucht werden.

- Wird die Erweiterung noch aktiv weiterentwickelt? Wenn nicht, könnte die Erweiterung Fehler oder Sicherheitslücken enthalten, die der Entwickler nicht mehr behebt. Ob eine Erweiterung aktiv weiterentwickelt wird, ist allerdings nicht ganz einfach herauszufinden. Im Zweifelsfall müssen Sie die Erweiterung in einer Testumgebung installieren. Joomla! zeigt dann das Erstellungsdatum der Erweiterung an, wenn Sie Erweiterungen → Erweiterungen aufrufen, dann zu Verwalten wechseln und – Typ wählen – auf Paket stellen. Das Datum sollte dann möglichst jung sein. Erweiterungen, die ein halbes Jahr oder älter sind, sollten Sie nur mit Vorsicht und nach Rücksprache mit dem Entwickler einsetzen.

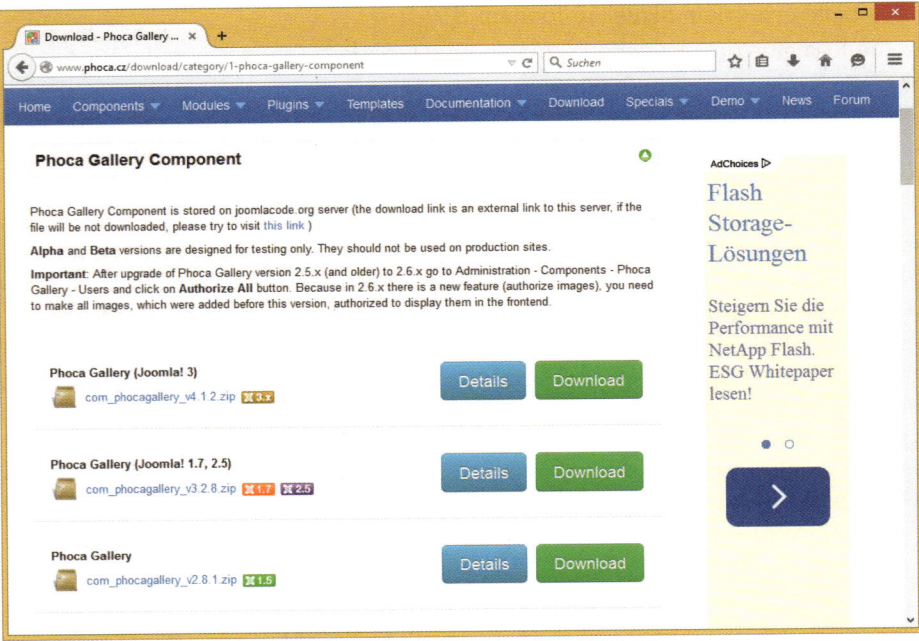

Erweiterungspakete installieren

Um ein Erweiterungspaket zu installieren, laden Sie sich zunächst das Paket herunter. Im Joomla! Extensions Directory erhalten Sie es, wenn Sie sich zur Seite der Erweiterung durchklicken und dann entweder auf eine der orangefarbenen Get...-Schaltflächen klicken oder aber rechts im Kasten mit den Angaben zum Entwickler und den Versionsnummern dem etwas unscheinbaren Link Download folgen. Das JED leitet Sie dann zur Seite des Entwicklers weiter.

Suchen Sie das richtige Paket für Ihre Joomla!-Version, und laden Sie es herunter. Bei der Phoca Gallery aus der Abbildung links wäre für Joomla! 3.x die Phoca Gallery (Joomla! 3) das richtige Paket.

Sobald das Erweiterungspaket auf Ihrer Festplatte liegt, wechseln Sie im Backend von Joomla! zum Menüpunkt Erweiterungen → Erweiterungen. Auf dem Register Paketdatei hochladen klicken Sie Durchsuchen an und wählen das Erweiterungspaket aus. Per Hochladen & Installieren spielt Joomla! es ein.

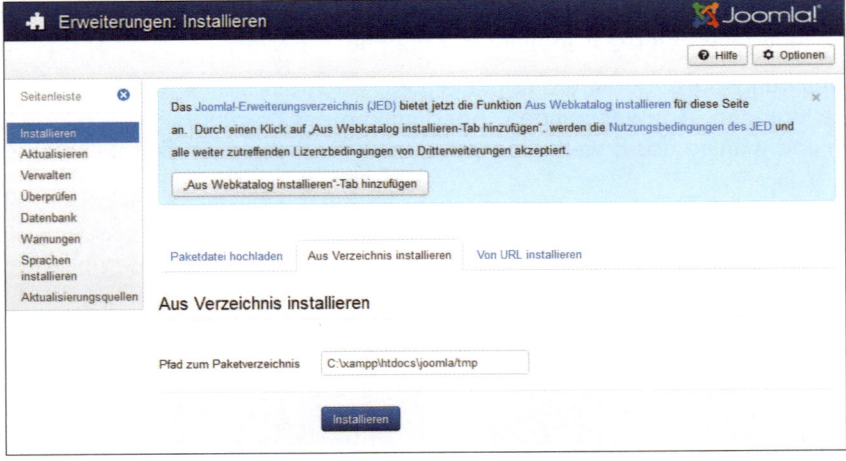

Installationsprobleme beheben

Sollte sich eine Erweiterung nicht wie auf den beiden vorherigen Seiten manuell installieren lassen, suchen Sie zunächst auf der Internetseite des Entwicklers nach einer Installationsanleitung. Bitten Sie gegebenenfalls den Entwickler der Erweiterung um Rat.

Insbesondere einige größere Erweiterungen bestehen aus mehreren Teilen, die der Entwickler dann noch einmal in ein Archiv verpackt. In solch einem Fall müssen Sie das Paket erst auf der Festplatte entpacken und dann die einzelnen Pakete wie auf der vorherigen Doppelseite beschrieben nacheinander einspielen.

Rufen Sie System → Systeminformation auf, und wechseln Sie auf das Register Verzeichnisrechte. Taucht dort neben einem Verzeichnis ein roter Hinweis auf, müssen Sie Joomla! den Zugriff auf das Verzeichnis gestatten. Andernfalls kann Joomla! die Erweiterung nicht installieren.

Mitunter ist das Erweiterungspaket zu groß. Das signalisiert etwa die Fehlermeldung *Maximale PHP-Dateihochladegröße zu klein*. In solch einem Fall entpacken Sie das Paket zunächst auf Ihrer Festplatte. Rufen Sie dann im Backend den Menüpunkt Erweiterungen → Erweiterungen auf, und wechseln Sie zum Register Aus Verzeichnis installieren. In das dort im Eingabefeld angezeigte Verzeichnis kopieren Sie jetzt das entpackte Erweiterungspaket (also dessen kompletten Inhalt). In der Abbildung links wäre dies das Verzeichnis *C:\xampp\htdocs\joomla\tmp*. Klicken Sie dann im Backend auf dem Register Aus Verzeichnis installieren auf Installieren.

Sollte auch das nicht funktionieren, verhindert sehr wahrscheinlich Ihr Webserver die Installation. Bitten Sie in diesem Fall Ihren Webhoster um Hilfe.

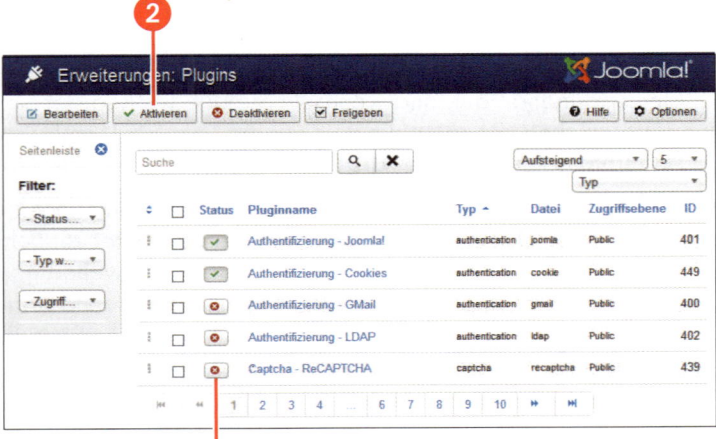

Erweiterungen einrichten und aktivieren

Wie es nach der Installation des Pakets weitergeht, hängt von der Erweiterung ab. Erste Anlaufstelle ist hier die Dokumentation beziehungsweise die Homepage des Entwicklers. In der Regel erscheinen im Backend unter Komponenten ein oder mehrere neue Menüpunkte.

Joomla! ist kein starres System, sondern modular aufgebaut. Die eigentliche Arbeit erledigen dabei sogenannte Komponenten, Module und Plugins:

- **Komponenten** lösen eine größere Aufgabe. Beispielsweise kümmert sich eine Komponente um die Anzeige von Kontaktformularen. Die Ausgaben einer Komponente erscheinen jeweils immer auf einer eigenen Internetseite.
- **Module** haben Sie schon in Kapitel 6 kennengelernt. Sie lösen eine kleinere Aufgabe, erscheinen meist auf allen Internetseiten und lassen sich in Grenzen an eine andere Position verschieben.
- **Plugins** verrichten im Hintergrund Handlangerarbeiten. Beispielsweise suchen sie zu einem Stichwort die passenden Beiträge aus der Datenbank. Plugins bekommt man in der Regel nicht zu Gesicht.

Eine Erweiterung rüstet nun eine Komponente, ein Modul oder ein Plugin nach. Meist bringt sie sogar eine Mischung mit. Während die Komponenten sofort einsatzfähig sind, müssen Sie die nachgerüsteten Module und Plugins in einigen Fällen noch aktivieren. Bei den Modulen rufen Sie dazu Erweiterungen → Module auf und lassen das entsprechende Modul veröffentlichen (siehe auch »Module verstecken« auf Seite 135).

Um ein Plugin zu aktivieren, wechseln Sie in die Plugin-Verwaltung unter Erweiterungen → Plugins. Suchen Sie in der Liste das mit der Erweiterung ausgelieferte Plugin. Es sollte an seinem Namen leicht zu identifizieren sein. Klicken Sie dann in seiner Zeile auf das Symbol mit dem roten Kreis in der Spalte Status ❶. Alternativ setzen Sie in seiner Zeile einen Haken in sein Kästchen und klicken auf Aktivieren ❷. Bei einem grünen Haken in der Spalte Status ist das Plugin aktiviert und einsatzbereit.

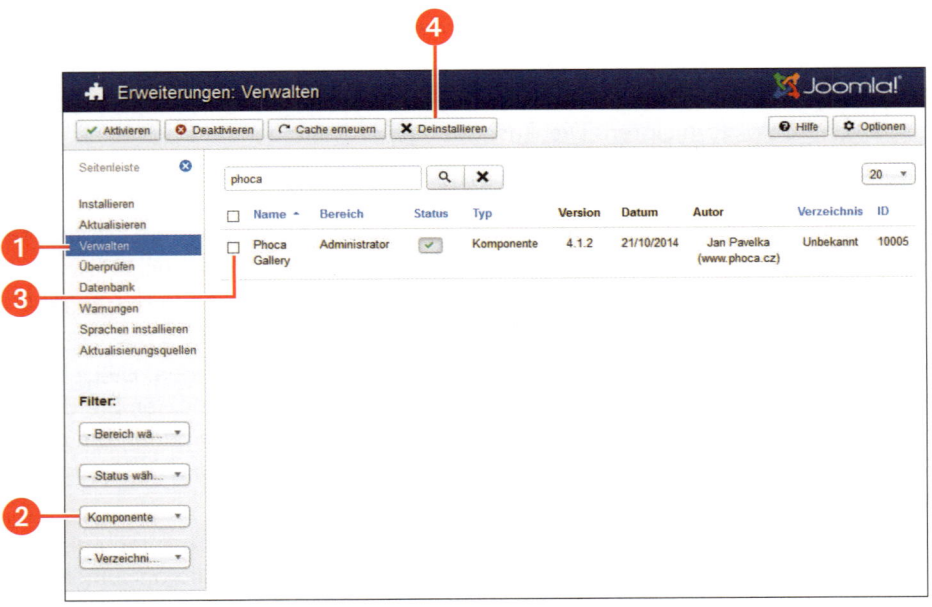

Erweiterungen deinstallieren

Möchten Sie eine Erweiterung wieder loswerden, rufen Sie im Backend Erweiterungen → Erweiterungen auf und klicken dann am linken Seitenrand auf Verwalten ❶. Joomla! listet jetzt alle Komponenten, Module und Plugins auf. Doch keine Sorge: Sie müssen die Liste jetzt nicht von oben bis unten durchgehen.

Wählen Sie zunächst unter Filter in der Ausklappliste – Typ wählen – ❷ den Punkt Paket. Wenn in der Liste jetzt schon die Erweiterung auftaucht, setzen Sie in ihrer Zeile einen Haken in das weiße Kästchen ❸ und klicken auf Deinstallieren ❹.

Wenn die Erweiterung in der Liste fehlt, stellen Sie die Ausklappliste – Typ wählen – auf Komponente. Suchen Sie in der Liste die von der Erweiterung installierten Komponenten. Diese sollten leicht an ihrem Namen auszumachen sein. Setzen Sie in den Zeilen der Komponenten jeweils einen Haken in das weiße Kästchen, und klicken Sie auf Deinstallieren. Setzen Sie die Ausklappliste – Typ wählen – auf Modul. Suchen Sie in der Liste alle von der Erweiterung installierten Module, und setzen Sie jeweils einen Haken in ihre weißen Kästchen. Klicken Sie abschließend auf Deinstallieren. Bleiben noch die Plugins: Stellen Sie die Ausklappliste – Typ wählen – auf Plugin. Suchen Sie in der Liste alle von der Erweiterung installierten Plugins, und setzen Sie jeweils einen Haken in ihre weißen Kästchen. Klicken Sie danach auf Deinstallieren.

Tipp

Beim Aufspüren der Komponenten, Module und Plugins können Sie sich von der Suchfunktion helfen lassen. Tippen Sie in das Feld einfach den Namen der Erweiterung ein, und klicken Sie auf das Lupensymbol. Doch Vorsicht: Die von der Erweiterung nachgerüsteten Komponenten, Module und Plugins müssen nicht alle so heißen wie die Erweiterung!

KAPITEL 14 | Suchmaschinenoptimierung

Die meisten Besucher finden Ihren Internetauftritt über Suchmaschinen. Das gilt insbesondere dann, wenn Sie eine nigelnagelneue Seite eingerichtet haben. Internetnutzer klicken meist auf die ersten Links, die ihnen Google und Co zu einem Suchbegriff anbieten. Um also möglichst viele Personen auf Ihre Seiten aufmerksam zu machen, müsste man sie irgendwie in die oberen Ränge der Suchergebnisse katapultieren. Alle genau hierauf zielenden Maßnahmen bezeichnet man als **Suchmaschinenoptimierung** oder auf Englisch als **Search Engine Optimisation**, kurz **SEO**. Das Verfahren, wie die einzelnen Suchmaschinen die Reihenfolge ihrer Suchergebnisse genau bestimmen, hüten ihre Hersteller dummerweise wie Coca Cola das Rezept seiner prickelnden Brause. Die im Folgenden vorgestellten Maßnahmen beruhen daher auf den recht kargen Empfehlungen der Suchmaschinenhersteller und auf Erfahrungswerten. Netterweise nimmt Joomla! Ihnen schon von Haus aus einige Arbeit ab. So stellt das Content-Management-System unter anderem sicher, dass die Internetadressen der einzelnen Beiträge nicht kryptisch sind und somit den Suchmaschinen entgegenkommen. Sie können sich daher primär auf die Optimierung der Inhalte konzentrieren.

Tipp

Bei größeren beziehungsweise kommerziell ausgerichteten Internetseiten empfiehlt sich auch die Konsultation einer Marketing-Firma, die sich auf die Suchmaschinenoptimierung spezialisiert hat. Doch Vorsicht: Einige dieser Unternehmen arbeiten mit zweifelhaften Methoden. Lassen Sie sich nicht von windigen Agenturen einreden, sie könnten (natürlich gegen Bezahlung) Ihre Internetseiten zuverlässig in den Suchergebnissen ganz nach oben katapultieren.

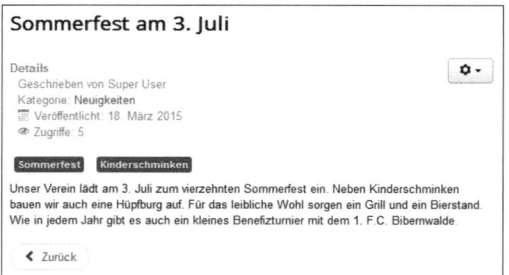

Sommerfest am 3. Juli

Details

Geschrieben von Super User

Kategorie: **Neuigkeiten**

Veröffentlicht: 18. März 2015

Zugriffe: 5

⚙ ▾

Sommerfest **Kinderschminken**

Unser Verein lädt am 3. Juli zum vierzehnten Sommerfest ein. Neben Kinderschminken bauen wir auch eine Hüpfburg auf. Für das leibliche Wohl sorgen ein Grill und ein Bierstand. Wie in jedem Jahr gibt es auch ein kleines Benefizturnier mit dem 1. F.C. Bibernwalde.

❮ Zurück

Seiteninhalte optimieren

Schon beim Erstellen der Beiträge sollten Sie an die Suchmaschinen denken. Damit verbessern Sie die Texte auch ganz nebenbei für Ihre Besucher:

- Den Überschriften beziehungsweise den Beitragstiteln messen Google & Co besondere Bedeutung bei. Sie sollten daher kurz und knackig den Inhalt des Beitrags beziehungsweise des Abschnitts zusammenfassen.
- Analoges gilt für die Menüpunkte: So sollte zu den *Turnierergebnissen* kein Menüpunkt mit der nichtssagenden Beschriftung *Ergebnisse* führen.
- Gliedern Sie längere Texte mit Zwischenüberschriften.
- Schreiben Sie nicht zu kurze Texte. In eine Filmkritik sollten Sie nicht einfach nur »Der Film ist blöd« schreiben, sondern Ihre Meinung begründen. Auch dem Beitrag aus der Abbildung links könnten noch ein paar Informationen gut tun: Wo findet das Fest genau statt? Um wie viel Uhr geht es los? Welche Höhepunkte gibt es noch? Versetzen Sie sich auch in die Lage eines Lesers: Welche Informationen würden ihn noch interessieren?
- Füllen Sie einen Beitrag aber nicht mit irrelevanten oder überflüssigen Texten. Suchmaschinen erkennen überflüssige Abschnitte und strafen sie ab.
- Verpassen Sie Bildern einen Titel und eine Beschreibung. Unter anderem lässt sich so die Seite auch über Googles Bildersuche finden.
- Suchmaschinen können keine Mulitmedia-Inhalte erkennen und auswerten. Binden Sie daher (YouTube-)Videos immer nur als einen Zusatz ein.

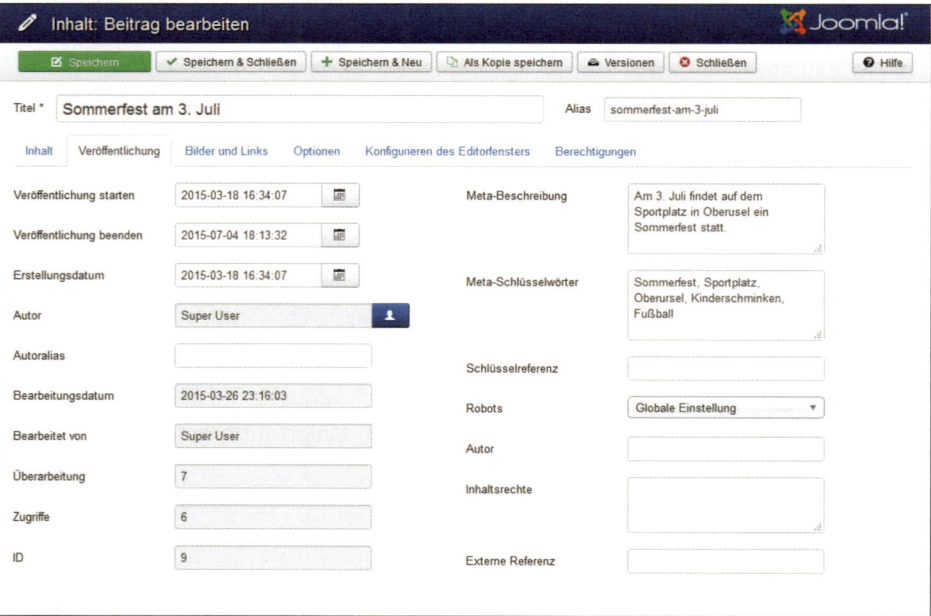

Metadaten

In den einzelnen Seiten kann Joomla! Texte und Stichwörter verstecken. Diese sogenannten **Metadaten** liefern Google und Co ein paar Zusatzinformationen, die unter anderem in den Suchergebnissen erscheinen. Im Backend von Joomla! hinterlegen Sie die Metadaten an zwei Stellen:

- Wechseln Sie zum Menüpunkt System → Konfiguration. Auf dem Register Site finden Sie im unteren Bereich den Abschnitt Globale Metadaten. Dort stellen Sie im Eingabefeld Meta-Beschreibung mit ein bis drei kurzen Sätzen Ihren Internetauftritt vor, zum Beispiel so: »Der Sportverein Breckum-Storkenbeck e.V. fördert Tennis und Fußball in der Region und informiert auf seinen Internetseiten über die letzten Turnierergebnisse.« In das Feld Meta-Schlüsselwörter gehören noch maximal 20, jeweils durch ein Komma getrennte Stichwörter, die Ihren Internetauftritt charakterisieren. Im Beispiel bietet sich etwa an: *Sport, Tennis, Fußball, Verein, Breckum-Storkenbeck, Turnier, Ergebnisse*. Nach dem Speichern & Schließen versteckt Joomla! diese Informationen in *jeder* ausgelieferten Seite.
- Des Weiteren können Sie jeden Beitrag mit zusätzlichen Informationen versehen. Dazu öffnen Sie die Einstellungen eines Beitrags (indem Sie hinter Inhalt → Beiträge auf seinen Titel klicken) und wechseln auf das Register Veröffentlichung. Dort beschreiben Sie im Feld Meta-Beschreibung in ein bis zwei Sätzen, worum es in Ihrem Beitrag geht. Unter Meta-Schlüsselwörter hinterlegen Sie maximal 20, jeweils durch ein Komma getrennte Stichwörter, die Ihren Beitrag charakterisieren (wie in der Abbildung links). Vergessen Sie nicht, die Änderungen zu speichern (etwa via Speichern & Schließen).

Warnung

Suchmaschinen halten den sichtbaren Text für wichtiger als die Metadaten! Konzentrieren Sie sich daher vorrangig auf gute Beiträge und nicht so sehr auf die Metadaten.

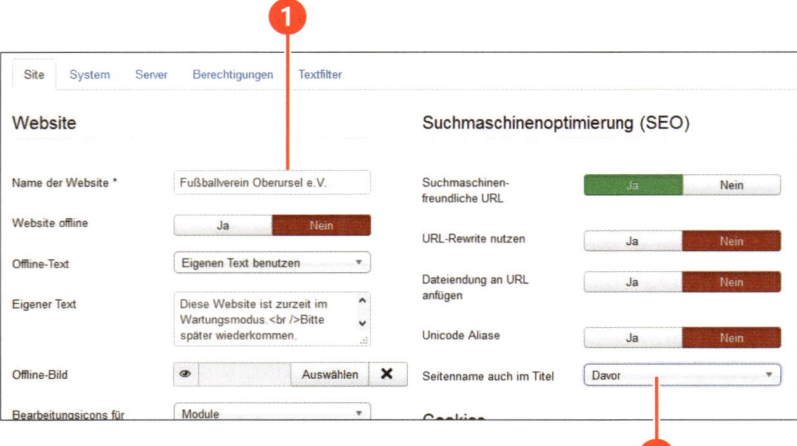

Seitennamen optimieren

Bei der Installation von Joomla! haben Sie bereits Ihrem Internetauftritt einen Namen verpasst. Diesem Namen messen Suchmaschinen eine recht hohe Bedeutung bei. Wenn Sie im Backend System → Konfiguration aufrufen, können Sie auf dem Register Site den Name der Website **❶** nachträglich verändern. Er sollte kurz und knackig das Thema der Webseite umreißen.

Wenn Sie einen Beitrag aufrufen, zeigt der Browser in der Titelleiste beziehungsweise auf dem Tab nur den Titel des Beitrags an. Sie können Joomla! anweisen, diesem Titel auch noch den Namen der Website voranzustellen. Aus *Turnierergebnisse* wird dann *Fußballverein Oberursel – Turnierergebnisse*. Das hilft nicht nur Besuchern bei der Orientierung, Suchmaschinen sehen so zudem, dass der Beitrag noch zu Ihrem Internetauftritt gehört. Um den Namen der Website voranzustellen, setzen Sie im Bereich Suchmaschinenoptimierung (SEO) die Ausklappliste Seitenname auch im Titel auf Davor **❷**.

Lassen Sie Ihre Änderungen abschließend Speichern & Schließen.

Tipp

Genauso wichtig wie der Name der Website ist der Domainname. So landet *http:// www.fussballverein-oberursel.de* in der Ergebnisliste zum Suchwort *Fußballverein* sicherlich auf einem höheren Platz als *http://www.wunderweltdesballs.de*.

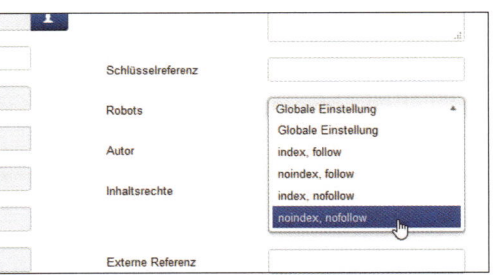

Suchmaschinen aussperren

Sie können Google & Co bitten, einen Beitrag zu ignorieren. Dieser taucht dann nicht mehr in den Suchergebnissen der Suchmaschinen auf. Dazu öffnen Sie zunächst die Einstellungen des Beitrags (indem Sie Inhalt → Beiträge aufrufen und dann den Titel des entsprechenden Beitrags anklicken). Wechseln Sie dann auf das Register Veröffentlichung. In der Ausklappliste Robots können Sie die Suchmaschinen um gleich zwei Dinge bitten. Zunächst können Sie sie auffordern,

- den Beitrag zu ignorieren. In diesem Fall wählen Sie einen Punkt mit noindex.
- den Beitrag in den Suchergebnissen zu berücksichtigen. Dazu wählen Sie einen Punkt mit index.

Damit Ihre Seiten in den Suchergebnissen überhaupt auftauchen können, müssen Google & Co Ihren Internetauftritt analysieren. Sie beginnen dabei auf der Startseite und folgen dann einfach allen Menüpunkten und Links.

- Wenn die Suchmaschinen auf der Seite mit dem Beitrag *nicht* mehr weiter den Links und Menüpunkten folgen sollen, wählen Sie einen Punkt mit nofollow.
- Wenn die Suchmaschinen den Links und Menüpunkten folgen sollen, wählen Sie einen Punkt mit follow.

Standardmäßig dürfen die Suchmaschinen sowohl den Beitrag berücksichtigen, als auch allen Menüpunkten folgen – was der Einstellung index, follow entspricht. Ihre Änderung müssen Sie abschließend noch speichern (etwa via Speichern & Schließen).

Warnung

Die hier vorgenommene Einstellung ist lediglich eine *Bitte* an die Suchmaschinen. Zumindest die großen Suchmaschinen halten sich daran. Die exklusiven Beiträge aus Kapitel 12 können Google und Co. nicht sehen, sie tauchen folglich auch nicht in den Suchergebnissen auf.

KAPITEL 15 | Wartung

Die Entwickler befreien Joomla! von Fehlern und stopfen Sicherheitslücken. Daher ist es besonders wichtig, dass Sie Ihre Joomla!-Installation immer auf dem aktuellen Stand halten. Dank der eingebauten Aktualisierungsfunktion benötigen Sie dazu lediglich zwei Mausklicks. Bei den Erweiterungen ist jedoch unter Umständen etwas mehr Arbeit notwendig. Die folgenden Seiten zeigen Ihnen, wie die Aktualisierung abläuft und was es dabei zu beachten gibt.

Des Weiteren erfahren Sie, wie Sie regelmäßig eine Sicherheitskopie Ihres Internetauftritts anlegen und diese im Fall der Fälle wieder zurückspielen. Zum Abschluss wirft das Kapitel noch einen Blick auf die E-Mail-Einstellungen und verrät Ihnen, wo Sie weitere Informationen zu Joomla! erhalten.

Warnung

Spielen Sie Aktualisierungen möglichst schnell ein! Fehler und Sicherheitslücken könnten sonst von Angreifern ausgenutzt werden. Im schlimmsten Fall könnten Fremde Ihren kompletten Internetauftritt kapern.

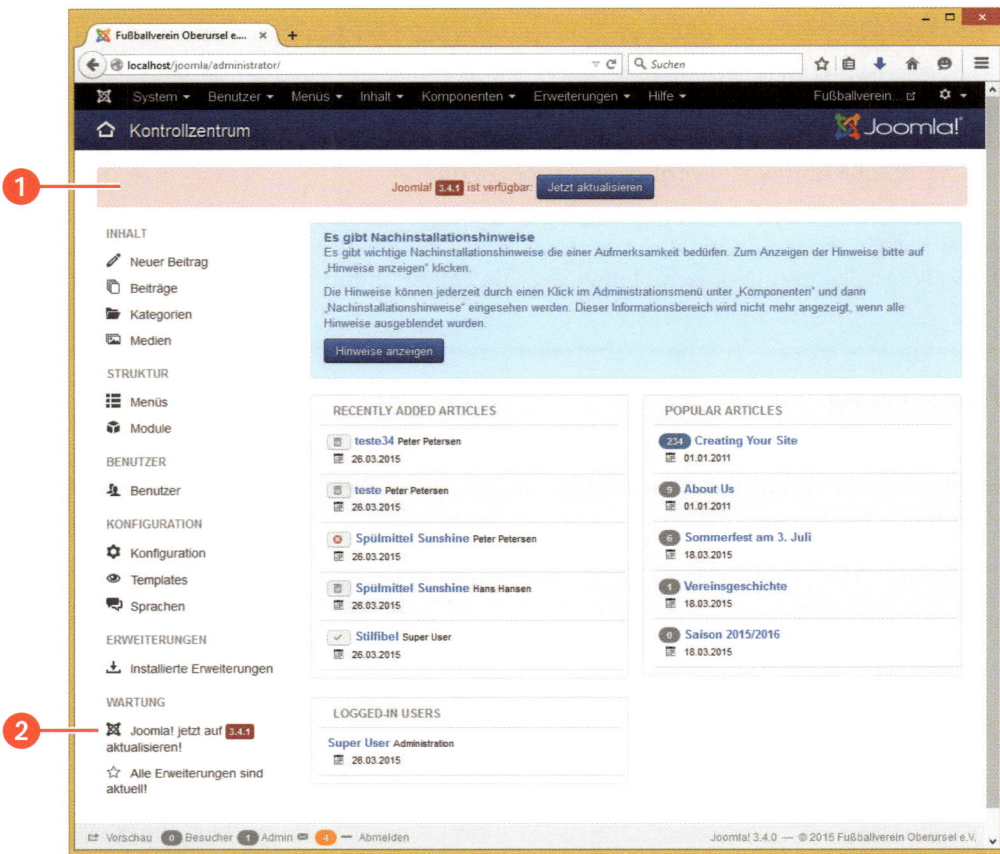

Joomla! aktualisieren

Sobald eine Aktualisierung oder eine neue Joomla!-Version vorliegt, werden Sie darüber vom Kontrollzentrum im Backend informiert, das Sie über System → Kontrollzentrum erreichen. Neben einem roten Warnhinweis am oberen Rand ❶ steht links unten in der Ecke im Bereich Wartung anstelle von Joomla! ist aktuell ein entsprechender Hinweis ❷.

Rufen Sie dann System → Konfiguration auf, setzen Sie Website offline auf Ja, und Speichern & Schließen Sie die Einstellungen. Damit haben Sie Ihren Internetauftritt vorübergehend abgeschaltet. Ihre Besucher sehen dann nur noch einen entsprechenden Hinweis. Auf diese Weise verhindern Sie, dass sich Benutzer anmelden und dann während der Aktualisierung ein Chaos entsteht.

Wechseln Sie im Hauptmenü zu Komponenten → Joomla!-Aktualisierung. Joomla! zeigt Ihnen jetzt an, was für eine Aktualisierung vorliegt. Mit einem Klick auf Cache leeren schicken Sie Joomla! noch einmal explizit auf die Suche nach einer neuen Version. Sofern eine Aktualisierung existiert, müssen Sie lediglich auf den Knopf Aktualisierung installieren klicken und dann eine Weile warten.

Sobald die Aktualisierung beendet ist, können Sie Ihren Internetauftritt wieder für Besucher öffnen. Dazu rufen Sie System → Konfiguration auf, setzen Website offline auf Nein und Speichern & Schließen die Einstellungen.

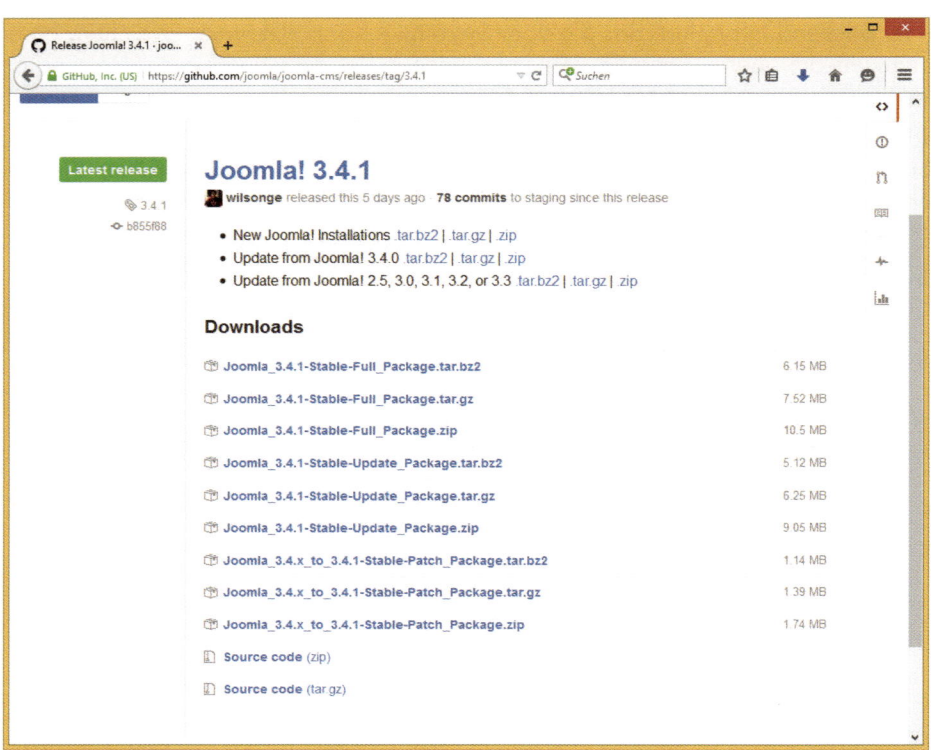

Aktualisierung manuell einspielen

Falls die Aktualisierungsprozedur fehlschlägt, installieren Sie die Aktualisierung per Hand. Dazu steuern Sie *http://www.joomla.org* an, klicken auf Download und dann auf Upgrade Packages. Das Aussehen der Seite, die jetzt erscheint, verändern die Joomla!-Entwickler leider immer mal wieder. Sie müssen auf ihr ein Update-Paket finden, das Ihre im Einsatz befindliche Joomla!-Version aktualisiert und die Endung .zip trägt. Laden Sie sich dieses Paket herunter.

Rufen Sie im Backend von Joomla! den Menüpunkt System → Systeminformationen auf, und wechseln Sie zum Register Verzeichnisrechte. Neben allen Verzeichnissen sollte ein grünes Beschreibbar erscheinen. Andernfalls müssen Sie Joomla! den Zugriff auf die entsprechenden Verzeichnisse gestatten. Bitten Sie hier gegebenenfalls Ihren Webhoster um Rat.

Wechseln Sie zum Menüpunkt Erweiterungen → Erweiterungen, klicken Sie auf dem Register Paketdatei hochladen auf Durchsuchen, wählen Sie das Paket aus, und klicken Sie auf Hochladen & Installieren.

Sollten Sie eine Fehlermeldung erhalten, entpacken Sie das Aktualisierungspaket auf Ihrer Festplatte. Wechseln Sie dann unter Erweiterungen → Erweiterungen auf das Register Aus Verzeichnis installieren. In das dort angegebene Verzeichnis kopieren Sie den kompletten Inhalt des entpackten Aktualisierungspakets. Klicken Sie abschließend auf Installieren.

Führt auch dieser Versuch nur zu einer Fehlermeldung, verhindert sehr wahrscheinlich der Webserver die Installation. In diesem Fall müssen Sie Ihren Webhoster um Hilfe bitten.

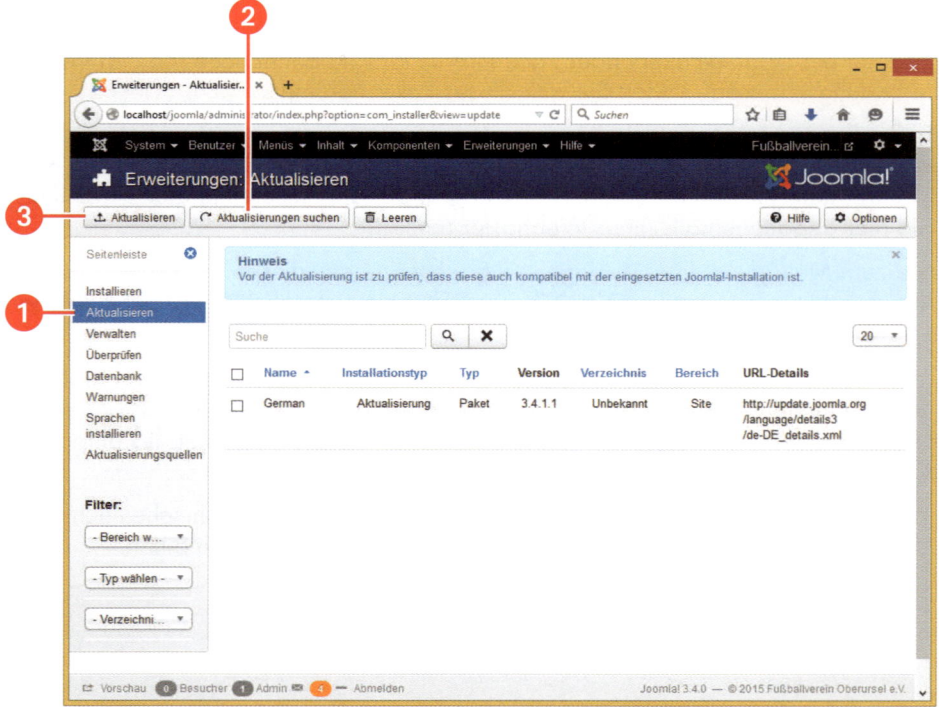

Erweiterungen, Templates und Sprachpakete aktualisieren

Wenn Sie Erweiterungen, Templates und Sprachpakete installiert haben, müssen Sie diese ebenfalls auf dem aktuellen Stand halten. Ob eine Aktualisierung vorliegt, verrät Joomla! Ihnen im Kontrollzentrum (zu erreichen via System → Kontrollzentrum) ganz links unten im Abschnitt Wartung. Sind alle Erweiterungen, Templates und Sprachpakete auf dem aktuellen Stand, steht dort Alle Erweiterungen sind aktuell.

Sofern eine Aktualisierung vorliegt, rufen Sie Erweiterungen → Erweiterungen auf und klicken links in der Sidebar auf Aktualisieren ❶. Sie können jetzt noch einmal nach Aktualisierungen suchen ❷ lassen. Joomla! listet dann alle Erweiterungen, Templates und Sprachpakete auf, die Sie auf den neuesten Stand bringen können. Dazu setzen Sie mit einem Mausklick in alle weißen Kästchen einen Haken und klicken auf Aktualisieren ❸.

Allerdings nutzen nicht alle Erweiterungen diesen komfortablen Mechanismus. In solchen Fällen müssen Sie immer wieder auf der Homepage des Entwicklers nach einer neuen Version Ausschau halten und diese dann manuell einspielen. Das funktioniert in der Regel genau so wie die Installation der Erweiterung (siehe Kapitel 13). Fragen Sie im Zweifelsfall den Entwickler der Erweiterung um Rat.

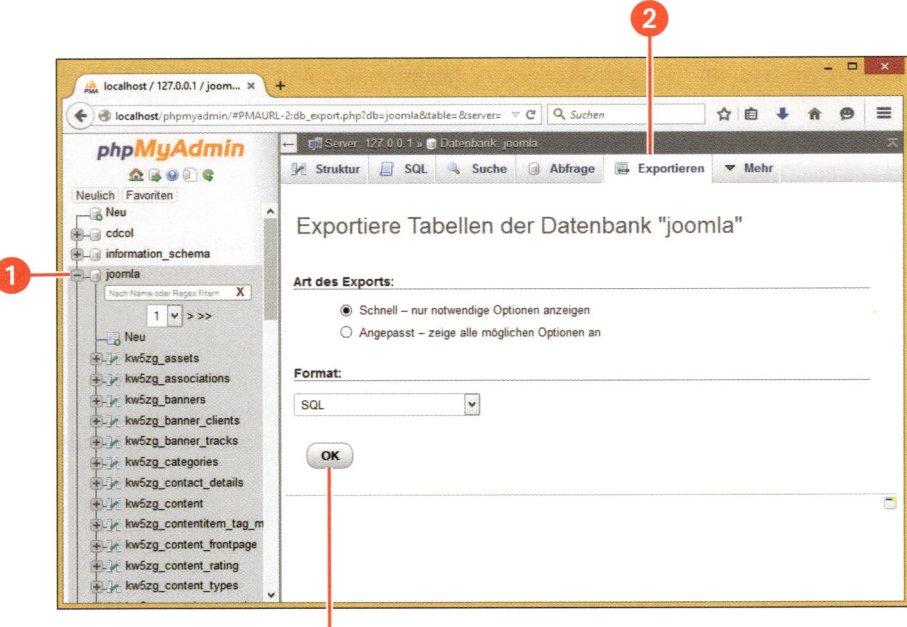

Daten sichern (Backups)

Sie sollten regelmäßig eine Sicherheitskopie (Backup) Ihres kompletten Internetauftritts anlegen. Sollte irgendwann etwas schiefgehen, können Sie schnell zumindest den alten Zustand wiederherstellen. Eine Sicherung ist schnell erstellt:

1. Schalten Sie Ihren Internetauftritt zunächst in den Wartungsmodus. Dazu rufen Sie im Backend System → Konfiguration auf, setzen Website offline auf Ja und lassen die Einstellungen Speichern & Schließen. Damit verhindern Sie, dass sich Benutzer anmelden, während der Sicherung Texte schreiben und somit das Backup inkonsistent ist. Melden Sie sich selbst vom Backend ab.

2. Als Nächstes müssen Sie die komplette Datenbank sichern. Das dazu notwendige Vorgehen hängt von Ihrem Webhoster ab. Einige erstellen sogar regelmäßig automatisch eine Sicherheitskopie. Wenn Sie mit einer Testinstallation unter XAMPP arbeiten, rufen Sie die Adresse *http:// localhost/phpmyadmin* auf. Klicken Sie auf der linken Seite die Datenbank von Joomla! an ❶. Ihren Namen haben Sie bei der Installation von Joomla! festgelegt. Wechseln Sie am oberen Rand zum Register Exportieren ❷. Klicken Sie dann auf OK ❸. Sie erhalten jetzt eine Datei mit dem kompletten Datenbankinhalt zum Download angeboten. Speichern Sie diese auf Ihrer Festplatte.

3. Nachdem die Datenbank gesichert ist, erstellen Sie eine Kopie des kompletten Joomla!-Verzeichnisses.

4. Abschließend müssen Sie den Wartungsmodus wieder abschalten. Dazu wechseln Sie im Backend zu System → Konfiguration, setzen Website offline auf Nein und lassen die Einstellungen Speichern & Schließen.

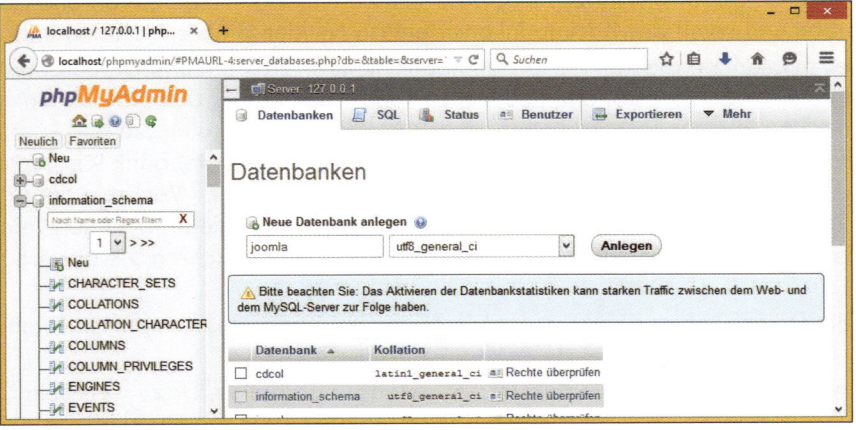

Sicherung zurückspielen

Wenn Ihre Joomla!-Installation defekt ist, spielen Sie ein Backup wie folgt zurück:

1. Wenn Joomla! noch funktioniert, schalten Sie Ihren Internetauftritt zunächst in den Wartungsmodus. Dazu rufen Sie im Backend System → Konfiguration auf, setzen Website offline auf Ja und lassen die Einstellungen Speichern & Schließen. Damit verhindern Sie, dass sich Benutzer anmelden und dabei die Wiederherstellung aus dem Tritt bringen. Melden Sie sich selbst vom Backend ab.

2. Stellen Sie die Datenbank wieder her. Wie das funktioniert, hängt von Ihrem Webhoster ab. Bitten Sie diesen gegebenenfalls um Hilfe. In einer Testumgebung mit XAMPP steuern Sie in Ihrem Browser die Seite *http://localhost/phpmyadmin* an. Wechseln Sie auf das Register Datenbanken. Sofern hier noch die Joomla!-Datenbank existiert, setzen Sie einen Haken in ihr Kästchen und klicken auf Löschen. Tippen Sie dann in das Eingabefeld unter Neue Datenbank anlegen den Namen der Joomla!-Datenbank ein. Wählen Sie aus der Ausklappliste Kollation den Punkt utf8_general_ci, und klicken Sie auf Anlegen. Damit existiert jetzt eine neue, leere Datenbank für Joomla!. Klicken Sie die Joomla!-Datenbank in der linken Seitenleiste an, wechseln Sie zum Register Importieren, klicken Sie auf Durchsuchen, und wählen Sie die Datei mit der Datenbanksicherung aus (die Datei trägt die Endung *.sql*). Mit einem Klick auf OK spielen Sie die Sicherung zurück.

3. Löschen Sie das Joomla!-Verzeichnis, und kopieren Sie das gesicherte Joomla!-Verzeichnis zurück.

4. Melden Sie sich am Backend an. Prüfen Sie, ob wieder alles funktioniert und insbesondere alle Beiträge vorhanden sind. Geben Sie dann den Internetauftritt wieder für Ihre Besucher frei, indem Sie System → Konfiguration aufrufen, Website offline auf Ja setzen und die Einstellungen Speichern & Schließen lassen.

Tipp

Spielen Sie die Sicherung und die Wiederherstellung einmal in einer Testinstallation durch. Im Fall der Fälle wissen Sie dann, was zu tun ist und geraten nicht in Panik.

Mailing

Mails senden	**Ja** / Nein
Mailer *	SMTP ▼
Absenderadresse	fussball@example.com
Absendername	Fußballverein Oberursel
Massenmail deaktvieren	Ja / **Nein**
SMTP-Authentifizierung	Ja / **Nein**
SMTP-Sicherheit	Keine ▼
Port *	25
Benutzer	tim
Passwort	••••••••
Server	smtp.example.com

E-Mail-Einstellungen prüfen und korrigieren

Joomla! muss in gleich mehreren Situationen E-Mails verschicken. Um zu prüfen, ob der Versand funktioniert, lassen Sie sich von Joomla! an Ihren Benutzernamen erinnern (wie auf Seite 253 beschrieben).

Wenn keine E-Mail bei Ihnen ankommt, rufen Sie im Backend System → Konfiguration auf und wechseln zum Register Server. Im Bereich Mailing legen Sie unter Mailer fest, wer den eigentlichen Versand der E-Mails übernimmt. Dies kann entweder die in PHP integrierte E-Mail-Funktion sein (Einstellung PHP-Mail), das Hilfsprogramm Sendmail oder ein sogenannter SMTP-Server. Die hier zu wählende Einstellung hängt von Ihrem Server ab. Bitten Sie gegebenenfalls Ihren Webhoster um Rat. Je nachdem, welchen Mailer Sie gewählt haben, müssen Sie ein paar weitere Informationen hinterlegen. Auch hier ist wieder Ihr Webhoster der entsprechende Ansprechpartner.

Im Zweifelsfall können Sie auch ein Postfach bei einem E-Mail-Anbieter mieten, das dann wiederum Joomla! für den Versand der E-Mails nutzt. Dazu stellen Sie Mailer auf SMTP. Als Absenderadresse tragen Sie dann die E-Mail-Adresse des gemieteten Postfachs ein. Die richtigen Werte für die SMTP-Authentifizierung, SMTP-Sicherheit, den Port und den Server nennt Ihnen Ihr Anbieter des E-Mail-Postfachs (meist in der Online-Hilfe versteckt). Das sind genau die Daten, die Sie auch in Ihrem E-Mail-Programm hinterlegen müssten. Des Weiteren benötigt Joomla! noch den Benutzernamen (im Eingabefeld Benutzer) und das Passwort, mit dem Sie die E-Mails vom Postfach versenden beziehungsweise abrufen können.

Vergessen Sie nicht, abschließend auf Speichern & Schließen zu klicken.

FTP

FTP aktivieren	**Ja** / Nein
Server	ftp.example.com
Port	21
Benutzername	tim
Passwort	•••••••••
Root-Verzeichnis	

FTP-Funktion nutzen

Einige Webhoster beziehungsweise Server verbieten Joomla! das Hochladen von Bildern und Dateien. In diesem Fall können Sie Joomla! anweisen, die Dateien per **FTP** hochzuladen. Das **File Transfer Protocol** regelt den Dateiaustausch zwischen zwei Computern. Joomla! kann FTP nur dann nutzen, wenn Ihr Webhoster einen FTP-Zugang bereitstellt (und somit FTP unterstützt). Über einen solchen Zugang haben Sie vielleicht auch schon Joomla! auf Ihren Server kopiert. Damit Joomla! den FTP-Zugang verwendet, rufen Sie im Backend den Menüpunkt System → Konfiguration auf, wechseln zum Register Server und stellen dort im Bereich FTP den Punkt FTP aktivieren auf Ja.

In den dann erscheinenden Eingabefeldern müssen Sie die Zugangsdaten für den FTP-Zugang hinterlegen. Die entsprechenden Daten nennt Ihnen Ihr Webhoster. Bitten Sie ihn gegebenenfalls um Hilfe. Typische FTP-Einstellungen zeigt die Abbildung links. In das Feld Server gehört dabei die IP-Adresse oder der Domainname des sogenannten FTP-Servers, der die von Joomla! hochgeladenen Dateien annimmt. Die Ziffernfolge 127.0.0.1 bezeichnet dabei den Computer, auf dem Joomla! läuft.

Ihre Einstellungen müssen Sie abschließend noch Speichern & Schließen. Weitere Informationen zum FTP-Verfahren finden Sie unter anderem im entsprechenden Wikipedia-Artikel unter *http://de.wikipedia.org/wiki/File_Transfer_Protocol*.

Warnung

Normalerweise gibt Ihnen Ihr Webhoster einen FTP-Zugang, über den Sie Ihre eigene Webseite hochladen und verwalten können. Aus Sicherheitsgründen sollten Sie dessen Anmeldedaten hier nicht verwenden. Erstellen Sie für Joomla! immer im Kundencenter Ihres Webhosters einen eigenen FTP-Zugang. Sofern Ihnen Ihr Webhoster das nicht gestattet oder wenn er Ihnen nur einen einzigen FTP-Zugang zugesteht, verzichten Sie besser auf die FTP-Funktion (und schalten sie ab, indem Sie FTP aktivieren auf Nein setzen).

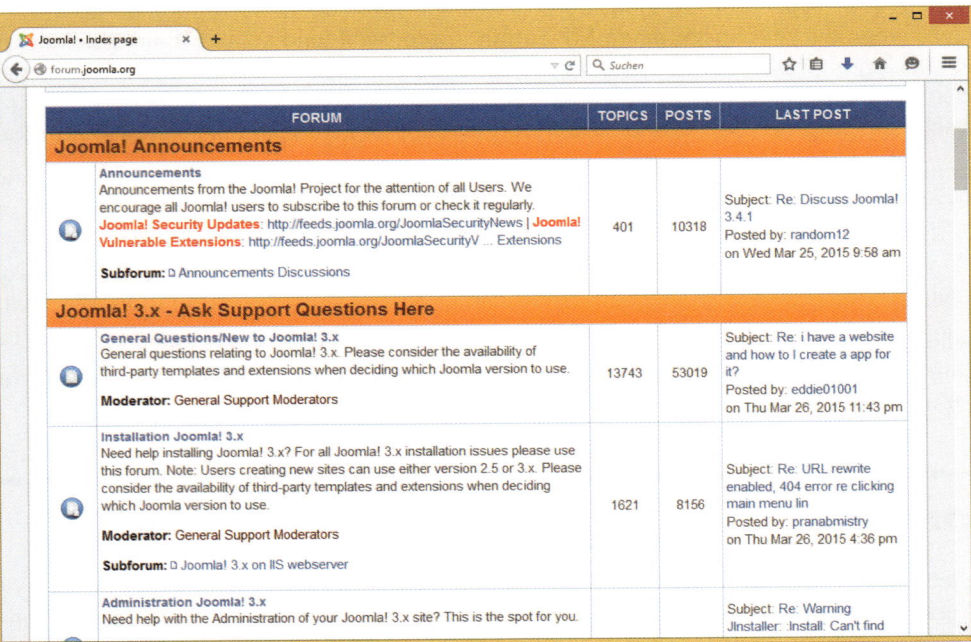

FORUM	TOPICS	POSTS	LAST POST
Joomla! Announcements			
Announcements Announcements from the Joomla! Project for the attention of all Users. We encourage all Joomla! users to subscribe to this forum or check it regularly. **Joomla! Security Updates**: http://feeds.joomla.org/JoomlaSecurityNews	**Joomla! Vulnerable Extensions**: http://feeds.joomla.org/JoomlaSecurityV ... Extensions **Subforum:** ▢ Announcements Discussions	401	10318	Subject: Re: Discuss Joomla! 3.4.1 Posted by: random12 on Wed Mar 25, 2015 9:58 am
Joomla! 3.x - Ask Support Questions Here			
General Questions/New to Joomla! 3.x General questions relating to Joomla! 3.x. Please consider the availability of third-party templates and extensions when deciding which Joomla version to use. **Moderator:** General Support Moderators	13743	53019	Subject: Re: i have a website and how to I create a app for it? Posted by: eddie01001 on Thu Mar 26, 2015 11:43 pm
Installation Joomla! 3.x Need help installing Joomla! 3.x? For all Joomla! 3.x installation issues please use this forum. Note: Users creating new sites can use either version 2.5 or 3.x. Please consider the availability of third-party templates and extensions when deciding which Joomla version to use. **Moderator:** General Support Moderators **Subforum:** ▢ Joomla! 3.x on IIS webserver	1621	8156	Subject: Re: URL rewrite enabled, 404 error re clicking main menu lin Posted by: pranabmistry on Thu Mar 26, 2015 4:36 pm
Administration Joomla! 3.x Need help with the Administration of your Joomla! 3.x site? This is the spot for you.			Subject: Re: Warning JInstaller::Install: Can't find

Ressourcen und Support

Weiterführende Informationen sowie Rat bei Problemen finden Sie vor allem im Internet unter folgenden Adressen:

http://www.joomla.org – Die Homepage von Joomla! Über die entsprechenden Menüpunkte erreichen Sie die offizielle Dokumentation und den Katalog mit Erweiterungen (das Joomla! Extension Directory).

http://forum.joomla.org – Das offizielle Joomla!-Forum. Hier können Sie Fragen stellen und um Hilfe bei Problemen bitten. Den deutschsprachigen Teil des Forums finden Sie unter *http://forum.joomla. org/viewforum.php?f=14.*

http://www.joomla.de – Deutschsprachiges Portal mit Informationen rund um Joomla!.

http://www.joomlaos.de – Ein weiteres deutschsprachiges Portal, das unter anderem einen Katalog mit Templates sowie ein deutschsprachiges Forum anbietet.

http://jgerman.de – Der Internetauftritt des deutschen Übersetzerteams.

Index